四川师范大学学术著作出版基金资助
本专著系四川省财政厅 2021 年会计科研课题研究成果

高校财务文化实务研究与培育思考

梁 勇 著

中国财经出版传媒集团
中国财政经济出版社

图书在版编目（CIP）数据

高校财务文化实务研究与培育思考／梁勇著． -- 北京：中国财政经济出版社，2022.2
ISBN 978 - 7 - 5223 - 0984 - 2

Ⅰ. ①高… Ⅱ. ①梁… Ⅲ. ①高等学校－财务管理－文化研究－中国 Ⅳ. ①G647.5

中国版本图书馆 CIP 数据核字（2021）第 246304 号

责任编辑：陆宗祥　高文欣　　责任印制：史大鹏
封面设计：孙俪铭　　　　　　　责任校对：徐艳丽

高校财务文化实务研究与培育思考
GAOXIAO CAIWU WENHUA SHIWU YANJIU YU PEIYU SIKAO
中国财政经济出版社 出版
URL：http://www.cfeph.cn
E-mail：cfeph@cfeph.cn
（版权所有　翻印必究）
社址：北京市海淀区阜成路甲 28 号　邮政编码：100142
营销中心电话：010 - 88191522
天猫网店：中国财政经济出版社旗舰店
网址：https://zgczjjcbs.tmall.com
北京财经印刷厂印刷　各地新华书店经销
成品尺寸：147mm×210mm　32 开　9.375 印张　213 000 字
2022 年 2 月第 1 版　2022 年 2 月北京第 1 次印刷
定价：62.00 元
ISBN 978 - 7 - 5223 - 0984 - 2
（图书出现印装问题，本社负责调换，电话：010 - 88190548）
本社质量投诉电话：010 - 88190744
打击盗版举报热线：010 - 88191661　QQ：2242791300

目 录

第一章 绪论 ……………………………………（1）
 第一节 研究背景 …………………………（1）
 第二节 相关文献综述 ……………………（3）
 第三节 研究目标、主要观点、创新之处、
    学术价值 …………………………（9）
 第四节 研究的基本思路、方法及实力 …（13）
 第五节 研究对象和总体框架 ……………（15）

第二章 高校财务文化相关内容 ……………（20）
 第一节 相关理论基础 ……………………（20）
 第二节 高校财务文化内涵 ………………（24）
 第三节 高校财务文化的分类 ……………（32）
 第四节 高校财务文化的培育 ……………（39）

第三章 高校财务文化现状及影响因素 ……（47）
 第一节 高校财务文化现状 ………………（47）
 第二节 高校文化与财务文化 ……………（50）
 第三节 领导与财务文化 …………………（54）

第四节　财务主体与财务文化 …………………………（56）
　　第五节　财务环境与财务文化 …………………………（62）
　　第六节　财务传统与财务文化 …………………………（66）

第四章　高校财务文化培育
　　　　——财务理念、政治、宗旨与精神 ………………（69）
　　第一节　理清财务理念，树立财务地位 ………………（69）
　　第二节　讲求财务政治，统揽财务大局 ………………（77）
　　第三节　塑造财务宗旨，注入时代元素 ………………（85）
　　第四节　凝练财务精神，提升文化层次 ………………（92）

第五章　高校财务文化培育
　　　　——财务担当、安全、廉政与突发 ………………（98）
　　第一节　勇于财务担当，提高责任意识 ………………（98）
　　第二节　注重财务安全，构筑防范体系 ………………（104）
　　第三节　创建文化廉政，强化财务监管 ………………（111）
　　第四节　从容应对突发，有效处置风险 ………………（129）

第六章　高校财务文化培育
　　　　——财务压力、自信与情绪 ………………………（138）
　　第一节　正视财务压力，优化财务环境 ………………（138）
　　第二节　增强财务自信，维护财务规则 ………………（148）
　　第三节　调节财务情绪，保持财务身心健康 …………（157）

第七章　高校财务文化培育
　　　　——财务诉求、维权、舆情与回复 ………………（166）
　　第一节　重视财务诉求，强化财务责任 ………………（166）
　　第二节　正视财务维权，妥善处理财务矛盾 …………（172）

第三节　引导财务舆情，发挥网络功能优势 ……… (182)
　　第四节　重视财务回复，提供专业财务服务 ……… (191)

第八章　高校财务文化培育
　　——财务沟通、财务满意度与财务形象 ……… (198)
　　第一节　增进财务沟通，创建和谐财务关系 ……… (198)
　　第二节　提升财务满意度，构建财务满意体系 …… (209)
　　第三节　维护财务形象，展现财务精神风貌 ……… (219)

第九章　高校财务文化培育
　　——财务惰性、口授相传与场景设计 ………… (226)
　　第一节　克服财务惰性，激发财务工作热情 ……… (226)
　　第二节　推崇口授相传，传承财务优良传统 ……… (233)
　　第三节　推进场景设计，营造良好的财务文化
　　　　　　氛围 …………………………………………… (242)

第十章　高校财务文化培育
　　——财务团队、"科室自治"与财务活动 ……… (253)
　　第一节　打造财务团队，增强财务文化保障 ……… (253)
　　第二节　强化"科室自治"，提升科室财务文化 …… (263)
　　第三节　丰富财务活动内容，增添财务文化活力 … (271)

第十一章　研究不足与未来展望 ……………………… (278)
　　第一节　研究不足 ……………………………………… (278)
　　第二节　未来展望 ……………………………………… (279)

参考文献 ……………………………………………………… (282)
后记 …………………………………………………………… (290)

第一章 绪　　论

第一节　研究背景

"观乎天文，以察时变；观乎人文，以化成天下。"文化的力量贯穿人类社会历史演进的始终，是一个国家和民族进步之魂。胡锦涛同志在党的十八大报告中指出："建设社会主义文化强国，必须走中国特色社会主义文化发展道路，坚持百花齐放、百家争鸣的方针……推动社会主义精神文明和物质文明全面发展，建设面向现代化、面向世界、面向未来的、民族的科学的大众的社会主义文化。"党的十八大吹响了向社会主义文化强国阔步前进的嘹亮号角。

2013年11月，党的十八届三中全会第二次全体会议提出："国家治理体系和治理能力是一个国家制度和制度执行能力。国家治理体系是在党领导下管理国家的制度体系，包括经济、政治、文化、社会、生态文明和党的建设等各领域体制机制、法律法规安排"。

2017年10月，习近平总书记在党的十九大报告中深刻指出："文化是一个国家、一个民族的灵魂。文化兴国运兴，文化强民族强。没有高度的文化自信，没有文化的繁荣兴盛，就没有中华民族伟大复兴"。对于走向现代化的中国来说，文化自信既是文化理念又是指导思想。党的十九大报告中也将"实现国家治理体系和治理能力现代化"作为全面建设社会主义现代化国家的重要内容之一。文化治理体系的建立和治理能力的提升是国家治理现代化的重要内容。通过文化治理，进一步应用文化的自身规律，科学配置文化资源、文化权力，从而充分发挥出文化这种软实力在社会发展过程中的重要作用。在文化治理中，通过文化的熏陶、引导方式，可以将文化的价值和持久的影响能力贯穿于实践中，从而逐步实现多元的文化价值整合和文化认同。

2019年10月，党的十九届四中全会指出："发展社会主义先进文化、广泛凝聚人民精神力量，是国家治理体系和治理能力现代化的深厚支撑"。明确将文化自信是基于当代中国发展的现实而提了出来，同时又是对古往今来的中华文明深切的价值关切，包含着对我们民族文化传统的自信、对中国现实发展道路的自信以及对中国未来发展前景的自信。大学作为优秀文化传承和创新的重要基地，坚持以文化建设为导向，以文化熏陶为方式，持久激发出文化培养、文化提高的热情。

虽然企事业文化相对受到较多关注，但是随着学术界对企事业文化研究的不断深入，"财务文化"也受到了重视并逐步独立出来。近年来，"财务文化"的研究逐步成为财务管理乃至整个经济管理研究的一个热点。财务文化作为反映财务理念、财务制度、财务行为和财务精神的一种意识形态，深刻影响着财务人员思想和行为，对财务管理起着非常重要的作用。

由此，建立现代大学治理结构需要有完善的大学文化体系，而财务文化又是大学文化的重要组成部分。多年来，高校积极推进技术上的革新，实现财务的信息化管理，特别是网络技术的发展，给财务网上办公提供了便捷条件。然而，在当前高校财务管控日益加大，财务收支矛盾依旧突出的情况下，财务氛围变得日益复杂。刚性的财务制度,单一的财务规则,枯燥的财务环境,复杂的财务情绪,多元化的财务诉求,使得财务工作压力越来越大。这些年来,财务工作逐步向技术管理型、服务创新型发展,对财务人员的思想观念、技术要求、知识积累、心理能力都提出了更高的要求。然而,财务人员和其他财务活动主体在这种环境下,更需要一种财务文化的"软约束"力量来激发财务人员的创造力,增强财务人员的凝聚力,提升财务制度"硬约束"的执行力。

高校对财务文化的研究也开始增多。本书拟根据现有相关文献,进一步对文化与财务、财务文化与企事业财务文化、财务文化与高校财务文化的研究情况进行全面、系统的梳理;在此基础上,本书结合现代高校财务发展实际,从文化角度去思考和推进高校财务文化建设,丰富高校财务文化体系,增强高校财务团队内在凝聚力、战斗力,提升高校财务管理水平。

第二节 相关文献综述

一、文化与财务

孙杰、孙茂竹(2014)认为,文化有广义与狭义之分。广义的文化是人类社会生产发展过程中创造的物质财富和精神财富的总和,而狭义的文化则被认为是一种社会意识形式,是人类对于存在、价值和行动的共识。Hofstede(2001)认为,文化的核心要素是价值观。基于此,不同地域文化、宗教和语言文化的差异,都会产生不同的价值观。这种价值观直接体现在,公司文化环境和管理者主观价值的差异对公司财务会形成不同决策。

(一) 公司管理者的文化影响财务决策

受不同的管理文化环境的影响，管理者在内在心理因素、年龄、性别、教育背景等方面的差异性特征会影响到管理者的风险偏好、态度和认知水平，进而影响公司的财务决策。Huo and Randall（1991）借鉴 Hofstede 研究方法，发现中国台湾、北京、中国香港、武汉四区域的企事业管理者在不确定规避、个人主义、阳性气质和权力距离四个文化价值观方面存在显著差别。

(二) 公司所在的国家文化影响财务决策

国家文化涉及内容较宽，比如社会文化氛围、信用文化、宗教信仰等内容。这些国家文化直接影响到公司的文化环境，进而影响到公司的财务决策。Huieta（2002）运用文化维度模型对 22 个国家 4 个行业的公司杠杆率指标进行了分析，研究发现文化可能是决定不同公司融资决策和融资方式偏好的重要决定因素。Changa and Noorbakhsh（2009）、Aggarwal and Goodell（2009）研究发现，在缺乏社会信任和社会资本的文化国度，以银行为主导的间接融资体系更容易建立。从文化维度对公司财务决策方面来看，跨国并购成效与公司所在的区域文化有关。Aggarwal, Kearney and Lucey（2012）使用 Hofstede 文化维度实证研究发现，跨国文化与并购绩效的关系存在不一致性。同样，文化中的宗教和语言也是影响公司财务决策的重要因素。比如 Stulz and Williamson（2003）发现，信仰新教和说英语系的国家相比较信仰天主教和说其他语言的国家更加重视对投资者的保护，同时也发现文化在解释各国家之间金融市场发展差异上更具有说服力。

(三) 文化对财务（会计确认）的影响

会计确认是会计处理业务信息的一种手段，需要会计主体的会计判断，会直接影响到会计收益。影响会计确认是否稳健的因素一般包括债务契约、行业特征、税收和制度环境等。自 Hofstede 的文化维度模型产生以后，文化因素被纳入影响会计确认稳健的影响因素中。Salter and Niswander（1995）借 Hofstede 的研究方法，研究发现稳健性与不确定性规避程度显著正相关，而与个人的阳性气质显著负相关。Sudarwan and Fogarty（1996）研究证明，稳健性不仅与不确定性规避程度显著正相关，而且还与权力距离正相关，与个人主义负相关。Schultz and Lopez（2001）使用美国、德国和法国的跨国文化数据研究不同国家会计人员对同一经济业务稳健性应用是否存在显著差异，研究结果表明不确定性规避程度与稳健性显著正相关。Kang 等（2004）研究发现保守文化与会计稳健性显著正相关，作为非正式制度的文化与正式制度（法律制度）之间存在着互动关系，共同影响着会计稳健性的采用程度。Liliana Feleagǎ 等（2010）发现，国家文化保守的公司准备金率远高于非保守文化国家公司准备金率，并证明了文化差异是影响会计稳健性的一个重要因素。在国内，胡本源（2013）借鉴 Hofstede（1994）的文化维度模型，对部分地区民族的 100 多名会计人员进行了文化价值观问卷调查，发现民族文化也会影响会计稳健性的处理。

（四）文化对会计信息披露的影响

一直以来，文化因素对企事业会计信息披露的研究结论都是间接性影响，而更加确认的是国家制度对会计信息披露的直接影响。比如 Jaggiand Low（2000）研究证明了国家立法体系对企事业财务信息披露是具有显著的影响，在此基础上论证文化维度与立法体系的相关性，进而证明了文化是影响企事业会计披露的因素之一。Hope（2003）的研究将文化价值观融入会计人员的业务能力、道德修养和职业判断，从而影响会计人员对会计准则的执行和运用。Belkaoui and Picur（1991）指出，会计活动中的不同文化群体在处理会计关系和会计概念时会产生不同的解释和判断，因而会计人员对会计准则的理解、执行和运用（会计职业判断），也是受到不同文化价值观的影响的。Schultz and Lopez（2001）研究发现，由于文化因素对会计人员主观判断的影响，相同或类似的会计准则并不一定会导致会计实践的相同。Tsakumis（2007）研究了不同文化价值观的会计人员对或有事项披露的影响，比如美国文化下的美国会计人员（低保守主义）较南欧文化下的希腊会计人员（高保守主义）更倾向于披露或有事项。

二、财务文化与企事业财务文化

国内研究财务文化早期主要从理论研究入手，分析财务文化的价值理念和内在构成。比如，陈兴述（2003）认为，财务文化的实质是以人为中心，以文化引导为根本手段，以激发财务人员的自觉行为为目的的独特的文化现象和财务管理思想；同时分析了财务文化的构造，提出了财务文化建设的目标模式。李连华（2004）从财务学角度提出，财务具有技术与文化的双重学科属性，并对财务文化的存在基础、财务文化的内涵进行探讨，指出了目前财务文化建设的重点。马焱（2006）认为，财务精神是财务文化的灵魂，只有以传统伦理价值观为根本，以时代精神为核心，兼容外来文化的精华，才能适应市场经济和财务管理的要求。

随后，财务文化的实务研究也逐步深入。崔晓东（2008）分析了企事业财务文化力的特征及形式，并提出发展企事业财务文化力的具体对策。李东旭、马四海（2009）从内部控制角度分析了财务文化的内涵和构成，并提出了财务文化的培育措施。

王棣华（2010）分析了财务文化与企事业文化之间的关系，并对中西方财务文化进行差异对比，提出了优化我国企事业单位财务文化的措施。罗果等（2011）以中国石油西南油气田公司为例，对财务文化概念进行解读，并阐述了财务人员素质建设的内容，提出了在财务文化指导下提升财务人员素质的途径。汤玲（2012）深入研究了中西方文化差异下的财务文化环境下科技与经济文化环境对财务管理方法的选择，并提出了我国企事业财务文化建设应该以和谐理财为主、以中庸为导向，注重社会价值，兼顾个人价值。敖小波（2013）探讨了财务管理与中国传统文化之间的关系，指出财务本质、财务体系与中国传统文化有着内在的契合，因而中国传统文化对财务文化的发展有着深远的影响。夏明等（2006）认为，财务文化给企事业文化中的特殊属性，财务文化给企事业财务目标、财务战略、财务制度、财务方法带来了深刻影响。

三、财务文化与高校财务文化

高校作为教书育人的场所，承担着国家知识创新和文化传承的重任，在高校建设财务文化有着良好的基础和环境。国内一些文献从不同角度对高校财务文化建设进行了研究和探索。周明友（2011）从财务文化的内涵、特征和财务文化在高校财务管理中的作用入手，提出优良的高校财务文化包括节约型、廉洁型、诚信型、和谐型和创新型等五种目标模式。洪晓玲（2011）认为，财务管理文化内容包括管理哲学、价值观念、精神风貌、道德观念、团体意识、部门形象、管理制度七个方面，并着重从财务管理的精神文化、制度文化等方面对财务文化进行了论述。傅赛萍（2012）指出，要树立以人为本的财务管理目标，要以先进的文化为支撑构建高校科学、合理的财务管理制度，要以和谐包容的财务文化引导高校财务工作与其他部门工作协调开展等财务文化建设建议。常建军、王林昌（2012）分析了高校财务文化体系的构建目标，认为构建我国高校财务文化体系，不仅是高校财务管理方式、方法的创新，同时对提高财务管理和服务水平具有重要的现实意义。王林昌、赵鲁燕（2013）从高校财务管理内涵、高校财务文化建设的优势和高校财务文化建设中应关注的问题入手，提出了高校财务文化的建设路径。

吴仕宗（2013）侧重对高校财务制度文化的重要性进行分析，提出了财务制度文化建设的相关措施。梁勇、干胜道（2014）对高校财务廉政文化建设提出了明确建议。尚建勇、蒙潇（2014）提出，高校财务文化是高校文化的财务体现，是高校育人功能的体现，并对高校财务文化的定位进行了阐述，指出高校财务文化是一种集体文化、协同文化和沟通文化。黄亮（2014）认为，大学财务文化是大学文化建设的重要组成部分。推进大学财务文化建设对于加强大学文化建设，塑造"大学精神"，不断加强高校财务科学化和精细化发展，具有重要意义。游秋琳（2016）分析了高校财务文化建设的现状及存在的问题，提出了高校财务文化建设的原则和策略。陈语等（2018）认为，要从人本管理、财务文化体系方面入手进行探析，构建具有高校特色的财务文化体系，促进高校财务人员自身发展目标与高校整体发展目标协调统一，并提出了"精神文化、行为文化、制度文化、物质文化"四位一体的高校财务文化体系构想，进一步丰富高校文化建设内容，促进财务组织效能的提高和财务管理水平的提升。

四、文献评述

综上所述，文化与财务有着深厚的渊源：一方面，有文化的地方存在财务活动，文化对财务的方式、习惯、信息披露都有显著的影响；另一方面，有财务活动的地方也存在文化，从财务制度、财务行为中折射出文化的气息。近年来，高校财务领域开始对财务文化给予关注，也开展了不少有关高校财务文化方面的研究，从不同角度对财务文化的类型、财务文化的体系进行了深刻的研究，提出了相关的文化建设措施。这些研究也说明了财务文化在现代信息技术发展与应用中开始呈现出自身的魅力，财务文化在潜移默化地影响着财务人员的思维、行为和心理，这对未来财务管理模式都产生了不同程度的影响。

然而，从现有的研究成果中，仍然可以发现高校财务文化的系统、整体性研究尚处于初级阶段，有的成果仅仅是企事业文化的移植与嫁接，或者是借鉴了企事业文化的相关文化思想，与高校的事业发展特征、高校财务的行业特点融合度还不高，还不能较好地反映出高校财务文化的行业特征，对高校财务文化体系的内容还有待进一步充实和完善。

第三节 研究目标、主要观点、创新之处、学术价值

一、研究目标

本书研究的主要目标就是在现有的财务文化和高校财务文化研究成果的基础上，结合高校财务当前实际情况，从财务文化的角度，去探索高校财务文化的相关理论和实务操作措施，逐步构建和完善较为适用的高校财务文化体系。相信这本关于高校财务文化专题研究的书籍，对于高校财务领域的同行学习和借鉴财务文化建设起到积极的促进作用。

二、主要观点

本书从财务文化角度出发,将"文化"融合到高校财务管理之中,并加入心理学的成分,把财务精神、财务管理、财务业务等融合在一起,使财务文化发挥出更大的影响力和约束力。本书主要观点在于:

1. 突破传统的财务文化层次,从财务环境文化、财务制度文化、财务精神文化方面进一步完善了财务文化体系,重新梳理和归纳了财务文化的相关内容,拓展了财务环境文化、财务制度文化、财务精神文化范围,使得财务文化体系更加丰满和充实。

2. 以高校财务为文化载体,以财务环境、财务制度、财务精神为划分依据,将高校财务相关文化内容有机地归入对应的类别,使得高校财务文化有了完整的体系和内容。相比企事业财务文化而言,高校财务文化的内容更加丰富、更有特色。比如,在财务环境文化中增加了现代技术气息、财务信息平台这些环境因素。在财务制度文化中增加了财务知识、财务惯例、财务岗位职责等。在财务精神文化中增加了财务风气、财务形象、财务职业道德等。

3. 以高校财务文化为研究主体,全面、系统地描述了高校财务文化的基本特征、功能,并对培育高校财务文化的方向、要求、原则、意义作了详细的论述,对指导高校财务文化建设有了明确的方向。

4. 以高校财务文化为研究主体,分析影响高校财务文化的相关因素,即从大学文化、领导文化、财务主体文化以及财务环境等方面对高校财务文化培育因素作了认真的分析。

三、创新之处

本书以高校财务为载体,思考和研究高校财务文化的系列问题。主要学术创新在于观点新、视角新、内容和方法新。

1. 观点新。立足于高校财务管理，全面、系统地探讨了高校财务文化的相关问题，较为完整地构建了高校财务文化体系，为指导高校财务文化建设提供了思路。同时，填补了高校财务文化领域研究的空白。本书提出的高校财务文化层次、财务文化体系中的文化内容，进一步丰富了高校财务文化体系。而且，财务文化中的财务理念、财务精神、财务政治、财务压力、财务诉求等这些创新提法，主要得益于作者多年来从事高校财务工作的实践，以及内心对高校财务文化实践的细心品味、用心感悟、认真思考和静心提炼，贴近财务实际，反映财务心声，能够与高校财务同行产生共鸣，在思维上和情感上具有很高认可度。

2. 视角新。财务文化本身是比较抽象的概念。财务文化自身的形成和培育具有隐蔽性、周期性。财务文化对高校财务管理所能发挥的作用并不明显，在描述上不容易反映充分。本书把财务文化与财务工作实践相结合，找到财务文化依附的财务主体和财务载体，并进行分解和细化，通过日常财务工作中体现出来的财务案例、财务体会，挖掘出财务文化的影响事件，在此基础上提出财务文化的培育思路。

同时，本书立足于高校财务文化实务研究，对于当前高校财务管理研究来说，也是一种较好的补充，很好地适应了高校财务管理在追求互联网技术革新和政府会计制度革新大背景下，如何从财务主体需求的角度去思考高校财务管理何去何从的现实需要。这既弥补了高校财务实践上研究的不足，也从理性思维上安抚了高校财务实务管理者的心理，让高校财务管理研究多元化、多样化，拓宽了高校财务实务研究的渠道。

3. 内容和方法新。财务文化的范畴比较宽，但是在内容体现上又比较复杂。本书借鉴了企事业文化的研究成果，将文化应用到高校财务工作中，并运用了管理心理学、行为财务学、组织行为学等相关理论成果,将高校财务文化在实务领域中的"软实力"凸显出来,形成一种具有理论与实务相结合、充满生命力的研究体系。这一方面弥补了高校财务管理领域中的有关文化建设方面的内容,另一方面也为高校财务加强人文建设提供了学术参考价值。

四、学术价值

(一)理论价值

本书全面、系统地分析了文化、财务文化和高校财务文化的相关研究成果,坚持从文化核心价值观入手,将文化这种无形的价值形式与有型的财务活动相结合,融入了管理学、组织行为学、财务行为学和心理学等理论知识,提出了财务自信、财务情绪、财务压力、财务惰性、财务诉求、财务安全等概念,进一步丰富了财务文化理论基础,使得财务文化有了理论依托,提升了财务文化的理论价值。

(二)现实价值

本书通过对财务文化本质的认识,深入高校财务文化研究,进一步梳理了高校财务文化的现状,对影响高校财务文化的相关因素进行了认真分析,同时结合高校实际工作经验,完善和丰富了高校财务文化体系中的财务制度文化、财务精神文化、财务物质文化和财务行为文化等内容。本书在吸取现有的研究成果的基础上,从财务宏观调控、中观指导和微观实施等方面,对高校财务文化的建设提出了较为全面、实用性强的观点和措施,有利于高校财务同行们借鉴与学习,切实使财务文化建设更有特色,更有气氛,更有内在的激发力,充分发挥高校财务组织的文化影响力，从而促进高校财务组织机构、制度和财会队伍的建设，增强高校财务的内在创造力和凝聚力，进而提升高校财务管理水平。

第四节 研究的基本思路、方法及实力

一、基本思路

首先，紧紧围绕研究对象"财务文化"，梳理现有的研究成果，包括对"文化"的相关知识的理解，从中找到研究"财务文化"的理论依据，这样为进一步深入分析"财务文化"内涵奠定了良好的基础。

其次，结合当前高校财务管理的背景，以及高校财务文化的研究现状和实际存在的客观问题，以问题为导向，去挖掘高校财务文化在高校财务管理和高校治理中的积极作用，找到财务文化存在的价值。

最后，更新观念，与时俱进，以党的十九大精神为指导，找到与高校财务文化建设相契合的政策支持和指导思想，为高校财务文化的研究找到了强有力的政治环境和管理环境的依据。比如文化自信、高等教育内涵式发展道路、现代大学制度、大学治理、财务治理等。

二、研究方法

1. 本书主要以高校财务实务管理为主，体现管理的思想和思维，主要是对文献的收集与分析，通过文献梳理方式对现有的研究状况进行整理和归纳。比如通过对文化与财务、财务文化与

财务管理这些方面的文献分析，找出文化与财务之间的本质联系。

2. 图示推理法。本书采用了一些示意图和辅助性的文字说明，将高校财务文化的实际应用内容直观地显示出来，给人清晰的感觉。比如高校"大财务观"这样比较抽象的概念，用图示表达，相对于文字说明更加清晰和简练。财务满意的"七要求"用图示方法也是一目了然。

3. 心理揣摩法。本书在描述高校财务文化内容时，涉及很多心理方面的主题。比如财务自信、财务情绪、财务安全、财务诉求、财务沟通、财务压力等，这些都是作者对日常在高校财务工作中遇到的一些真实事件的思考的升华，也是作者换位思考后体验财务工作事件发生的心理过程提炼。

三、研究实力

1. 作者从事高校财务管理工作已有十余年，参加过财务部门多个岗位的财务管理工作，熟知高校财务组织、财务制度、各岗位职责和业务内容，了解高校财务收支特点，对高校财务管理实际工作体会更为深刻，理解高校财务工作中的不易之处。

2. 作者通过参加中国教育会计学会、全国高等师范院校财务研究会、四川省会计学会，以及四川省教育会计学会常务理事会、理事会、培训会等，与省内外高校财务同仁有广泛的接触机会，日常也有很多财务业务交流，收集和掌握的财务信息比较多，开展研究有充足的素材来源。

3. 作者在前期资料收集中，通过中国知网、维普网、万方数据库等下载和收集了很多相关文献，其中有关财务文化、高校财务文化的研究文献达30多篇，并进行了基础性整理，为财务文化研究创造了有利的条件。

4. 作者长期从事高校财务管理实务研究，在国内多种财经专业期刊上发表了大量与高校财务管理研究相关的研究成果，比如《高校"大财务观"》《高校财务线型管理思想》《高校财务信息的公开》《高校财务报销问题研究综述及其思考》《高校财务团队能力建设》等20余篇文章。同时，近三年来，作者也开始对财务行为和财务心理学有些接触，并试图从财务主体角度去研究财务行为和财务心理方面的实际问题，通过对当前高校财务环境的理解和体会，在实际财务工作中非常深刻地感受到了高校教职工对财务的利益需求和精神期望。在此基础上，不断思考和总结，先后发表了《高校财务自信》《高校财务宗旨》《高校财务廉政文化建设》《高校财务惰性》等文章，对高校的财务文化建设和研究有了更为清晰的认识，也深刻体会到财务文化建设的必要性，这些都为本书的撰写奠定了坚实的基础。

第五节　研究对象和总体框架

（一）研究对象

本书研究对象为高校财务文化。财务文化是贯穿和融入财务工作中的重要内容。财务文化反映了高校财务机构的工作效率、工作作风、工作精神面貌、财务精神、财务心理等。财务文化是大学文化的财务体现，财务文化在大学文化体系中具有重要作用，而且有利于大学文化保持一种清正严明、廉洁为公的财务姿态。

（二）总体框架

本书研究包括11章41节内容。

第一章包括5节内容。主要论述了高校财务文化研究的背景、研究目标、主要观点及创新之处，研究思路、方法及实力，研究对象和总体框架等；整理了文化与财务、财务文化与企事业文化、财务文化与高校财务文化的相关文献，从文献中厘清文化与财务之间的关系，并对本书的研究概况有了明确的表述。

第二章包括 4 节内容。在阐述了高校财务文化的主要理论基础之后，较为详细地描述了高校财务文化的基本内容。具体包括财务文化的内涵、分类、特征、功能，分别介绍了财务环境文化、制度文化、精神文化的相关内容，并在此基础上提出高校财务文化培育的要求、原则、方法和意义。通过本章内容，对高校财务文化有了比较清晰的认识，也对高校财务文化的培育内容有了初步的印象。

第三章包括 6 节内容。主要分析了高校财务文化的发展现状，并较为全面、系统地探讨了影响高校财务文化的因素。比如高校文化、领导特征、财务主体（参与财务活动的人）、财务环境、财务传统等对财务文化的影响。这些因素进一步充实了剖析高校财务文化体系的内容，为培育高校财务文化指明了方向。

本书从第四章开始，打破传统的财务文化层次分解，将财务制度文化、物质文化、精神文化进一步细化和明确化，从宏观层面、微观层面角度，将其实实在在地体现在相关概念上，使得高校财务文化内容有"血"有"肉"，清晰可见。

第四章包括 4 节内容。主要是对高校财务文化在宏观层面上进行论述，比如财务理念、财务政治、财务宗旨、财务精神等方面。财务理念是高校财务文化总的导向，对高校财务文化培育起着引领作用，在此理念的指导下，才有了财务明确的定位。财务政治、财务宗旨、财务精神是财务文化的内核，是宏观层面的具体内容，是文化的集中体现。

第五章包括 4 节内容。主要是高校财务文化在实施层面上的相关内容。比如：财务担当、财务安全、财务廉政、财务突发等,体现了财务文化的目标内容。

第六章包括3节内容。主要涉及高校财务文化在财务心理方面的相关内容,比如财务压力、财务自信和财务情绪等。本章内容更多倾向财务主体方面的财务文化感悟,对财务人员的心理感受进行了适当揣摩,进一步增强财务人员对财务工作的责任感和自信心。

第七章包括4节内容。主要是高校财务文化在财务利益主体方面的相关内容。立足于财务利益主体,探索他们对财务诉求、维权和由此形成的财务舆情与回复。本章内容从财务利益主体角度来思考如何正确看待财务利益主体对财务的心理需求,从而能够从自身财务服务的手段和方式上去改进,为财务利益主体提供更好的财务服务。

第八章包括3节内容。主要是在第七章内容的基础上,提出财务部门应从财务沟通方面入手,提高学校财务满意度,从而维护财务形象。

第九章包括3节内容。着重论述财务部门应如何进一步克服财务惰性,激发财务人员工作热情,同时通过"传帮带"的口授财务方式,加强财务业务学习,提高财务业务能力;推进财务场景设计,营造良好的财务文化氛围,从财务文化的外围环境的营造来进行财务文化的建设。

第十章包括3节内容。主要通过创建财务团队,以团队建设促财务文化建设;强化"科室自治",加强科室文化建设;丰富财务活动,为财务文化增添活力。

第十一章包括2节内容。主要指出了本书在高校财务文化研究中存在的不足与展望,以期待今后对此有更多的深入研究成果。

具体如图1-1所示。

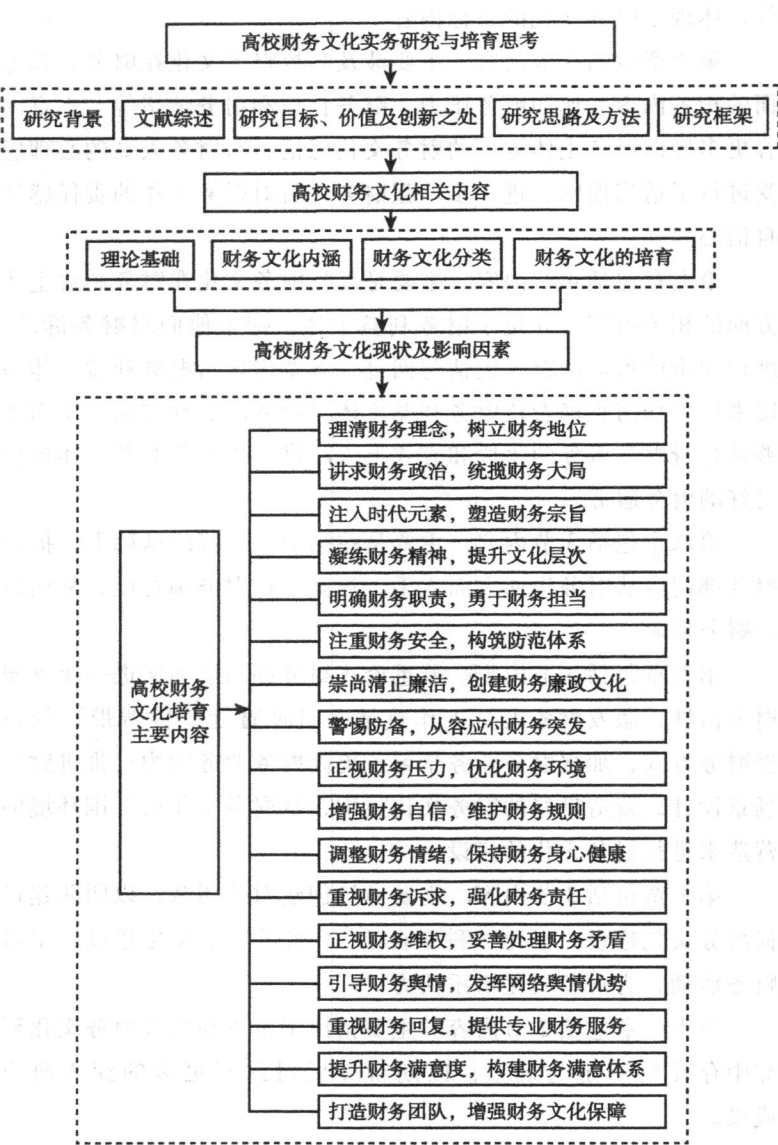

图 1-1 研究基本框架

(三) 重点难点

1. 研究重点。本书的研究目标是要全面、系统地对高校财务文化体系进行梳理和构建。然而，高校财务文化本身涉及面广，内容复杂。特别是近年来，高校财务在新旧高校会计制度、财务制度变革中逐步规范。高校财务已从核算型财务转移到管理型财务。随着管理会计的兴起，智能财务的出现，高校财务急需的更重要的角色是认真思考和处理当前高校内在的各种复杂利益关系。因此，本书重点在于：对高校财务文化建设的现状进行认真分析，找到财务文化研究和建设的必要意义；清晰分析影响高校财务文化培育的各种因素，从这些因素中去设计能够为高校财务建设提供支撑条件的措施。高校财务文化的培育是本书的落脚点，需要在本书中突出这一关键性的内容。

2. 研究难点。

（1）如何客观筛选影响高校财务文化的各种因素，准确分析各因素对财务文化的影响情况，然后针对这些因素在高校财务文化培育过程中逐步体现出来。

（2）如何对高校财务文化进行内容上的创新，创新到底体现在哪些方面，从而激发财务文化内在激励力量。

（3）如何培育较为完整的高校财务文化体系，从哪些方面去充实财务文化建设内容。

最后，本书描述的培育内容是个人财务工作经验的积累和财务感受的总结，对于高校财务文化研究和培育是否符合一般高校财务实际情况，智者见智，仁者见仁。但求一己同感，不求众人共鸣。

第二章　高校财务文化相关内容

第一节　相关理论基础

一、团队理论

团队理论内容非常丰富。比较著名的英国贝尔宾等提出的"贝尔宾团队角色理论"认为，团队工作的高效性在于团队成员的默契协作，团队成员充分了解自己及他人所扮演的角色，了解如何相互弥补不足，发挥优势。成功的团队协作可以提高生产力，鼓舞士气，激励创新。美国经济学家阿尔奇安和德姆塞茨（1972）等人提出的"团队生产理论"理论认为，产品生产要素的投入不是简单的组合，产品也不是由各个生产要素简单地相加，生产要素归属于不同的成员而不是个别成员。

一般来说，团队是由组织中的正式关系而使各成员联合起来形成的、在行为上有彼此影响的交互作用、在心理上能充分意识到其他成员的存在，并有相互归属的感受和协作精神的集体。

团队有其共同的目标，他们因任务而相互依存、相互作用，在技术或职能专长上，有相互补充的技能。团队是高于群体的共同体，通过其成员的共同努力产生积极的协同作用，其结果是使团队的绩效水平远远大于个体成员绩效的综合。团队成员各自扮演着重要角色，这些角色让他们之间有序协调地联结起来，形成协同共同体。

相对而言，财务团队比团队更具有协同性，依赖性更强。财务团队在岗位和技术方面，客观上要求相互牵制、相互协同。这种行业的财务团队，形成了特有的财务文化。财务团队的稳定、协调、目标一致，与财务文化的内在凝聚力分不开。财务文化把团队个体的利益需求与目标紧紧联系在一起，保持着财务团队发展的生机与活力，使得财务团队在财务文化的熏陶下成长与发展。

二、激励理论

激励是指一个有机体在追求某种既定目标时的愿意程度。激励被认为是个体通过努力实现组织的意愿，但是以能够满足自身某些需要和动机为条件的。激励理论主要分为内容型激励理论和过程性激励理论。前者以人的心理需求和动机为主要研究对象，后者更多倾向于人的心理过程和行为过程相互作用的动态系统为研究对象。比如：马斯洛的需求层次理论、赫茨伯格的双因素理论、麦克利兰的成就需要理论等。

激励理论中的过程学派认为，通过满足人的需要实现组织的目标有一个过程，即需要通过制订一定的目标影响人们的需要，从而激发人的行动，包括弗鲁姆的期望理论、洛克和休斯的目标设置理论、波特和劳勒的综合激励模式、亚当斯的公平理论、斯金纳的强化理论等。

财务文化是财务团队在长期财务工作的过程中形成的一种习惯或心理状态，激励是财务文化的外在作用体现。财务文化把激励的心理需求与目标满足作为财务团队的驱动力，督促着财务团队为实现共同的目标而协同、有序地努力，实现团队绩效目标。

三、需求理论

最具有代表性的是美国心理学家亚伯拉罕·马斯洛于1943年在《人类激励理论》论文中所提出的需求理论。他首次把所有人的需要分为五个层次，即生存需要、安全需要、社交需要、尊重需要、自我实现需要。

马斯洛认为，激励的起点是需要，需要在激励中有着非常重要的作用。只有当需要被真正满足时，才会引发下一个目标。马斯洛还指出需要发展的基本规律，即人的需要是不断从低级向高级发展。这一理论对组织如何有效地激励员工有着重要作用。低级需要从外部获得，可以通过工资收入来满足生存需要，通过良好的社会环境来满足安全需要；高级需要从内部获得，而且高级需要永远不会得到完完全全的满足，因此，组织要通过满足员工的高级需要来激励，激发起内在动力，这样的激励才具有更稳定、持久的力量。

财务文化要持续发展、有效发挥影响作用，首要的任务还是要让财务主体在五个层次需求方面得到满足。财务文化对于不同层次的财务主体，其满足的需求也不一样，那么所创建的财务文化内容也要讲求对应性，由此可以将财务文化的需求与财务主体的个体需求或单位的需求有效地结合起来，使得财务文化有了依托，能够满足需求，从而发挥出财务文化的影响力。

四、和谐理论

和谐是一种有序的良好状态，在这种状态下系统的各因素达到相对平衡、相互依存、相互促进。西南交通大学席酉民教授在

1989年出版的《和谐理论》中提出，和谐理论是建立在系统理论与系统分析的框架之上的，其核心基础是：任何系统之间及系统内部的各种要素之间都是相关的，且存在一种系统目的意义下的和谐机制。和谐机制在最大程度上与效率是一致的。和谐管理的目的即是使系统由不和谐逐步趋近和谐的状态。

财务文化的内在要求就是要做到和谐。财务文化通过其内在的和谐因素影响外在的不和谐因素，使其从不和谐到和谐，让各因素处于相对稳定、平衡的状态之中，使他们更能够发挥出各自的优势。因此，和谐理论为财务文化的培育与创新提供了方向指导。

五、愿景理论

愿景，是现代企事业组织管理的核心理念，被认为是组织的"使命"，同时还包含了实现这一使命的组织价值观。愿景代表组织高于一切的存在目的和理由，愿景确立了组织的价值观与发展目标，其本质上不再是一个单独的组织目标，而是值得组织团队每个成员共同追求的核心理念和根本使命。

愿景指引着这个组织发展的方向，是指导战略和组织管理的基本原则。同时，愿景也约束着组织成员的行为，把组织的成员紧紧积聚在一起，形成共同的身份标识，是组织文化的基石。一个有愿景的团队或组织，才会有不断前进的内动力和永不逝去的"魂"。

财务文化是组织文化的重要内容，凝聚了财务团队共同的愿景，为财务团队指出努力的方向。财务文化对愿景的描述越清晰、越深刻，财务发展越有动力。由此可见，愿景不仅代表着一种目标、一个方向，同时也是凝聚人心的重要法宝。

第二节 高校财务文化内涵

文化，是影响某一人群总体行为的态度、类型、价值观和准则。文化是在一种环境里人们集体精神的程序编制，始终凝聚在这种精神周围，稳固地维系着这个群体的各种活动。

一、财务文化的发展

（一）财务文化涵义的起源

中国文化博大精深，源远流长。据《孟子·万章》记载："孔子尝为委吏矣，曰'会计当而已矣'。"孔子认为，人的一切经济活动必须符合"礼"与"义"的道德要求，要用道德规范来约束人们的经济活动。

"不义而富且贵，于我如浮云。"先秦儒家诸子强调以义制利，以礼制欲，先义后利。

"天命靡常，唯德是辅。"周人认为君主以德祈天，皇天眷顾周人的中介是"德"，周人对"德"的崇拜超越了天命观念。

由此可见，把"德性"与"理性"、"道德人"和"经济人"融为一体的思想从古就有，坚守"己所不欲，勿施于人"的伦理信仰，坚守"反求诸己，修身克己"的职业操守。"仓廪实而知礼节，衣食足而知荣辱。"朴素的哲学思想是当今财务价值观的渊源，也体现了财务文化的深厚底蕴。

（二）财务文化的形成和发展

财务文化作为一门管理科学，它是为了适应生产力的发展和经营管理本身的需要而产生的。一方面,随着经济的发展,企事业的生产规模不断扩大,经济竞争日趋严峻,企事业为了在激烈的市场竞争中求得生存和发展,不断改进和提高管理水平,这在客观上丰富了财务文化体系的内容;另一方面,随着财务文化体系的完善,企事业的管理水平不断提高,从而促进企事业的经营发展,推动社会经济的进步。可见,财务文化具有人文性和历史传承性。它是企事业在长期经营发展过程中,共同创造出来的理财成果和精神成果的总和。

(三) 高校财务文化构想

高校财务是一门知识学科,涵盖了会计学、财务学、管理学、组织行为学、经济学等内容。高校财务也是一项属实务性较强的工作类别。

高校财务是组织的财务体系,有着独立的运行制度和运行机制,为组织经济活动服务。高校财务文化是这类知识的组成内容,也是财务工作的一部分。高校财务文化,是将企事业的财务文化管理理念、方法和手段引入高校财务管理之中,是当前高校发展的客观要求。高校财务文化是技术时代中最迫切需求的文化要素之一,它将改变高校传统的管理方法,促进高校财务管理实现跨越式发展。

二、财务文化的内涵

(一) 文化的定义

文化产生于特定的社会政治和经济中,同时文化又反作用于一定的社会区域,影响着社会中的政治和经济。所有的企事业文化都诞生于一定的社会文化环境中,一个企事业的财务文化特质能够从它所处的文化背景中找到源头。因此，要研究财务文化，就必须首先对"文化"做一定的了解。

在我们的日常生活中，虽然时时刻刻都接触着"文化"，但是"文化"是一个抽象的事物，要准确地对其定义比较难。克鲁克和克拉克1952年合著的《文化，概念和定义的检讨》中对文化研究的定义进行统计，发现有164种文化定义，可划分为描述性定义、历史性定义、规范性定义、心理性定义等。《中华文化简史》把文化理解为，人在一定的时间和空间范围内相互认识，从而协作起来一起从事改造自然、社会和人类自身的活动。那么，文化产生和发展的三个基本要素就是人类、时间和空间。《简明社会科学词典》中定义文化："是人类在社会发展进程中所创造出的物质财富与精神财富的总称，有时候也指一种社会意识形态以及与之相适应的制度和组织结构。"而在《当代百科知识大词典》中"文化"被定义为：人类在社会发展进程中所创造的事物的总称，包括物质技术、社会制度和精神观念等。它们一旦形成，便具有自身的规律和特征，通过继承从而一代代地延续下去。

国外学者对文化也存在许多不同的表述方式。《美国传统词典》说：文化是人类群体或民族世代相传的行为模式、艺术、宗教信仰、群体组织和其他一切人类生产活动、思维活动的本质的总和。美国的罗伯特·摩森等人在《文化调和》中认为，文化是一种群体生活的方式，并且自主或非自主地将这一生活习性传给下一代的人类创造物。确切地讲，文化是一个群体在长期的社会活动中所确立的思想观念、所养成的传统习俗和所制造的实体物等。文化是显露或者隐含地处理问题的思维模式和反应机制，它使得一个群体在适应其周围环境以及不断出现的状况时有别于其他群体。另一位美国学者罗斯·韦勒在《文化与管理》中将文化表述为，是某一群体固定的生活模式，通过语言和学习模仿传给下一代的行为。对于不同的表述，他们观察的角度虽然有所不同，但都强调了文化主体的整体性，并且这种基于整体性的群体生活方式具有相对的稳定性与继承性，能够被下一代掌握并传递下去。

虽然以上的表述各有差异，但是从中我们也能够简单归纳出文化的基本含义。文化作为人类所特有的社会现象，我们可以从广义和狭义两个角度来看。首先，从广义上讲，文化是人类社会在过去的生活中，通过不断地实践和积累，创造出的物质宝藏与精神宝藏的总和。凡是与人的思想、人的行为以及人的生产成果相关联的都应该属于文化范畴。其次，从狭义上看，文化特指社会意识形态，是存在于社会意识形态中具体的、历史的思想体系，包括艺术、道德、宗教以及政治思想和法律观点等。

"文化"，从某种意义上讲，就是一种存在于社会中的普遍信仰和共同遵守的规范及惯例，如公平与秩序、权利与义务的对等，良知、道德自律，平衡的理论、对权利约束的精神等。文化有着较深的内涵和广泛的意义。对于企事业单位来说，都有各自的组织文化。而财务文化又是组织文化中具有自身特色的文化，专属于财务领域，它依托于财务活动和财务关系，又随之发展而发展。

（二）财务文化的内涵

伴随着全球经济一体化时代的到来，金融文化、商业文化等一系列的现代经济文化越来越受到人们的关注和重视。财务文化作为一个新兴的研究领域也在逐步被许多学者关注。

财务文化属于组织文化的一个分支，是组织文化和组织生产力在财务领域的反映和体现。但它并不是简单地将"财务"与"文化"组合在一起，而是建立在"人"的基础上，通过文化的熏陶激发出财务人员自觉的理财行为。也就是说，财务文化作为一种新兴的财务管理理论和一种独特的文化现象,其目的在于培养出企事业单位所期望的财务行为。

一般来说,财务文化是指在一定的社会、经济、政治、文化等环境影响下,企事业单位长期倡导和培育由所有者、经营者和全体员工共同塑造的道德精神、财务行为规范和实体性理财设施等物质财富和精神财富的总和。李东旭(2009)等提出,财务文化是指在一定的社会、经济、政治、文化等环境影响下,一个单位的全体员工共同塑造的财务道德精神、财务行为规范的综合。一般情况下,企事业的财务文化产生于特定社会、政治和经济环境中,通过长期不断地对财务人员进行熏陶和培养,创造出道德品质、思想意识等精神财富,以及行为守则、财务方面的专用设备设施等物质财富。

由此可见,财务文化是企事业财务管理理念中的人文文化,强调"人"在理财活动中的重要性,在认识问题和解决问题的时候,从"人"出发,遵循"以人为本"的原则,让财务文化辅助企事业的管理,实现财务部门的团结,从而帮助企事业在理财活动中获得群体的最大效益,其落脚点在于"以人为本"。要想最大化地发挥企事业财务管理的作用、提高财务管理的效益,我们应该深化财务革新,优化财务群体,增加专业知识培训,加强思想道德教育,培养员工对单位的忠诚度。

三、财务文化特征

任何事物都有它自身的特别之处,财务文化也有一些与众不同的个性差异。

(一)财务文化具有时期性

文化作为一种社会现象,它不是一成不变的,而是适应于一定的社会物质生产水平高低，并且与社会物质生产的发展程度、社会制度的完善程度相平衡。每个时期的文化都有较为突出的时代色彩。高校的理财活动离不开社会大环境的影响，特定的社会、政治和经济环境会培育出与之相协调的财务文化。因此，在不同的社会、政治、经济关系中，高校财务文化的内容和表现形式也有所不同，比如不同的政治结构、经济体制、社会结构等一系列差异因素都会对高校财务文化产生不可忽视的影响。财务文化只有根植于一定的环境中，借助社会文化的力量，才能始终生机勃勃并且达到其效能的最大化。

（二）财务文化具有集体性和主体性

诚然，个体的差异性导致人们在高校理财活动中也具有不同的追求和目标，但是优秀的财务文化能够促使全体财务人员朝着同一目标迈进，在达到学校发展目标的同时兼顾个人利益的实现。现代财务文化强调的是"以人为本"，任何财务的顺利开展都离不开财务人员的积极参与。在高校财务活动中，"人"是文化建设的主导因素，使得财务文化具有强烈的主体性特点。在认识和解决相关问题时，高校往往立足于自身最大的群体利益，从财务风险和财务利益角度去考虑。这时财务文化所体现出来的主体性特征就是通过财务文化的凝聚作用将财务人员团结在一起，发挥其整体性的功能，维护学校的利益，帮助学校去减少最大的损失，从而达到学校既定目标。

（三）财务文化具有相对的稳定性

任何一种文化都要经过长期的积淀才能形成，而作为文化核心的价值观则需要更长的时间。文化一旦形成后，其作用和影响，对于整个群体来讲，是延续不断的。作为文化中的财务文化也具有这种特质，一旦形成后就会趋于稳定。当社会文化和经济环境发展变化时，财务文化将随之在小范围内有所调整，从而更加适应新的环境。同时，这种稳定的相对性会有助于发挥财务文化在高校事业发展中的辐射作用。

（四）财务文化具有独特的记录方式

从古至今，会计的记账方式经历了从简单到复杂，从原始的"三角账"到后来的"复式记账法"，再到当前执行政府会计制度"双分录、双基础"等一系列的演变。这种根据特定的会计原理和规则将发生的经济业务记录到账簿中的方式有别于其他文字记录方式，是财务上独有的文化体现。

（五）财务文化具有伴随单位财务活动始终的持久性

财务文化自古有之，有财务就有财务文化。学校财务活动不停息，学校财务文化就不会消失，具有持久性。当然学校财务文化总是受到内外部环境的影响和制约。不同的环境会产生不同的财务文化，与学校财务活动具有互动性。财务文化对学校财务活动作用的发挥有时是积极的，有时又是消极的。当财务文化发展的速度减慢，文化内容逐步落后于财务实际，成为财务事业发展的阻碍时，那么财务文化的消极作用就开始凸显。

（六）财务文化是集体文化，有其产生的历史背景、人文背景、政治背景、经济背景等

财务文化代表的是专业群体的文化，其作用的发挥受制于其产生的背景因素。高校财务文化也是如此，受到高校治理结构的主观影响，主导着财务文化的发展方向。财务文化所体现的作用成果是集体努力的成果，是集体形象的体现。财务文化所获取的利益是全体财务人员的利益，人人都有得到实惠的权利。

四、财务文化的功能

财务文化的功能是体现财务文化的作用，能够满足高校财务管理工作的需求。财务文化能够满足财务管理的需求越多，其对高校财务管理的作用就越大。

（一）记录功能

财务文化的记录功能主要是指会计中的记账工作。记账工作是指根据会计学原理，运用特定的记账符号，遵循特定的记账规则，将已发生的经济业务记录到相关账簿中的过程，这样统一、规范的记录可以方便高校管理者日后进行查阅和监督。在大数据时代，高校真实的日常财务记录、报告和数据信息可以为管理者决策分析提供参考依据。

（二）认知功能

认知功能是指通过财务文化形成对高校财务工作认识的过程。透彻地了解一个高校的财务文化，能够帮助我们准确地抓住该高校财务管理的核心，能够帮助我们正确认识其管理的发展方向和运行机制，能够帮助我们提高财务管理的工作的效率。通过文字和数据信息的记录，可以了解高校财务管理的发展状况，明辨本高校与其他学校的文化差异，对比高校之间财力差异，预测出学校事业发展的层次，从而使学校教育主管认识到自身的优势和劣势，促进其采取相应的措施改进高校的管理工作。

（三）教化功能

高校通过实践活动不断提炼和优化新的财务文化内容，丰富财务文化体系。财务文化反过来又会影响高校财务活动，促使财务活动的方式和机制不断地进行改变和调整。虽然不同的财务主体存在不同的财务意识，但是长期处于某一财务文化的氛围中时，他们会自主或非自主地调整和改变自己的思维方式来适应所处环境的要求，这就是高校财务文化教化功能的鲜明体现。

（四）凝聚作用

文化是一种集体现象，会在群体内形成一种向心力，这就是文化的凝聚作用。长时间的财务文化熏陶，处于相同文化环境中的财务人员也会自然表现出一致性或者排外情绪。即使日常思想观念不一致的财务人员也会在特定时间和场合中表现出同样的财务行为和追求同样的财务目标。

（五）规范功能

财务文化是财务领域特有的活动文化，优秀的财务文化在高校发挥的作用更为突出，对师生员工的财务行为更有约束力。好的财务文化让高校师生员工自觉地遵守学校的财务行为规范、财经制度，约束自己的财务行为，增强自律意识、规矩意识、廉政意识。高校财务文化时刻对财务人员和师生员工都有一种导向影响，默默地"告诉"他们什么可以报销，怎么报销，如何去预算和使用自己管理的经费，符合哪些财务规则，不违规、违纪，从而有效规范财务人员的理财活动。

第三节　高校财务文化的分类

从现有的理论界对财务文化的分类来看，主要分为广义财务文化和狭义财务文化。广义财务文化包括财务价值观、财务精神（风气）、财务道德观、财务知识、财务形象和财务设施等要素。

狭义的财务文化集中指财务价值、财务道德这些要素。夏明（2006）认为，广义的财务文化是企事业在财务领域的渗透和体现。狭义的财务文化是企事业财务部门长年累积形成的具有自身个性的财务宗旨、财务观念及财务行为准则的综合，是融化于企事业财务流程并与企事业的资金流、行为流相互糅合的一种"文化流"。陈兴述（2003）认为，财务文化在广义上包括财务人员的思想意识、价值观念等在内的精神文明成果，在狭义上指财务人员在长期实践活动中形成的一种文化观念。

总的来说，广义财务文化，是指影响财务发展变化及其模式选择和财务行为的所有文化构成，表现为财务物质文化、财务制度文化和财务精神文化。狭义财务文化，是指理财者和员工的财务道德精神，它居于观念层次，表现为理财者和员工在处理财务问题时的思想意识和伦理观念等内容，即所谓的财务精神文化。狭义的财务文化具有历史继承性和渐进性，并且具有比较稳定的状态，是财务文化的灵魂，对其他层面的文化起支配、指导和统驭作用，是形成财务物质文化和财务制度文化的思想基础和道德源泉。

高校财务文化作为大学文化建设的重要组成部分，一般是指在一定的社会、经济、政治和文化等环境影响下，大学长期倡导和培育并共同塑造的道德精神、财务行为规范和实体性财务管理条件的总和。高校财务文化分为广义高校财务文化与狭义高校财务文化两种。广义高校财务文化，是指影响大学财务发展变化及其模式选择的财务行为，由包括知识、信仰、政治、经济及法律制度在内的有关各类人群的活动方式、行为模式以及精神与物质设施构成的综合体。高校财务环境文化、财务制度行为文化和财务精神文化形成了大学财务文化的有机统一体。而狭义高校财务文化，仅指大学财务人员的意识形态，即高校财务人员在长期的实践活动中形成的一种文化观念。其外延只包括财务人员的思想意识、价值观念、精神风貌、心理素质、伦理道德及人际交往等内容，一般应从广义的角度去把握高校财务文化的内涵。高校财务文化主要包括高校财务环境文化、财务制度文化和财务精神文化三个方面。

一、财务环境文化

财务环境文化，是指与财务活动有密切联系的、有助于财务实践的一切物质表现形式，是财务文化的基础层面，是财务制度文化与精神文化的外在体现。财务环境文化与物质生产力进步、社会经济发展密切相关，同时也与单位组织对财务职能的重视，以及财务工作在单位的功能、地位相关。

财务环境文化具有时代性特征。过去财务环境比较简陋，算盘、账本就是财务的基本。随着组织业务的增加，资金量的增大，财务参与的业务管理内容越来越复杂，那么相应的财务分工也逐步细化，设置的财务机构和配备的人员也逐渐增多。为了保持财务的独立性、有序性和保密性，财务环境得到不断的改善。特别是随着计算机技术、网络信息技术的发展，财务手段加快了改进的步伐，在办公设施、运算工具、财务系统等方面有了飞速发展，财务平台、财务共享成为现代新型财务环境的主要发展趋势。

高校财务环境文化，是指大学财务活动中所应用的方法、工具以及有关必要的设施和外部环境的综合体。高校财务环境文化更关注的是财务新技术和新工具的推广和应用，是高校财务文化建设物质基础和大学财务文化系统的表现，包括财务办公环境、办公设备配置、财务软件等。它是高校财务人员进行财务管理和会计核算工作的物质保障，也是高校财务工作先进水平的重要体现。在某种程度上，高校财务环境文化的改善，为财务人员工作提供了良好的物质条件,进一步提升财务在高校管理中的职能地位,增强教职工对财务的价值认识,有利于改进财务工作效率,推动学校财务事业良性发展。

二、财务制度文化

财务制度文化,是财务环境文化与精神文化的链接点:一方面反映了财务环境文化和精神文化对财务主体行为的工作要求,另一方面又规范和制约着财务环境文化和精神文化的建设。财务制度文化是财务人员在财务活动中所应遵循的各种规章制度、纪律条例等行为准则的总和。高校财务制度文化,是指大学财务人员在开展大学财务管理活动中所应遵循的各种规章制度、纪律条例等行为准则的综合体,包括各种财务制度、法规、职业道德规范、财务工作和生活行为模式、群体行为准则、交际娱乐方式、风俗习惯以及财务机构的组织方式等。

此外,财务制度文化还体现了财务人员在生产经营、教育宣传、人际关系活动以及文娱体育活动中产生的活动文化。高校财务制度文化是财务文化结构的中间层次,既是适应财务环境文化的固定形式,又是塑造财务精神文化的主要机制和载体。

1. 财务法规。包括财务法律,财务行政法规,地方教育主管部门、财政部门财务法规,地方政府部门(发展改革委员会、省直属机关、税务、文化、科技及其他业务主管部门等)下发的各类有关高校的财经法规和财务规章制度等。财务法规是从宏观上规范和加强财务管理,涉及各行业财务管理,必须严格按照具体法律法规条款贯彻执行,否则就要被追究法律责任。

2. 财务制度。财务制度是单位组织根据财务相关法律、法规以及财务工作的要求而制订的,是具体财务实践的产物,也是财务法律、法规的具体体现。高校财务制度是根据相关高校财经法律、法规的要求，结合学校实际情况而拟定的相关财务制度，包括高校预决算管理办法、高校财务管理办法、高校经费管理办法、高校干部经济责任制度、高校基本建设经费管理办法、高校科研经费管理办法、高校专项资金管理办法等。

3. 财务惯例。财务惯例是长期财务工作中形成的一种财务习惯。财务惯例不能形成较为正式的文件规定，但是它为财务人员和社会各界所认可，是在一定范围和时间内用来约束和处理有关财务事项的一种规范要求。财务惯例与财务职业道德处于同一层次，具有无形的财务行为约束力，是财务规范体系的补充内容。

4. 财务知识。财务知识是财务人员从事财务工作，完成财务职责需要掌握的基本知识。财务知识是财务文化的基础要素，财务文化需要有财务知识的支撑。没有财务知识，财务文化就失去了基础条件，财务知识有自身较为完整的知识体系。从会计原理、会计基础，到财务与会计知识，再延伸到财务其他相关学科知识。

5. 财务工作流程。财务工作流程指存在于高校财务管理工作中的具有一定规律的、较为全面的、系统的、经过长期的财务管理实践经验综合而形成的工作程序或操作规则，主要包括：财务管理工作基本流程，如财务审批流程、财务预算流程、会计核算流程；财务管理工作辅助流程，重在强化财务监督，理顺财务关系，提高服务水平，如会计监督流程、信息查询流程及学习流程等。

6. 财务岗位职责。由于财务专业特点，以"不相容岗位相互分离"为原则，财务岗位之间职责相对独立。财务岗位职责明确划分了岗位的职责范围，它是规定岗位工作和岗位权利与义务的基本依据。财务人员按照岗位职责熟悉和掌握岗位政策和流程，开展相应的工作内容。

三、财务精神文化

财务精神文化，是指财务人员的文化心态及其在观念形态上的对象化，包括财务人员的文化心理和社会意识诸形式。高校财务精神文化，是指财务人员的群体意识、心理素质、价值观念、理想道德、行为规范、财务艺术观念及信仰等的总和。财务精神文化是财务文化中起着主导性作用并相对稳定的核心，是整个财务文化的源泉与动力，是财务环境文化和制度文化的升华，主要包括财务人员的思想意识、精神面貌、心理素质、价值观念、财务观念及信仰等。它是高校财务人员的文化心态及其在观念形态上的对象化。高校财务人员不但要有系统的财务与会计专业知识，掌握会计核算技能，同时也要树立敬业精神，要有职业责任感、使命感、职业荣誉感，把个人价值和成就感融入高校事业发展中。财务精神文化具体包括财务价值观、财务风气和财务形象、财务职业道德。

1. 财务价值观。价值观，是指实践主体有目的地选择某种行为或活动去实现客体对主体的满足，并去判断该种行为或活动的好坏、优劣，从而确定价值有无、正负、大小的总体看法和根本的观点。而财务价值观，就是指导财务实践主体包括财务人员有目的地选择某种会计行为或会计活动去实现会计客体对主体的满足，并去判断该种会计行为或会计活动的好坏、优劣，从而确定其财务价值有无、正负、大小的一种总的看法和根本观点。财务价值观反映和表示了财务工作存在与发展的根本价值和意义，是财务人员整体化、个性化的群体意识。财务价值观是财务精神文化层面的核心，对其他要素起着支配、指导和统驭作用。

2. 财务风气。财务风气，是指经过精心培育而逐渐形成，并为广大财务人员所认同的一种正向心理定势、价值取向和主导意识。它是财务文化的伦理价值观层次,表现为理财者和全体员工在处理财务问题时的思想意识和道德观念,即所谓的财务精神文化。它与财务价值观一起构成财务文化的核心。与作为评判标准的价值观不同,财务风气是经过较长时期自觉培养而形成的。优秀的财务精神会引导单位的财务行为朝着诚实守信、客观公正和具有强烈社会责任感的良好方向发展,会提升和改善单位的整体管理水平。

3. 财务形象。财务形象,是指社会大众对高校财务部门的人员及其行为、财务组织的各种活动成果给予的整体评价与认定,也是财务组织功能和人员素质的外化和直观感觉。一般来说,财务形象主要受到财务人员能力素质和财务环境两种因素的影响。和谐的环境可以增强财务人员的团队意识,改变只从个人角度考虑问题的思维定势,建立起符合财务价值观体系的思维和行为模式。这有利于财务人员增强责任感、归属感和认同感。

4. 财务职业道德。财务职业道德,是指社会道德的一个组成部分,是社会精神力量在财务职业中的体现,是财务法规、制度条文限定以外的一种无形的补充力量。财务职业道德又包括财务信念、财务意识、财务责任和财务技能四个要素。

(1) 财务信念直接体现了财务人员的职业理念、职业倾向、职业特长、职业生活和职业心理,是财务职业道德的最高层次,它能激励和督促财务人员踏实工作、勤恳奋进,努力达到兢兢业业、一丝不苟、大公无私、勇于奉献的最高境界。

(2) 财务意识是反映财务人员财务素养的思维表现。财务意识是依赖于专业及专业的工作应用。比如,成本意识、风险意识、廉政意识,这些就是财务意识的体现,来源于财务专业和专业的工作应用。

(3) 财务责任直接体现了财务职业特性、职业规律和职业习惯,是财务职业道德最重要的中间层次,它能监督财务人员时刻保持廉洁自律，坚持原则，不越红线、守住底线的职业意识和职业习惯。

（4）财务技能直接体现了财务职业教育、职业素质和职业技术，是财务职业道德的基础层次，它能鞭策财务人员不断更新财务专业知识，拓宽经济学、金融学、管理学、心理学、行为财务学等知识，自觉掌握先进的计算机应用技术和网络技术，努力提升自身的财务能力。

综上所述，财务文化的财务环境文化、制度文化和精神文化相互依存，相互制约，相互渗透，构成一个多层次、多侧面、多方位的有机的财务文化体系。在这个体系中，财务精神文化是财务文化的核心，是最基本的组成部分。财务精神文化发挥着支配作用、决定着财务制度文化和物质文化的发展方向。财务制度文化起保障和促进作用，成为精神文化的外在表现形式。财务环境文化则是精神文化和制度文化的物质体现和外在表现，为其实现提供了可能性。

第四节 高校财务文化的培育

一、高校财务文化培育要求

培育高校财务文化是高校财务发展的必然要求，也符合高校文化建设需求。高校财务文化培育模式应该以传统文化精华为基础，以时代精神和现代财务价值观念为核心，适应我国高校财务管理实际，建立和完善符合高校发展的财务文化体系。

（一）符合高校财务管理要求的财务价值观

财务价值观是对财务管理的目的和宗旨的基本认识或者总的

看法,是反映和表示财务工作存在与发展的根本价值和意义的财务人员整体化、个性化的群体意识,它在财务文化系统中处于核心地位。事实证明,经济越发展,财务管理越重要。财务管理在高校管理中处于中心地位。它不仅履行着一般的管理职能,更重要的是它通过专业财务管理职能,通过资金管理和资金运营,有效推动高校教育事业发展。只有树立起正确的财务价值观,充分发挥财务管理在高校管理中的核心地位和作用,才能培育出优秀的高校财务文化。

(二) 坚持"以人为本"的财务管理哲学

财务人员的价值取向、知识水平、工作能力、道德准则、思想觉悟等,都是影响财务工作质量和效率的最关键、最重要的因素。财务文化中只有树立"人本位"的财务思想,才能把人管好和用好,才能增强高校财务组织的内聚力,提高财务人员的思想文化和业务素质,充分发挥每个财务人员的积极性、主动性和创造性。因此,财务文化建设中要坚持以"人"为中心,学会理解人、尊重人、信任人、爱惜人才,认真做好财务管理工作。

(三) 合规、合法的财务道德规范

财务人员要坚持原则,加强政治学习,不断提高政治思想水平。顾全大局、廉洁奉公,这是作为财务职业人员必须具备的财务道德规范。一方面,财务人员自身要有强烈的纪律观念,遵纪守法,不能见利忘义。另一方面,财务人员要顾全大局,坚持原则,始终把国家利益、社会利益、集体利益放在首位,正确处理国家、集体、个人之间的利益关系,维护学校的根本利益。

(四) 富有效率、充满活力的财务组织机构和财务管理机制

财务机构是开展财务工作、提高工作效率的组织保证。要结

合学校财务特点，有效设置财务机构，优化财务职能。财务管理体制是财务管理思想和财务管理规范的综合反映。要发挥财务管理机制的内在功能，必须从学校财务管理实际出发，考虑财务规模、财务习惯、财务人员素质等，设计科学、合理的财务运行机制，进一步增强财务管理机制的灵活性，提高财务工作的效率。

二、高校财务文化培育原则

（一）先进性

高校是培养人才、认真专研学术的重要场所。在财务文化建设实践中，高校应当注重加强财务文化中的价值观、职业道德行为等精神文化建设，要建设符合我国社会主义价值观、社会主义道德行为的财务文化，充分体现时代精神，坚决抵制消极、负面的价值观和行为。高校财务人员不仅要守法守纪，还要自觉贯彻会计准则、会计制度及会计职业道德要求，在高校会计制度设计上要严格遵守内部控制规范，强化内控建设，优化高校财务工作流程，加强高校风险防控，压缩高校财务工作中的自由裁量权，提高高校财务工作的透明度。

（二）前沿性

高校作为理论知识的研发传播场所，要具有世界眼光，要善于汲取国内外优秀的财务文化，要虚心学习国外最新的会计研究成果、最新会计工作方法和技术等，要保持高校财务文化的前沿性，体现出我国高校在财务文化建设上的高层次、高标准、高水平。

（三）表率性

高校应当在财务文化建设中起到对整个社会的表率作用，承担起引导我国财务文化建设走向规范化的责任。高校财务人员的行为及财务工作体系都应当做到规范、遵纪守法,财务工作要做到"细、严、实"。

(四) 公开性

高校财务管理工作应当保证透明度,加强信息披露。同时,社会各界要对高校财务工作进行监督。

(五) 创新性

高校财务文化建设也应强调创新发展,积极研究并解决财务文化建设中出现的新问题、新矛盾,并将研究成果尽快应用到财务文化建设实践中去,建立起诚信、规范并富有创新精神的财务文化。

三、高校财务文化培育方向

(一) 构建廉洁型财务文化

遵守职业道德、廉洁奉公是高校廉政文化建设的核心,也是廉洁型财务文化的核心。近年来,高校职务犯罪成为社会较为关注的领域,财务收支、合同、采购、招生、就业、维修工程、基本建设等方面都是内部控制的重点环节,而最终体现在财务管理工作中,因此从财务角度去把控和构建高校廉洁型财务文化尤为必要。

可从三个方面去思考和完善:一是增强财务反腐倡廉的特殊功能。高校财务管理要改变传统的财务管理模式,运用财务控制手段,加强财务审计和监督,建立财务信息公开制度,对学校资金的使用率、使用效益进行强有力的外部监督与内部控制。二是实行民主管理、民主决策和民主监督。坚持公平、公正的原则，形成一个严于律己、以身作则的廉洁型领导班子和职工队伍，进一步增强对廉洁奉公的认同感和荣誉感。三是强化宣传教育。营造良好的校园廉政氛围，积极加大财务廉政宣传，与学校的党风廉政教育相结合，注重宣传的内容和形式，增强廉政财务文化的亲和力、吸引力和渗透力，避免空洞说教，缺乏生动性和感染力。

(二) 构建诚信型财务文化

诚信文化是市场经济文化的基础，也是财务文化的基础。诚信文化要求各财务主体在日常财务活动中要诚实、守信、自觉约束自己的财务行为，在不损害他人利益的前提下追求自己的利益。相反，如果财务相关者之间缺乏诚信，则必然会产生信任危机，进而引发财务冲突，甚至引发财务危机。

首先，要求财务人员严格自律，履行自己的道德责任和财务责任。其次，需要法律的严格约束，通过法律手段来维护诚信。最后，要营造良好的校园诚信文化氛围，加大师生诚信的宣传教育力度。

(三) 构建和谐型财务文化

财务关系是否和谐成为和谐财务的重要标志。在财务管理中，要特别注重各方关系的协调，在保障学校资金使用效益和维护师生员工利益的基础上，原则性与灵活性有机结合，维系好校内外各方关系。坚持财务活动的公平正义，这是构建和谐型财务的重要保障。正义财务就是要平等对待各方财务关系人，使他们之间的利益达到均衡。财务实现了和谐，财务资源配置和激励效果才能达到最佳境界。失去正义的财务活动必将使弱势群体的财务利益受到伤害，使财务处于不和谐状态。

（四）构建节约型财务文化

建设节约型高校，就是要将节约的理念贯穿于学校工作的各个领域，最大限度地节约资源，提高资源利用效率，以获得最大的办学效益。

高校在财务管理过程中，应该逐步有意识地沉淀自身优良的财务管理文化，可以从节约的资源配置和资金使用、节约的财务报表分析、节约的财务账目登记、节约的财务信息披露等方面着力营造节约型财务文化氛围。通过节约型财务文化的影响，把节约的观念传输到广大师生员工的思想中，把节约型高校的各种文化信息和基本理念转化为师生强大的节约内驱动力。

（五）构建创新型财务文化

优质财务文化应当体现出创新的价值，将创新精神和竞争意识融入财务管理工作中。高校要营造鼓励创新的环境和氛围，构建学习型财务组织，塑造创新型的财务文化。在保证财务管理的权威性和严肃性基础上，高校要倡导并鼓励财务管理部门不断创新，并对创新成果给予奖励，鼓励财务人员积极、主动地开展创新理财活动。比如，争取税收优惠政策、改变核算方式减少人力投入、严格控制成本费用、改进内部管理工作方式方法等，从而营造出"严""节"字当头的财务文化管理环境，保证财务管理工作的有效开展。

四、高校财务文化培育意义

财务文化融入财务活动，有助于推动财务管理的发展。高校财务文化是大学文化的组成部分，推进财务文化建设对于加强大学文化建设，塑造"大学精神"，提升高校财务管理水平，具有重要意义。

（一）有利于整合和规范财务主体行为，形成共同的认知，增强组织凝聚力

各财务主体由于自身性格爱好、所处职业环境、生活习惯等差异，在财务工作上处理方式就不同。财务文化就是要通过财务部门组织，将财务文化根植于各财务主体内心，在组织内相互结合、渗透，从而统一财务认识，形成一种公共约束力，以调整和控制财务主体的财务行为，发挥出强大的聚合功能。财务文化通过统一财务个体对组织财务目标、准则、观念的认同感、使命感、自豪感、团结感和归属感，使财务个体的财务行为趋于一致，实现团结协作，形成财务部门整体的凝聚力，发挥财务整体的功能，齐心协力实现学校统一的财务目标。

（二）有利于规范财务人员的行为，有效保障财务工作合规、合法

财务文化对财务技术有很强的制约性，可以对财务人员的行为起导向作用，而且对学校整体的财务目标取向起导向作用，从而有效地规范学校各种财务活动。财务文化是组织成员为了实现财务目标而自觉遵循的财务价值标准、道德规范、工作态度、行为取向和生活观念，以及由这些因素融合、凝聚而形成的整体财务管理精神风貌。优良的财务文化也是一种财务道德规范，为每一个财务人员提供具体的行为准则，促进员工自觉地遵守财经纪律，规范自己的思想和行为，保证财务准则的有效执行，减少违规、违法甚至腐败的风险。

（三）有利于激发财务人员的工作积极性，保持队伍稳定

财务文化将思想政治工作与经济工作有机结合，将财务部门愿景与财务主体需求有机结合,使财务主体明确学校财务管理发展目标和学校事业发展目标,在相信人、尊重人、鼓舞人的基础上,调整财务人员的心理、动机和行为,增强财务人员的事业心和荣誉感,充分发挥财务主体的主观能动性,最大限度地激发财务人员的积极性。通过财务文化建设,激发财务人员自我学习、自我提升的热情,不断提升财务管理团队的业务素质和水平,打造出高素质的财务团队。

(四)有利于协调部门内外工作,提高工作效率

高校财务部门是个综合性很强的职能部门,工作涉及面广。一方面,财务部门要协调校内各个二级学院、科研机构、教辅及行政职能部门,以及学校每一位教职工和学生主体等之间的业务往来关系;另一方面,学校财务部门与地方政府、组织、宣传、人力资源保障、教育、财政、税务、国土、环保、国资、社保、银行等单位具有密切联系,因此,财务部门必须具有较强的协调和融合功能,要充分利用和发挥财务文化的沟通协调能力,及时沟通信息,交流感情,协调关系,促使高校财务管理和决策的科学化、民主化、高效化,从而推动学校财务事业和其他各项教育事业不断向前发展。

第三章　高校财务文化现状及影响因素

第一节　高校财务文化现状

随着文化自信和文化治理理念的深入，特别是在互联网信息技术日益发达的时代，文化的提炼和文化传承显得越来越重要。没有文化底蕴和文化发展的组织，未来发展将缺少前进的内驱力。目前，很多高校认识到财务文化建设的重要性，在财务文化建设方面已经积累了一定的思路和经验，并开始注重对财务文化建设的探索和实践。然而，由于高校财务文化建设基础薄弱，起步较晚，各高校虽然在不同的历史和文化背景下都有其独有的财务文化，但目前没有统一的原则和标准。因此，各高校在开展财务文化建设实践时，可能会面临各种具体问题，而高校财务文化建设实际能够发挥的作用如何，则需要更加漫长的过程才能逐步显现出来。

一、高校财务文化缺乏明确的发展方向

多年来，高校对财务文化的认识一直比较模糊。历任财务领导有财务文化的感觉和思路，但是如何去规划与设计财务文化，

可能在方向上考虑不充分、不全面。财务文化往往被当作一种财务关系、财务作风、财务惯例、财务氛围，而较少有人去认真界定财务文化的概念，梳理财务文化的内容和体现的形式。这些年来，国家教育财务政策的频繁出台，财务改革加速推进，对高校财务工作影响日益增大，高校教育事业发展对财务工作期望也有很大提高，但是财务现状却使得财务工作难度逐渐加大。高校财务在应对各项财务检查和各项日常复杂的财务"琐事"的情况下，对财务文化建设力不从心，不能很好地将财务管理目标与财务文化有机结合起来，制订出财务文化建设和发展的实施方案，进一步明确财务文化发展目标，导致了财务文化失去指导性，或者说对财务工作指导性不强，影响了财务文化建设的实质性推动。当然，也有些财务文化建设也仅仅停留在表面，喊口号、摆展板、搞宣讲、做样子，成了一种形式主义，无法达到财务文化建设的最终目的，实际效果并不大。

二、高校财务文化缺乏自身特色

文化的底蕴和个性来自大学文化。高校文化氛围下形成的财务特点和财务习惯，是财务文化特色的重要元素。然而，长期以来，高校财务文化在单一、枯燥的财务工作模式下，按部就班地年复一年，财务领导和人员几乎是在比较平稳、习惯性的环境下开展财务工作，较少去思考和探索财务文化的存在与发展，对于财务文化建设更无从谈起。财务文化的表面化、习惯化、简单地被单一化，掩盖了财务文化内在的优势。同时，财务文化受大学文化的影响，寄居在大学文化覆盖的范围内。财务文化没有集聚自身特有的文化气息，从而形成自身的特色文化，也谈不上什么系列文化和文化体系。事实上，财务本身就是一种文化，财务有自己的内在规则和运行方式，这种文化是独立于大学文化而存在的，只是在很多时候，财务文化没有被独立地显现出来，反而经常会被遗忘。

三、高校财务文化缺乏坚实的载体

由于财务文化建设时间较短，关于财务文化的思考和规划也是缺乏战略性、系统性的，更多的只是对财务文化的简单的体会和感觉。近年来，一些部属院校也在进行财务文化建设，比如清华大学、北京大学、武汉大学、浙江大学、中山大学、上海交通大学和四川大学等，它们将财务的理念与财务服务工作相结合，推崇一种财务文化。四川大学的"财系川大、务兴有道"，打造"兴"型财务文化。从目前来看，更多的财务文化一般浓缩在财务宗旨上，比如，山东大学的"服务一流大学建设"、湘潭大学的"热诚服务"、北京邮电大学的"厚德博学、敬业乐群"。有些大学把财务文化与大学文化相混淆，以大学校训来作为财务文化，比如南昌大学的"格物致新、厚德泽人"、贵州大学的"明德至善、博学笃行"、安徽大学的"至诚至善、博学笃行"。由此可以看出，财务文化没有自身的可依附的载体，因而也无法以载体为中心来发散文化分支，也就无法形成较为成熟的财务文化体系。

四、高校财务文化建设缺乏持久性

高校财务文化本身就是系统性的复杂工程，其建设不是想抓就能抓好、重点搞就能搞好的。有些高校对财务文化建设看得比较简单，缺乏持久性思考。部分领导仅凭一时热情，重视就搞一段时间，大多会开展各种形式的财务文化活动，当有一些成效后就又自我满足了。殊不知数年以后，原有的财务文化建设方式和形式已经落后了，不能适应现有的环境需要了，甚至有些财务文化失去了之前的政策支持，再继续发展下去，反而成为被审查的违规事项，也不利于对已有文化建设成果的维护。因此，高校财务文化建设是一个长期和持续的过程，需要不断加强和完善，"三天打鱼，两天晒网"不利于高校财务文化建设，要有"随风潜入夜，润物细无声"的精神，才能把财务文化建设持续坚持下去，才能够使得财务文化体系越来越完善，越来越成熟，财务文化建设方能收到预想的效果。

第二节 高校文化与财务文化

一、高校文化内涵

高校是以人才培养、科学研究、社会服务、文化传承与创新为主要功能的独特社会组织。高校文化是高校在长期办学过程中经过历史沉淀、人文积累所形成的价值取向、信念目标、理想追求、善德导向和行为准则。高校与高校文化如影随形，高校文化是高校的"阳光"和"空气"，直接作用于师生的思维方式和行为方式。高校文化传承能够彰显高校价值，培养健全人格，并凝练和熔铸高校精神。每个生活于高校的人，都在接受高校文化的熏陶，都在高校文化的氛围之中徜徉。这就是教育的最高境界——行不言之教。

二、高校文化形态

高校所沉积和创造的深厚文化底蕴主要体现为个性化的高校文化形态，包括高校物质（环境）文化、高校制度文化和高校精神文化。

物质和环境文化是高校文化的物化形态，包括教学楼、实验室、图书馆、实习实训基地、体育设施、学生宿舍、食堂以及花草、树木、小径和湖塘等有形资产的文化内涵。其中环境文化又是一种生态文化，旨在为高校顺利进行治学育人活动构筑一种高品位的和谐校园环境。高校物质文化是高校赖以生存的基础，学校基础设施、校园环境建设越有规划、有特色、有历史，学校文化底蕴就越深厚。高校教学科研设备条件越先进，高校硬件实力越强，高校竞争就越有优势。

高校制度文化是构成特定文化组织的群体共同信奉并付诸实践的组织体系的价值信念，包括学校的组织结构、规章制度、学术规范、教学体系、课程设置、教风学风以及教学方式方法等。其中学术机制是高校组织运行的主导机制，充分的教学、学术自由是维持其活力的源泉。高校制度文化是高校赖以发展、承担重大文化使命的内在支撑。高校制度是处理高校与国家、社会以及高校内部关系的制度，而这些内部关系形成了高校治理结构、组织机构、管理机制、考核与评价的基础。

高校精神文化是高校文化的灵魂，包括教育思想和办学理念，集中体现在学校发展战略、办学定位与人才培养目标以及相应的校训、校歌和校风中。高校精神文化是高校赖以创新、提高核心竞争力的引领。高校建设愈是发展，学校竞争愈是激烈，也就愈能显示其扩展空间的引领作用。办学理念是高校精神文化的核心要素，育人功能是高校文化的本质功能。他们既决定高校文化的价值取向与目标追求，又指导着现代高校的制度建设。

三、高校文化的作用

1. 导向功能。高校文化反映了高校人的共同理想与追求，共同的价值取向与根本利益。高校文化促使高校人思想统一、意识集中，并与学校所设定的发展目标相一致，使高校人自觉地为实现学校的办学目标而努力。

2. 凝聚功能。高校通过师生的习惯、知觉、信念、动机、期望等文化来沟通思想情感，使他们对学校办学目标、准则等产生认同感、使命感、归属感和自豪感，从而形成一种群体向心力。

3. 激励功能。高校文化有一个最根本的特征，就是"以人为本"。在高校文化所创造的以人为本的浓厚氛围中，每个成员都会由于得到尊重、保护和关心而受到鞭策和鼓励。

4. 约束功能。高校文化中的价值观、道德准则等，决定了高校人可以做什么，不可以做什么，给那些有悖于这些要求的行为和思想造成一种无形的精神压力，能够对师生员工起到限制和制约作用。

5. 协调功能。在高校教育教学、学术研究和管理活动中，综合协调是一项重要的经常性工作。校内校外、师生之间、校内各单位之间都需要相互协调，而高校文化则提供了大家共同认可和遵守的价值观和道德观，从而起着对内、对外各种关系的"调节器"作用。

四、高校文化与财务文化的关系

财务是高校组织活动的重要部分，高校文化贯穿于财务活动中，渗透到财务主体和财务过程中，对财务有很深刻的影响。财务文化则在这种高校文化的影响中逐步形成和发展。

（一）高校文化是财务文化形成的基础

高校文化为财务文化的形成提供了孕育的土壤。长期以来，高校文化提倡的笃学、崇德、尚美、求真、励志等办学理念和育人宗旨，始终伴随着高校教育事业的发展。浓厚的高校文化渗透在校园的每一个角落，体现在高校组织的各个方面。高校制度、高校的基础设施、校园环境、高校人文面貌都能散发出高校文化的气息。财务活动中所反映的财务规则、制度建设、业务流程、财务主体关系都有高校文化的缩影。因此，财务文化的形成必然会依赖于高校文化的基础，从高校文化中吸取精华，凝练成财务文化的核心理念。同时，财务文化所提出的财务制度、财务规则适应了高校文化的需求，使得财务文化更能符合高校文化发展的实际，满足高校主体的需要，财务文化由此而诞生并逐步成长。

（二）高校文化元素贯穿于财务文化始终

文化本身是较为复杂的主体。高校文化有其自身的内部结构，构成元素呈现多元化。可以认为，文化理念、文化组织、文化制度、文化基础都是文化构成的元素。这些文化元素依附于文化主体，动态地变化和调整。在财务文化形成、发展和调整过程中，高校文化一直影响着财务文化。财务文化必然要依托于高校文化，从高校文化中挖掘财务文化的核心基础，财务文化要适应高校文化的需求，高校文化所孕育的高校主体、高校精神客观上要求财务文化要与高校文化一致，从而有效地发挥财务文化的影响力；否则，财务文化会被无形地抛弃。高校文化随着高校主体的发展不断得到丰富、充实、更新和拓展，同时财务文化也会随之作出调整，否则将形成制约高校发展的瓶颈，进而引发财务矛盾，最终被高校主体淘汰。

（三）财务文化是高校文化的重要内容

高校文化是一个文化体系，包括物质形态、制度形态和精神形态的文化。财务文化与高校文化保持一致，其中也涵盖了这些文化内容，它们是高校文化的重要组成部分。比如，财务服务大厅、财务硬件设施、财务制度、财务精神都与高校文化相关。不同的地方在于它们都是高校文化在财务活动中的具体体现，反映出财务的个性特征。财务文化有自身的文化元素和内容，专业特点更为突出，影响的群体及其行为集中在财务方面。而高校文化是综合的、宽泛的、持久的，经过岁月沧桑锤炼形成的，具有雄厚的文化内力。

第三节 领导与财务文化

一、领导概述

"领导"一词，历来有不同的解释。传统的管理理论认为，领导是组织赋予一个人的职位和权力，以率领其部属实现组织目标。首先，领导是作为一个管理角色，具有职权、责任和义务来实现和达到组织目标与目的的人，在任务活动中起着主导作用。领导在通过自己的行为和影响促使他人实现组织目标。其次，领导是一个过程，引导与影响个体、群体、组织并使之在一定条件下实现组织目标的行动过程。领导的过程包括选择所追求的目标和战略，鼓励组织成员去实现，实施组织工作等。由此，领导在组织文化建设中具有决定性作用，能够从顶层设计上把控宏观。在某种程度上，组织文化中也渗透了领导元素。

二、领导与财务文化

（一）领导是财务文化的主流驱动者

领导是组织文化建设的倡导者，也是财务文化主流驱动者。领导站位高，视野宽阔，对组织的定位准确，他能够从组织的战略发展角度去思考财务文化的特色建设和框架设计，使得财务文化与组织发展相协调，并为组织的发展发挥积极的促进作用。同时，领导行为对财务文化建设起着主导力量作用。领导通过领导决策和决策执行推动财务文化不断充实和更新，融入组织新的发展理念，消除不利于财务文化建设的各种消极因素，完善财务文化体系，增强财务文化内在活力。

（二）领导方式影响财务文化的形成

领导方式，是指领导在领导活动中的行为方式与方法的总和。领导方式一般分为专制式集权领导方式、开明式的集权领导方式、协商式的民主领导方式、参与式的民主领导方式。不同的领导方式，影响着财务文化形成的路径和方法。专制式集权领导方式，倾向于领导自行做出财务文化的建设方向，要求下属强制性推进。开明式的集权领导方式，领导者吸取下属对财务文化建设的相关意见，综合各方面思路，制订财务文化建设方案。协商式的民主领导方式，领导者对下属比较信任，提出财务文化方案时，充分听取下属的意见，相互沟通，共同商讨，不断完善财务文化建设方案，在执行中能够得到下属的支持。参与式民主领导方式，领导者对下属充分信任，在规定范围内，授予下属自行决策权。领导者根据财务文化目标，由下级结合目标要求，提出具体实施方案，领导不过多干涉下属的工作。财务文化建设方案确定后，由下属负责执行和完善。领导对其实施成果给予考核。

（三）领导素质决定财务文化水平

领导素质包括领导能力、领导知识、领导魅力。财务文化本身属于意识形态领域的范围，财务文化水平的衡量与评价与领导对其目标的设定相关。目标越高，财务文化建设水平越高。因此，领导的素质又决定了领导对财务文化层次的评定，领导素质好，认识水平高，对财务文化要求自然就高。而领导素质中领导能力、领导知识、领导魅力是其主要内容。财务文化水平依赖于领导能力对文化方案的设计、文化内涵的解读、文化风格的判定，依赖于领导知识对文化元素的构思、文化色彩的选配、文化结构的筑造，依赖于领导魅力对文化实施的推进、文化影响的传播。

三、高校财务文化的领导体现

高等学校校领导及领导班子对高校文化有根本性的定位，充分体现了学校悠久的历史沉淀和宏远的发展思路。对于财务文化，他们赋予了更重要的职能性作用。他们对财务文化的重视，意味着他们对财务的功能性认识清晰。他们往往强调从财务文化的建设入手，发挥财务文化的廉政作用，有效提供财力保障和对财务风险防范支持。比如，强调原则、规范的财务文化，如：东北农业大学的"原则、规范"，江西财经大学的"依法理财、规范管理"。注重诚实守信的财务文化，如：暨南大学提出的"严谨诚信"和安徽大学提出的"至诚至坚"的财务思想。重视正直、廉洁的财务文化，如：吉林农业大学提出的"廉洁自律"，山东大学要求的"廉洁奉公"。还有强调服务高校的财务文化，如：山东大学"服务一流大学建设"，湘潭大学要求"热诚服务"，山西太原理工学院提出"增强服务意识、提高服务质量"。

第四节　财务主体与财务文化

一、财务主体的内容

财务主体是财务文化形成和传承的主体力量。财务主体的特点、结构对财务文化的形成基础和发展产生较大的影响。根据高校财务的业务对象来划分，高校财务主体一般指的是参与日常财务业务工作，办理相关财务手续，能够影响财务工作秩序，对财务工作的开展产生影响的对象总和。主要包括主管单位财务的校级领导，校内各单位负责财务的处级干部和院级干部，各单位从事专（兼）职财务工作的财务秘书或财务助理，以及有着财务利益关系的科研教师、一般教职工、学生群体。为更好地分析财务主体与财务文化之间的关系，主要针对从事财务工作的专职财务人员，探讨专职财务队伍特点对高校财务文化培育的影响。

二、财务主体特点

财务主体的特点与财务队伍构成相关。财务主体既有整体上的特点，更多的是个体上的差异，不同的特点对财务文化建设影响力不一样。

（一）财务主体整体特点

长期以来，由于财务工作的特殊性和业务的专业性，以及财务工作在高校工作中的影响，形成了财务主体显著的特点，即财务主体意识的政治性、财务工作的严谨性、财务职责的明确性、财务风险的敏感性、财务沟通的专业性、财务职业的服从性、财务道德的廉洁性、财务信息的保密性。

1. 财务主体意识的政治性，指的是财务主体对财务工作的政治纪律和要求在思想上认识到位，有较强的政治意识，严格要求自己，坚持正确的政治方向，坚定政治立场，不违反财务原则。

2. 财务工作的严谨性，体现了财务工作的程序性、细致和流程化特点。一切讲求财务依据，有明确的财务制度规范要求，坚持按财务程序办事，不越权、不违规。

3. 财务职责的明确性。财务是风险性较强的一项工作，财务职责与财务风险是密切负相关的。财务分工按照财务职能的不相容性原则进行明确划分，不同的岗位履行不同的财务职责，同一财务主体不能单独完成所有的财务流程。不论职务大小，财务职责必须明晰。

4. 财务风险的敏感性。财务工作是高风险职业，任何一项工作的失误都可能直接造成财务损失，包括经济上和政治上的财务风险。财务主体凭着职业经验，对财务风险敏感性较强，随时有防范财务风险的思维意识，时刻从财务风险的角度去考虑财务事项，一旦发现存在风险隐患，财务主体都会及时反映，防患于未然。

5. 财务沟通的专业性。会计核算以"有借必有贷、借贷必相等"为基础，以资产、负债、净资产、收入、费用要素为类别，诠释了财务业务的特色。因此，财务沟通中经常会提到这些要素的科目编号、经费的项目编号，而很多非财务专业人士则看不懂账目明细表。比如：借方有余额，贷方也有余额，但是总是相等的，这就是财务语言的专业性。财务沟通就是要把专业语言变为通俗语言，直接表述为你起初有多少钱，用了多少钱，目前剩余多少钱。这样，非专业人员就能理解其中的意思。

6. 财务职业的服从性。财务是服务工作，也是监督工作。财务服务于学校的事业发展，服务于教学科研活动，服务于学校后勤保障。然而，财务工作也是监督工作，严格按照财经规章制度去监督各单位资金使用情况，督促各单位要合规、合法地使用经费。财务职业的服从性是指：一方面，要求各单位要服从于财经法规，服从于财务人员对财务事项的审核，各财务利益者按照相关的财务制度和财务流程来办理财务手续，管理和使用经费。另一方面，财务职业要服从于学校工作安排，财务人员要以学校大局为重,服从安排。

7. 财务道德的廉洁性。财务有本身的职业道德。会计职业道德规范要求财务人员严格按照财经纪律来履行财务监督职责,按照会计基础工作规范来处理财务日常工作。财务讲究廉洁,不触"红线",守住底线,有"见钱如见数字"的道德修养。财务只有把好廉洁关,才能发挥财务监督的作用。

8. 财务信息的保密性。财务信息是高校财务决策的主要依据。尽管要求高校财务信息公开,增强透明度,但是作为财务人员,有些财务信息还是必然要求保密的。这些是财务内部决策使用的财务信息,涉及学校事业发展的数据信息。如果缺乏财务信息保密性要求,那么外界对财务信息的随意获取,难免会有破坏性目的的侵入。有些财务信息尚未调查核实清楚,一旦提前被公开,也会产生极大的影响。因此,确保财务信息保密同样是非常必要的。

(二) 财务主体的个性特点

财务主体的个性特点,指的是财务队伍中的单个财务人员,这与各自的年龄、性别、专业、工龄、个性、成长环境、人生经历等因素密切相关。

1. 年龄。年龄结构是财务主体个性比较显著的特征。年龄的差异使得财务主体对财务工作的认识和态度不一样。年龄结构的不同,他们在财务主体中的影响力也就不同。年轻人居多,那么财务气氛可能更加有生气,财务工作的战斗力较强。年龄大的人多,则体现了财务团队的经验性和稳重性更强,但可能会存在财务惰性。

2. 性别。财务主体中女性较多,那么对待工作会更细致,做事更全面、周到。但是女性多了对财务责任和风险比较在意。她们总是以比较认真的态度去做好自己的岗位工作,时刻可能会担心因出错而承担责任;她们的责任承受力有限。如果是男性较多,那么工作的持久性相对好些,加班的时间会更长。对待工作压力,男性可能感觉相对女性要轻松些,而且他们也会想办法去克服困难,最终完成工作任务。

3. 专业。专业不同,对财务认识程度不一样。财务部门也存在不同专业的搭配,有会计、财务、金融、经济、统计、计算机等专业人员,也有文秘、历史等专业人员。不同专业的员工对待财务工作有显著差异,专业会影响工作态度。专业内的财务人员认为财务规则很简单,也容易理解,但是专业外的财务人员总觉得有点困扰,不理解复杂的逻辑关系。计算机、统计类专业对财务数据处理较文秘、经济、历史类专业的财务人员更容易,但是他们在财务报告、财务文书方面则有一定的不足。因此专业搭配,对财务文化有着很大的影响。

4. 成长环境。成长环境是影响财务人员个性、世界观、价值观形成的重要因素。在一个诚信、守则、向上、坚忍的环境中,财务人员在财务工作岗位上能够坚持财务职业操守,能够从枯燥的岗位工作中找到满足感、成就感。

5. 人生经历。人生经历教会了人应该如何面对不同环境去处理环境中的人、事、物,如何面对各种挫折、荣誉。财会人员从自己所接触的环境中会发现行业的差异和乐趣,找到作为财务岗位人员的兴趣点和自我满足感。由此,他们就会很快适应财务岗位,找到自己的职业定位。

三、财务主体对财务文化的影响

(一)财会人员年龄

年龄是人身体特征和心理特征变化的标志性反映。年龄对财务文化的影响侧重于财务文化内在特征和外在表现。长期以来，高校财会人员队伍多以中青年人员为主，而老龄财会人员是由原来的总务处、后勤保障部工人、技术人员转型的，属于计划经济时代的群体。中青年年龄形成了当时一种比较稳重、认真、敬业、诚恳、风险意识较强的财务文化。然而，老龄财务人员也会制约财务文化的创新发展。他们缺乏对新的财务制度、财务改革带来的新变革的了解，财务思想观念上更新缓慢，财务服务意识较差，长期形成的惯性财务习惯对新的财务文化更新起阻碍作用。随着老财务人员的退休，新进的年轻财务人员不仅年龄小，而且吸收新鲜的现代财务思想能力强，消化能力强，应用快，对新的财务文化有突破性改革，不愿意被传统的财务文化所束缚。当然，他们对传统的财务文化在某种程度上也是继承的，更多的是注入了新的内容和形式，丰富了财务文化。当然，年轻财务人员缺乏工作经验，接触的财务案例较少，遇到财务问题不知所措，容易引发财务矛盾。

（二）财务人员性别

性别是财会人员男女比例的显著特征。一般认为，财会人员中女性比例高于男性人员。女性学习财会专业和从事财会专业工作的人数较多。女性性别的特征体现为细心、做事有计划安排，谨慎，有耐心，能够对繁琐的财务事项耐心梳理，有条不紊。而男性则不一样，做事更多比较宏观而不注重细节，敢于尝试，创新热情高。男性对财会工作的耐劳程度高，工作强度承受力强，女性比例大的财会队伍对财务管理更加精细，管理更加有效。财务文化体现更为条理性，财务文化的内在更为细腻，柔美。男性比例大的财务队伍，往往对财务管理框架性、总体性把握较好，具有创新目标，具体实施措施粗放而细节考虑不是很充分。

(三) 财会人员专业

从事财务管理工作的财会人员，不一定其所学专业都是财会类专业，也有计算机、信息技术、经济管理、汉语言文学、文秘，或者是历史、化学、数学等专业。在互联网信息技术日益发达的今天，财会队伍已经不是单纯的财会专业人员的组合，而是多学科的组合，各个专业发挥着不同的专业优势和技能特长。多元化的专业搭配，对于财务文化来说，丰富多彩，渗透了不同的文化背景和文化特色，使得财务文化更具有时代气息和多元素特征。不同专业的人群、不同专业特点的融合，形成了多元素财务文化培育的基础土壤，使得财务文化更具有内在的生命力。

(四) 财会人员个性

个性是每个人特殊的表现。每个人生长的环境、经历的人生阅历、形成的"三观"差异，体现的个性也是不一样的。不同个性的人在一起，相互配合、相互制约、相互支持、相互融合，对于财务文化的形成也是一种影响。不同个性的人在共同遵从财务规则的情况下，包容各自的不足，吸收各自的优点，使得财务文化能够在矛盾协调中逐步成长，成为大家共同认可的财务文化。海纳百川，有容乃大。财务文化就是蓄水池，把各种个性、观点、矛盾都融化在文化的"大染缸"里，通过不断地搅拌、汇合、互补、碰撞、提炼，推陈出新，久传不衰。这也正是财务文化的魅力所在。

第五节 财务环境与财务文化

一般来说，财务环境是指财务组织、财务主体面临的政治环境、经济环境、文化环境、社会环境等。财务环境是财务文化形成、发展和提升的重要条件,为财务文化的发展提供有力的基础支持。

一、政治环境

政治环境,是指单位组织所存在和依赖的政治思想、政党组织、政治制度体系、政治组织和机构环境。政治环境影响财务文化。政治导向是财务文化建设的主导、总体方向。高校是国家人才培养、文化传承的主要基地,是要与国家教育路线、方针、政策保持高度一致的。高校是国家高等教育开展的重要场所,高校文化与财务文化都是在一定的政治环境下形成的。高校必须维护国家政党的权威,以新时代中国特色社会主义思想为指导,坚持"五位一体",把握好财务文化的正确政治方向。

政治思想是财务文化的指导思想,能够指引财务文化沿着正确的方向发展。政治制度为财务文化提供政策依据。政治制度明确了财务管理的规章制度。财务文化必须遵照政治制度规定的相关条款。高校结合实际情况,提出财务文化建设方案,细化相关细则,确保财务文化与政治制度相一致。

政治组织对财务文化也有监管作用。政治组织制定政治制度,通过教育财经政策来对高校财务提出要求,督促高校严格按照党和国家财经政策开展财务工作,并监督财务文化按照符合国家教育政策和财经政策的要求来设计与建设,从而推进财务文化持续、健康发展。

二、经济环境

经济环境是影响财务文化的重要因素。经济环境为财务文建设创造了条件，经济的发展改善了财务文化物质条件。

当前国家经济发展稳定，产业结构不断优化，混合所有制为经济发展提供了新的组合形式，释放出前所未有的生产活力。生产力日益发达，国民经济实力增强，社会稳定，人民富裕，这些都是教育发展的经济基础。现有高校处于这样的经济环境下，有充裕的国家财政拨款，能够按照生均培养成本来实施高等教育成本分摊机制。同时，收取学生学费，也极大地弥补了高校事业发展过程中的资金需求。

这些年来，高等教育从规模化教育转型到内涵式教育，狠抓教学科研质量，不断提升人才培养目标，积极服务地方经济发展，与地方经济、社会、文化等方面的发展形成相互依托、相互支撑、相互促进的协同发展机制。高校财务面临的市场经济主体不断增加，财务环境也日益复杂，在互惠互利、资源共享的经济环境中，高校财务既要严格执行财务规则，维护财务秩序，又要与市场经济多元化利益主体深入协作，为学校事业发展开源增收。因此，在这种情形下，高校财务文化所面临的任务加大，在考虑和推行财务文化和开展财务活动时，要综合协调，妥善处理这些利益群体，切实维护高校发展的根本经济利益。

三、社会文化环境

文化主流是时代的发展方向。财务文化只有与时代文化保持一致，才能从新时代、新思想中吸取新的创新力。财务文化是时代文化的一种，反映了时代文化的大方向，时代文化赋予了财务文化发展的动力。

社会文化环境可划分为科技文化环境、制度文化环境和精神文化环境。

（一）科技文化环境为财务管理发展提供技术支持

科学技术是在物质财富创造过程中的工艺和技术。科技文化主要从两个方面影响财务活动：一是科学发展为财务工作提供理论指导和实务工具。如科学发展中创立的控制论、信息论、系统论，西方经济学中形成的边际、均衡、利率、预期、效率、风险等概念，计算机革命，数理统计、线性规划、管理创新、金融工具等，这些都是财务管理者需要学习和掌握的跨界知识。二是其他科学的发展拓宽了财务边界。如跨国公司财务、证券财务、环境财务、文化财务、知识财务等。

（二）制度文化环境引导和制约财务管理活动

制度文化环境包括教育、政治体制、社会组织等。制度文化环境通过有形和无形两种方式来引导和制约高校财务活动：一种是通过法规和制度的有形方式来规范和协调高校财务活动中各方利益关系。另一种是通过行为习惯等无形方式协调高校财务活动，这些习惯与方式已经被相应的财务主体接受和认同，具有明显的文化特征。

（三）精神文化环境支配和决定财务管理目标的选择

精神文化环境包括观念、道德、语言和风俗习惯等，反映和表示社会活动的根本价值和意义的群体意识。人们的习俗、生活态度、消费方式、价值观念等对财务主体影响很大。同时，精神文化环境中的个人价值观与社会价值观，对于财务管理目标的设定也有着很深的影响。我国精神文化提倡先社会后个人的价值取向，在这种价值观念下，高校在财务目标的形成过程中更加注重学校整体的价值。事实上，高校本身就是非盈利的公益性组织，推崇的更是学校的利益高于个人利益，师生员工的利益高于财务人员个体的利益。只有师生员工对财务的满意度提升，高校财务人员在学校的职能地位才能提高，才能有利于贯彻执行财务的相关政策和财务规定。

第六节　财务传统与财务文化

一、财务传统概述

财务传统与财务本身是相关的。财务传统就是财务产生活动或财务关系形成中共同维护的财务规则或财务秩序。这种财务传统既是财务本质的客观要求，也是规范和约束人们财务行为的一种约定性惯例。财务传统与传统财务存在不同，财务传统更多体现在一种财务习惯上，传统财务则与财务模式、财务手段相关。

二、财务传统的内容

财务传统包括财务规则、财务习惯。财务传统有积极的一面，也存在消极的一面。积极一面是传承了财务认可的财务规矩、财务规则、财务约束条款。消极的一面则包含了财务落后的内容，比如财务固执、财务的不灵活、财务思维的固定化、财务视野的狭窄、财务处理的模板化等。

三、财务传统的优缺点

财务传统保持了财务原有的本色、特点和要求，让财务文化内在的核心根基得到稳定。这些优秀的财务传统是多年来财务管理工作的立足点，是财务文化延续发展的"命脉"，也是财务文化脱胎换骨、日新月异的根基。财务传统是一代又一代的财务人员长期形成的一种财务习惯，影响了包括财务人员在内的校内所有参与财务活动的师生员工。财务传统让师生员工习惯于这种财务管理模式、财务方法。这些财务传统成为他们思想中对财务业务的最终认识和理解，成为他们财务生活中必要的依托。

四、财务传统对财务文化的影响

财务传统不是一成不变的。财务传统中某些内容随着财务环境的变化、财务目标的调整、财务时代的需求而需要增添新的内容，因此某一方面财务传统在某种程度或者某些地方也制约了财务文化的更新。有些更新不是财务文化局部的调整，而是整体上重新设计、重新构造，所以财务传统所形成的固有化思维方式和处理惯例最终要求被替换，这种变革势必引发利益矛盾和思想冲击。

（一）财务传统保持了财务文化的根基

财务传统延续了财务本质特色。虽然经历了多年的制度调整、环境变化、技术升级，但是财务传统的模式仍然没变。财务传统讲究的制度、规则和程序一直没有变化。这使得财务在各种组织形式、组织机构中都能站稳脚跟，不会被任何一种形式替代。

（二）财务传统把握了财务文化发展的方向

财务传统始终坚守财务的本色，所以它对财务文化发展的方向起了决定性作用。财务文化的发展方向，要依托其原有的财务根基。没有根基，财务文化则会失去自我，自然找不到发展的方向。财务传统为财务文化提供了发展方向，要求财务文化要立足财务本色，围绕财务本色去丰富内容和形式，改变传统、呆板的财务文化，使得财务文化更有生机活力，让财务人员在财务文化氛围中愉悦地工作，享有财务职业的自我满足感和成就感。

（三）财务传统凝练了财务文化的精髓

财务传统中保留了财务的廉洁和财务的自我约束。财务传统时刻告诫财务人："勿以恶小而为之，勿以善小而不为。"千里之堤，溃于蚁穴。财务从事的日常工作虽然是琐碎、复杂的，但是这些数字代表着"金钱"，一分一厘都是要相等、要平衡的。如果少一个小数点，那可能就是一个大错误。财务传统坚守的是职业操守，是财务的廉洁关。凡是对财务传统不屑的人，对财务制度随意违背的人，都最终会因挪用公款、贪腐受贿、职务犯罪等而成为廉政风险的牺牲品。

第四章　高校财务文化培育——财务理念、政治、宗旨与精神

第一节　理清财务理念，树立财务地位

观念是人类在长期生活和生产实践活动中主观意识对客观世界的综合反映。随着社会实践活动的深入，观念所反映内容的深度与广度不断增强。财务观念是财务人员对财务工作状况客观现实的反映，是财务人员对世界、人生和价值等方面认识的各种观念相互联系而逐渐形成的有机整体。基于财务环境的不确定性对财务运行系统产生的不确定影响，干胜道（2011）认为，权变财务理论强调财务在财务状态、财务行为选择和财务结果上表现出不确定性，因此财务主体为适应复杂多变的环境，必须具备财务动态能力，及时调整财务政策与财务行为，使企事业财务运行系统与财务环境保持动态协调一致。高校财务具有敏锐的动态特点，应适应不同的财务环境，及时做出新的调整和创新。

财务环境的变化，促使高校不断转变财务观念。近年来，高校在加强财务制度建设、完善财务内控的同时，为了适应现代高校财务管理体制改革和事业发展需要，也在不断创新财务观念，在思想认识上有进一步的提高。

一、高校"大财务观"的提出

叶璋礼(2005)提出,高校要创新财务管理观念,树立成本与效益观念、全面预算观念、投资融资观念、债务观念、风险观念。鲁鸣(2007)等提出,高校需要树立成本与效益观念和负债经营观念、风险观念、知识资本与信息资源观念、以人为本观念以及优化资源配置观念等。叶习红(2009)立足于高校社会效益和经济效益的双赢目标,论证了资金时间价值观念、成本—效益原则和加强财务内部控制制度三个新理念。王良驹(2011)指出,将财务经营理念全面引入高校财务建设与发展的格局,加快推进高校科学理财、稳健理财和民主理财。康智云(2011)以绩效为导向,提出新时期高校财务管理必须树立新的理财观、职能观、筹资观、可持续发展观、风险观、成本观。由此可见,高校财务观念更新中逐渐突出"成本、效益、人本、可持续"等主题内容,注重系统性、协调性,讲求价值共同创造。

"大财务观"是高校财务观发展变化的又一次深刻提炼和综合反映,是站在更高角度,俯瞰高校财务,立足于财务运动整个过程,以"资金流""财务关系流""财权流"为线条,打破部门界限,统筹各级财务差异,以财务"线型"思想为指导,贯穿于整个财务运行过程中,充分展现财务职能多元化,全面提升财务理念。"大财务观"是基于我国高等教育快速发展、高校精英教育逐步向大众化教育过渡、高校规模化和内涵式发展与现行落后的财务观念和财务管理模式之间相互冲突的形势下提出的。李芳较早论证了大财务管理具有统一管理、制止不正之风、提高财会人员素质等优点。谭红就高校经济总量的急增和经济格局的变化对现行财务管理理念、管理模式等方面的影响,提出了树立

"大财务观"的财务管理改革思路。

"大财务观"与计划经济体制下的统收统支财务观显著不同,有效避免了"一抓就死、一放就乱"的现象。"大财务观"突破了高校财务"报账+算账"的观念和财务职能单一化限制,立足于高校现有财务管理环境,以科学发展观为指导,在明确校内各部门权责边界的前提下,以全新的财务理念,合理化延伸财务管理和扩大服务内容,从价值角度统筹规划学校的财经活动和所有教育资源的优化配置,即按规范、成熟的业务流程,通过部门间相互配合、全员参与、不定期业绩考核、追踪风险控制等手段,将高校教学科研、基本建设、设施运行维护、后勤服务、对外投资与合作以及资产经营等方面活动纳入"大财务"范围内进行有效监督和指导。

二、对高校"大财务观"的理解

"大财务观"是现代高校充分运用办学自主权,遵循高等教育事业发展规律,积极融入市场竞争,主动考虑和利用教育资源,提高办学效益的指导思想。当然,"大财务观"与一般财务观念区别在于它具有以下突出的三个特点。

(一) 财务本质的体现

学界对财务本质之说各有差异。财务本质最核心内容在于财务资源的价值运动及其实现。然而,由于体制的不顺畅、约束机制不健全和管理者素质的限制,学界对财务在管理中的定位较为模糊,而且财务职能往往被分解为财务管理和会计核算两大职能。财权与事权分割,使得财务管理的作用未能得到充分发挥。"大财务"是财务管理的本质性概念,客观上要求财务管理的职能还原、回归、发展并被有效利用,实现财务手段支配的资源价值利用最大化。

(二) 财务理念的提升

"大财务观"旨在实现财务资源的优化,最大化实现资源价值。"大财务观"立足于学校事业大局,综合考虑高校各相关利益关系,整合财务资源结构,摸清财务运动规律,紧紧抓住财务关键点,理顺各级财务关系,充分利用大财务观念赋予的财权和事权,深化财务运行机制改革,使各级财务关系利益链接起来,共同为资源价值实现最大化而努力。

"大财务观"涵盖了现有财务管理理念的精华,包含近年来理论界提出的资金运作理念、财务绩效导向理念、精细化理念、持续创新理念、财务风险理念、纳税筹划理念、以人为本理念等。

(三) 财务服务与监管理念融于"大财务观"

从乔春华 (2011) 阐述的我国高校财务管理体制类型演变轨迹来看,高校财务管理模式主要体现为"统一管理、统一领导、一级核算或集中核算,二级管理或二级核算或分级管理"等。"大财务观"基本遵循了上述模式,但更多融入了现代财务管理思想,将财务职能不断扩展,坚持人本观,将财务的业务职能提升为服务职能,同时也融入了财务本质上的规范职能,使财务的服务与监管职能相辅相成。

高校"大财务观"就是要统筹学校大财务,既发挥财务的服务功能,增强全校财务意识,又注重财务监管,使二级财务单位自觉行使规范财务、效益财务、节俭财务的财务行为,夯实二级财务基础,提高二级财务管理效率,从而实现"大财务观"的大效益目标。

三、高校"大财务观"的核心内容

(一)"大财务观"的目标定位

"大财务观"是现代高校财务理念发展的新阶段,是高校新形势下财务管理思想的新转变。"大财务观"汲取了企事业管理理论,融入高校财务运行特点,立足于财务本质,抓住了财务管理目标。

"大财务观"的主要目标定位于三个"统一":一是教育资源管理效率与效益相统一。以财务管理为核心,加强学校各类资源协调管理,充分发挥资源优势,实现资源边际效益最大化。二是财权与事权相统一。确保各财务利益主体在财权范围内自主开展财务活动,拥有财务利益主体的申诉权、辩护权、维护权,提高财务利益者的积极性。三是财务的宏观、中观与微观相统一。"大财务观"综合整个学校财务运行状况,从宏观上,协调上级主管部门、横向业务往来部门财务主管关系;从中观上,规范校内各级财务行为;从微观上,狠抓财务管理细节,从基础财务寻找成本效益,规避财务风险,畅通各级财务关系渠道,确保财务政令畅通,提高财务执行力和监管力。

(二)"大财务观"的理念体系

"大财务观"的提出不是空洞的理念,而是对原有财务管理理念的梳理、总结、创新和升华。"大财务观"是一个理念体系,具有丰富的内容,涵盖了现代财务管理的思想精华。以财务资源优化与价值实现为核心思想的"大财务观"参见图4-1。

1. 财务政策观。财务政策是我国高校财务基本特点。长期以来,我国高校在计划经济体制下按照国家要求缓慢发展起来。

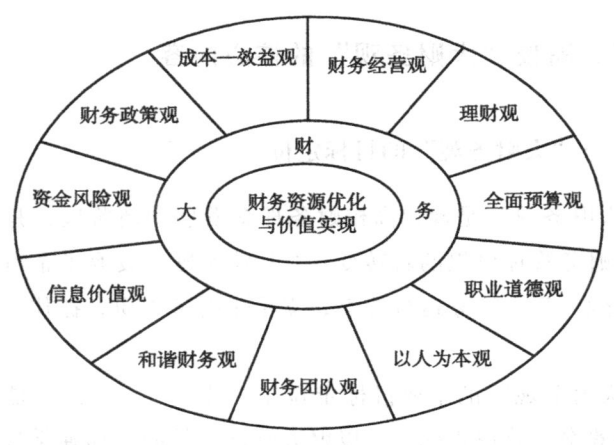

图4-1 "大财务观"结构图

虽然高校独立自主权正在逐渐扩大，但国家始终没有放开对高校的管控。比如，招生计划仍然由国家教育主管部门管控。财政拨款仍然是高校经费主要来源，国家对经费使用的规范性和效益性严格控制。特别是这两年来新高校财务制度和会计制度的颁布实施，国家对高校"三公"经费、会议费、差旅费、培训费、科研经费等监管政策日趋严格，高校教育经费管理年活动的开展，以及高校化债工程的推进等，都体现了我国高校财务政策性浓度较高。因此，高校财务管理不是独立性财务，需要遵循国家财经政策，需要紧紧围绕国家教育政策，才能更好地明确发展方向，把握现有国家教育财政形势，充分发挥财政经费导向作用，持续健康地发展高校教育事业。

2. 成本—效益观。效益是资金管理的本质体现，进而提升到财务的内在要求。财务效益观更加注重管理的成本与效益理念。不论资金性质和来源如何，作为财务管理者必须要有效益优先的强烈意识，盲目投入和随意支出都是对财务管理内在要求的忽视。过去，高校经费少，对经费使用管控严格，注重经费

"公"与"私"之分，缺乏经费使用效益需求。随着教育体制改革的深入，高等教育事业实现规模化发展，国家对教育经费投入力度加大，高校经费总量不断扩大。面对高校资金的急剧增加，高校财务优先考虑节约高校办学成本，应强化资金投入与产出效益相配比的观念。如教学科研投入增大与教学科研成果的配比，人才引进与教学科研水平的提升，招生与就业水平、学生资助水平等。

3. 财务经营观。财务本身是一种经营活动，贯穿于筹资、投资和运行等资金运动的全过程。这种经营活动不仅在于做好财务管理工作，而且更要以"经营"的态度去处理好因资金运动引起的内外部环境的变化及其经济关系，使学校筹资、投资、运行等理财活动得以科学筹划和整体协同，促进学校核心发展目标的有效实现。

4. 理财观。与财务经营目标一致，通过有效的财务手段和管理方法，挖掘有价值的财务资源，充分利用教育市场各类优惠政策，抓住市场机遇，使教育资金在教育市场环境中有效增值，达到资金边际效益最大化。

5. 资金风险观。教育市场有风险，教育事业发展中资金的使用也是有风险的。国家财政拨款和专项资金的无偿使用时代已经过去，财务检查和资金效益考评是高校资金使用的最大风险。银行贷款还本付息经受着金融环境的压力，利率调整往往使得高校承受较大的债务包袱。优化资金结构，做好资金规划，规范资金使用，提高资金使用效益，是资金风险观的重要内容。

6. 全面预算观。预算是学校财务的首要工作，是学校资金计划使用的前提。全面预算在于统筹学校各级单位财务收支，将学校预算与部门财务预算相结合，做好预算调研工作，科学论证项目预算资金申报，核定各单位业务运行费用，细化每笔资金用途，严格按照经济责任制及时进行预算资金使用效益的分析、考核和评价。

7. 信息价值观。信息网络技术的发展，对信息的需求越来越大。在信息不对称情况下，信息成为有价值的稀缺资源。高校财务的职能不再停留于原有的报账、算账型，财务信息化发展和财务信息公开化促使高校对财务信息价值应加以重新认识。有效的、相关的、及时的财务信息，对高校事业发展有很大的促进作用。信息价值观倒逼高校财务要拓宽视野，主动寻找有价值的财务信息，同时发布准确的财务信息，引领财务行为。

8. 和谐财务观。财务工作的过程既是资金运动的过程，也是各种财务关系和财务利益协调的过程。和谐财务就是要正确处理好各级财务关系，营造良好的内外财务环境，有力促进高校财务管理。

9. 以人为本观。知识经济时代最重要的资源是知识，而知识是由人创造并掌握的。高校的各项经济活动都需要通过人利用先进的管理手段去实现。要鼓励各财务利益相关者，包括财务工作者和财务参与者，为财务活动的顺利运行和财务价值的实现发挥最大的积极性和创造性。

10. 财务团队观。财务本身是一种相互配合、相互牵制和相互激励的群体活动。财务团队观强调财会队伍的结构和质量优化，以财务团队为主体，以团队的能量进行高效的财务管理。

11. 职业道德观。"大财务观"强调职业道德。要解决财务职业倦怠与财务服务逐步产生的矛盾，就必须提倡职业道德观，注入新的财务吸引力，克服各种消极因素，从而保持财务岗位的朴实性、廉洁性。

（三）"大财务观"的财权结构

"大财务观"提倡的核心财权是学校一级财务。一级财务统筹学校整个资金运动，调剂资金余缺，分配资金使用方向，代表学校对外加强财务协调与合作，监督指导二级财务，协调各级财务主体的财务关系。一般而言，与现代高校财务管理基本模式一样，即"统一领导、集中核算、分级管理"。"大财务观"较为显著的财权在于各一级单位（职能部门及院系）对预算内外资金在财务规范范围内具有支配权，而二级财务单位（校办产业、后勤集团、其他产业）则具有自主财务决策与财务核算的财权，一级财务限于对二级单位的财务指导和财务监管，督促二级单位在财务规章制度规定的范围内行使财权，提高财务管理效益（如图4-2所示）。

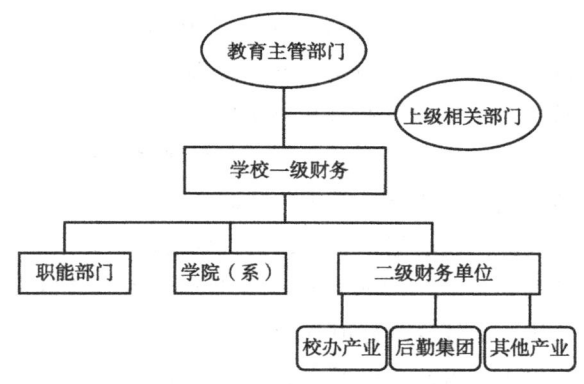

图4-2 高校财务管理结构图

第二节 讲求财务政治，统揽财务大局

政治是属于上层建筑领域的范畴。"讲政治"是我们党全面从严治党、加强党性党纪教育、加大党风廉政建设的必然要求。党的十八大以来，各高校进一步增强政治意识、大局意识、核心意识、看齐意识，把讲政治、守规矩、守纪律融入各项事业发展中。政治是经济的最集中的表现。这说明政治与经济有着必然的

联系。财务是经济活动的重要内容，因而财务与政治之间也存在紧密的关系。本节从财务角度详细阐述财务政治对高校财务管理的意义。

一、财务政治的定义

财务政治，是指政治思想、政治理念、政治要求在财务活动中的综合体现。政治作为一种社会现象和社会的上层建筑，与各种权力主体的利益需求密切相关，也包括对经济利益的诉求与占有。财务活动中政治权力主体的分布直接影响到经济利益的分配。财务政治，既指财务活动中的政治思想、政治意识，即客观上要求利益执行主体或者利益获取主体立足于一定政治立场，充分考虑到财务活动服务的政治立场，从管理者角度去做好财务管理工作，满足管理者的财务需求；同时，也指财务活动中的政治立场、政治权力和政治纪律要求，就是要清晰认识到财务工作或者财务活动的根本政治要求，严格遵循政治主导者的利益原则，严肃政治纪律，有效管理好财务业务，发挥财务为政治利益主体的财力保障作用。由此可以看出，财务工作不只是简单的财务活动管理工作，也不是单一的财务关系的梳理工作，而是要拓宽财务管理的范围，要从国家宏观、社会全观、组织微观等方面去运营财务活动，提高财务服务能力和水平，切实为当前政治利益主体提供有效财务服务，促进社会政治、经济、文化有序协调发展。

二、财务政治的内在意义

适应当前高校财务面临的外在环境，进一步提出财务政治建设，强调财务政治在财务管理中的重要性，通过财务政治来开展财务管理工作，提高财务管理职能在高校管理中的突出地位，对提升财务管理水平具有重要意义。

（一）讲政治是财务主体的核心要求

从财务本质来讲，财务是为一定利益主体服务的，财务依附于一定的经济权力者。财务通过其自身成熟的管理体系，负责利益主体的资金运作和经济交易活动，直接掌握了财务主体的经济命脉，对财务主体来说利害关系重大。因此，财务主体客观要求财务执行者要立足于财务主体需要，始终从政治角度去考虑财务主体的根本利益，包括执行的严密性、纪律性和保密性。高校财务作为教育、财政主管部门实施财经政策的具体执行者，也是高校主管的参谋助手，从财务职能和职责上必然要求财务人员要紧紧围绕学校中心工作，严格贯彻落实各项财经法规，严肃财经纪律，保守财经秘密，积极、主动为学校领导决策提供财务参谋依据。

（二）讲政治是财务运行的内在动力

财务本身是政策性、规则性财务，财务运行中讲求规范管理、严格遵循和执行财经法规，依照相应的财务流程和财务程序，严把财务关口，防范财务廉政风险。财务运行的这种特殊性来自政治赋予的权力和动力。政治主体要求财务为其政策执行服务，也充分考虑到政策执行中的利益矛盾问题，因此对财务运行给予了权力支持，这样财务部门在开展各项财务工作时，只要有财经法规依据，财务部门就有责任要求其他利益主体必须遵循，否则不予满足利益需要。高校财务在财经法规的支持下，严格执行各项财经纪律，杜绝违规财务报销和经费支出，为财务工作开展提供了强有力的内在驱动力。

（三）讲政治是财务发展的导向

财务作为一定利益主体所赋予的特殊职能，它必然要为其做好财务服务，提供其财务信息，反映其财务需求。财务发展始终要围绕特定的财务主体，否则将失去依附的基础。利益的政治要求就是财务发展的方向，它引导财务向着"更好地为其提供服务"的方向发展。财务本身具有一种依附职能，必然要受到依附体的主导。财务工作只有围绕着政治主体要求，才能够不断地得到充实和完善，改进财务手段，增强财务服务能力。近年来的高校财务制度改革、会计制度改革，以及即将实施的政府会计制度改革，还有目前研究和探讨较多的管理会计，都是为着一定的政治需求而实施的。因此，高校财务讲政治，才能够从政治需求中寻求到创新的动力，不断地完善自我，优化自我，发展自我。

三、高校财务的政治体现

（一）财经政策是政治在高校财务管理中的具体体现

从政治要求来说，高校是科学研究、人才培养、服务社会、文化传承的重要基地。积极发展高等教育，提高教育质量，有利于提高全民素质，增强国民创造力，推动国家现代化建设，全面实现小康社会。长期以来，国家不断加大对高校财政的投入，特别是我国中长期教育发展纲要实施以来，国家教育财政拨款占GDP比例已经达到并超过了4%。为了更好地加强对高校教育事业发展的引导与管理，实现高等教育公平，国家出台了很多财经政策，从高校教育收费、资金管理、政府采购、经费支出、科研经费管理、学生奖助、银行贷款等各个方面进行全面的监管，确保高校切实、有效使用教育经费，改善高校教学科研条件，提高教学科研质量，为国家和社会培养和输送更多优秀的建设人才。财经政策的下达与执行，也真正体现了政治主体对高等教育发展的目标需求，进一步细化了对高校事业发展的规范要求，防范高校财务风险，推动了高等教育事业发展，确保了高等教育的社会公平，维护学生家长利益，促进了社会的发展。

（二）财经纪律反映了政治在高校财务管理中的客观要求

讲政治、守纪律、守规矩，这是加强党性修养，提高党风廉政风险防范能力的有效措施。要实现政治主体的财务目标，必须严格执行财经纪律，这是讲政治的基本要求。守纪律、守规矩就是要按照财经规章制度来做好各项经济业务，这也是政治主体的客观要求。政治主体更多希望各项财经政策能够与高校实际财务管理业务相对接，并融入在一起，发挥财经政策对高校财经业务的潜在作用。对于高校财务来讲，讲政治提高了财务管理的视野，将财务管理放在高校大局中来对待，体现出了财务管理的重要性。讲政治要通过纪律和规矩来保障。高校财务要讲财务政治，那必然要求讲财经纪律，从纪律上约束和保障财务政治的实施。

（三）财务秩序稳定是政治对高校财务管理的根本要求

财务秩序稳定是确保各项财务活动稳定、持续推行的基本保障。良好的财务秩序能够使财务工作顺畅进行，也能够为提高财务效益奠定基础。讲政治对财务管理的根本要求就是要保持健康、有序的财务活动，促进各项经济活动顺利开展。讲政治注重经济发展的稳定性、持续性，经济发展了，政治环境改善了，也有利于国家现代化建设。高校财务管理的良性发展，能够规范财务收支管理，保持教学科研活动的稳定投入，改善办学条件，增强学科实力，有利于推进高校教育事业的发展，为国家和社会培养更多高素质人才，全面提升我国综合国力。

(四) 财务风险控制是政治对财务管理的内在要求

财务风险影响财务活动,从而也会影响到经济活动。财务风险集中在资金流动、市场交易。在多元化市场主体环境下,高校与市场之间的交易活动越来越频繁,经济合同纠纷问题也较为突出。特别是高校规模化发展中,银行债务带来的金融风险日益显著。财务政治内在要求就是要防范高校发生财务风险。如果高校发生财务风险,直接体现在高校资金链断裂,收支不平衡,教育事业的稳定性受到威胁,从而影响到教工和学生,同时也会影响到周边的高校衍生出来的产业链,最终波及社会的稳定。所以,财务政治强调提高风险认识,增强风险意识,从而加强对财务风险的控制。近年来,财政部、教育部等要求高校推进内部控制制度建设,完善内部控制体系,强化大学治理,集中反映了政治主体对高等教育的财务风险控制要求。

四、财务政治观的树立

(一) 大局观

大局观是财务政治的首要意识观。大局观就是要立足于政治主体地位,考虑到政治主体的财务需求,要始终服从于、服务于特定的政治利益。树立大局观,不仅要从财务执行的角度,比如财经法规的贯彻落实、经费管理的规范、财经秩序的维护等,而且要从财务决策层面主动为政治主体思考,提出科学性的财务决策建议,分担财务主体在战略酝酿、计划实施方面的风险责任,让财务主体增强决策信心。大局观就是要站在整体利益的层面上去考虑财务方案,而不是孤立和脱离其他利益群体,或者是仅仅为了小部分群体的利益而影响整体利益。高校财务作为高校经济活动、资金运行的管理主体,要始终站在学校的角度,围绕着师生共同的利益需求,做好基础的财务管理工作和宏观层面的财务决策。

(二) 责任观

讲政治必然要求讲责任,有责任心才能真正讲政治。作为财务人员,责任观既是财务人员的履职要求,也是财务人员财务行为基本要求。财务人员肩负着单位资金管理的重要任务,本着为财务主体服务的责任意识,时刻有着强烈的风险意识,财务人员应认真执行每一项财经法规,处理好每一笔经费开支,做好资金筹集、预算分配,严防违规使用、挪用和占用单位资金,把"大家的钱"当成"自家的钱"来管,勤俭节约,开源节流,确保各单位教育事业顺利开展。

(三) 服务观

财务本身就是服务,从结绳记事开始,以记录收支余为主体,为特定利益主体提供货币或非货币的往来信息,协助利益主体能够准确考虑和计划其经济活动。服务观更多强调财务服务质量观,财务服务的水平、要求也反映了讲政治的要求。利益主体要求财务人员讲政治,就是希望财务人员能够一丝不苟、兢兢业业去做好财务服务,能够全方位去完成或者是实现利益主体分配给财务人员的任务。高校财务服务于学校事业发展和师生员工,服务与教学科研活动,这也是高校财务政治的职能要求。财务服务意识强,想方设法保障事业的发展,协调好各级财务关系,保持良好的财务秩序,建立和谐的财务关系,更利于高校财务健康、稳定地发展。

五、落实高校财务政治的措施

(一) 突出财务政治的重要性

把讲政治贯穿于高校财务活动的始终,让财务政治引导高校财务发展方向,赋予高校财务更多的政治要求和原则。高校财务要把政治放在首要地位,这样才能立足于正确的政治立场,更好地明确政治主体的财务目标,发挥出财务服务的功能。突出财务政治的重要性,要从思想上清晰认识到财务的重要性。财务不仅仅是一项业务职能,它也担负着政治职能,财务是经济活动具体体现。高校事业的发展离不开财务的保障,也需要有坚实的财务基础来支撑和推动其发展。在日常财务工作中,政治学习和政治教育是必然的。只有时刻将国家政治教育贯穿于高校财务管理工作之中,才能保持财务人员的与时俱进,使得财务人员在财务管理的政策理解和把握上不会偏离基本的政治任务。

(二) 增强财务主体的责任意识

财务部门要有主体责任意识,明确财务职能,真正站在财务主体的角度去理解财务管理工作。财务部门履行的职责是具有政治任务的,关系到高校事业发展的全局。财务部门所参与和从事的财务业务工作,实质上是体现了政治职责的。因此,财务部门和财务人员要有财务自信,要能够在财务矛盾面前坚持原则,严肃纪律,始终从维护主体利益、防控风险的角度去坚持财务原则,执行财务制度。这样才能有效地促进财务政治的融合,发挥财务参谋决策的功能。

(三) 加大财经政策宣讲

财经政策是财务政治的宏观体现。利益主体通过财经政策约束来规范高效财务管理。加大财经政策宣传,就是要站在政治的宏观层面上去解读财经政策,增强师生们对财经法规的认识。加大财经政策宣传,从另外一方面也让高校各级利益主体清晰认识到,财务部门和财务人员实质上承担的是一种责任和政治任务。财务部门和财务人员坚守制度,严格执行财经制度,是政治主体对经济活动的管控,而不是财务执行者设置障碍,阻止和影响高校教育事业发展,要给予财务部门和财务人员更多的理解和支持,缓解财务矛盾,减少财务压力。

(四) 加强财务监督与服务

财务监督与财务服务是密不可分的,两者相互支撑。财务政治要求财务监督,通过财务检查、财务审计等手段加强高校财务监督,加大资金监管,使得高校财务活动能按照政治主体要求正常开展。同时,财务政治也强调财务服务,通过财务服务,切实解决财务活动中各种问题,保证学校教学科研经费的高效使用,缓解高校财务管理中的各种收支矛盾,推动高校各项教育事业的发展,从而实现高等教育的内涵式发展。

第三节 塑造财务宗旨,注入时代元素

财务宗旨是财务文化的重要构成内容,是属于财务文化中价值理念、制度规范、财务精神的具体体现。财务宗旨是单位财务管理工作的重要基础,对单位财务管理工作的内容、方法、工作质量等均有重要影响和作用。财务宗旨是在特定财务运行环境中,随着财务活动的开展而长期积累沉淀的,能够准确反映组织财务管理思想、具体财务行为指导规则的财务工作准则。

一、高校财务宗旨总体特征分析

纵览各高校财务网页，对各高校财务宗旨进行整理，立足高校财务实际，可得出高校财务宗旨总体特征主要表现为：

1. 原则和规范。原则和规范是高校财务内在客观要求，也是高校财务在塑造财权权威、财务管理、保证资金安全、提高资金效益的基本保障。各高校财务宗旨都不同程度地反映了此特征。比如：东北农业大学的"原则和规范"、南京工业大学的"依法管理"、吉林农业大学的"坚持原则"、江西财经大学的"依法理财、规范管理"、山东师范大学的"遵循原则、不作假账"等。

2. 诚实守信。诚实守信是高校财务的基本要求，财务本身是相关利益的集中代表，是协调各相关财务主体权益的核心。财务的公平、公正、公开原则奠定了任何契约体最关注的内容。财务的诚实守信为各利益主体搭建了诚信的交往平台，也使得社会资金流动和价值实现更为顺畅。吉林农业大学、福建农业大学提出了"诚实守信"的财务宗旨，山东师范大学、盐城师范学院则将"诚信为本"纳入财务宗旨，暨南大学和安徽大学分别提出"严谨诚信"和"至诚至坚"的财务宗旨。

3. 正直廉洁。这是高校财务约束性要求，也是高校财务成为高校核心部门显著体现。高校财务是廉政风险点的集聚点，拥有最集中、数量最多、风险度最高、危害性最大的廉政风险点。它扮演着双重角色，既有导致其他利益主体产生廉政风险的可能性，也是最容易自我滋生廉政风险的主体。因此，正直廉洁体现了财务部门在学校廉政建设和廉政风险防范管理的重要地位。吉林农业大学对财务部门提出了"廉洁自律"，山东大学要求"廉洁奉公"。

4.服务和高效。服务是近年来现代高校财务职能延伸和提高的集中体现,而高效是财务管理的基本目标。目前,在高校财务职能多元化发展中,服务逐步成为高校财务的鲜明定位。财务服务寓于财务监督中,财务监督使得管理更有效。四川师范大学提出"服务至上、精益求精",山东大学则将财务服务与学校事业发展相结合,"服务一流大学建设",湘潭大学要求"热诚服务",山西太原理工学院提出"增强服务意识、提高服务质量",江西财经大学讲求"优质服务",南京邮电大学要求"文明服务"。华东交通大学提出"效益第一",湖南师范大学要求"准确、高效",武汉科技大学指出"安全、高效"。

5.与大学文化相融合,渲染浓厚的文化氛围。大学文化是大学思想、制度和精神层面的一种过程和氛围,是历代大学人文的历史积淀,是大学教育发展的精神灵魂。财务宗旨是财务文化的内容之一。财务宗旨在描述中,也对大学文化作了明显的继承和发扬。比如南昌大学的"格物致新、厚德泽人",贵州大学的"明德至善、博学笃行",北京邮电大学的"厚德博学、敬业乐群",安徽大学的"至诚至善、博学笃行"。

二、财务宗旨的现实意义

财务宗旨,诠释了财务管理内在要求。近年来,各高校逐渐重视财务文化建设,创造良好的规范、效益、诚信、和谐的财务氛围,用文化引导人、熏陶人、启迪人、磨练人。因此,探讨财务宗旨具有积极的现实意义。

1.一面鲜明的旗帜。财务宗旨凝结了财务部门文化精华,以简明、短小的词汇精炼了财务部门的财务目标、财务管理手段、财务行为,反映了财务职责的核心内容,塑造了财务形象,犹如一面旗帜,给人耳目一新,容易得到各级财务主体的理解和支持。

2. 引领财务行为方向。如果财务目标是导向，那么财务宗旨就是行动指南。高校财务宗旨体现了高校财务管理的目标方向和日常管理要求，一切财务管理行为以财务宗旨为导向，逐步开展会计核算和资金管理工作。财务宗旨体现了财务部门自身和代表学校对全校财务业务管理的宏观思路和发展方向。

3. 主动接收监督。财务宗旨明确反映了财务部门的行动规则，以财务宗旨来约束自我，也为各相关利益者提供了考察财务部门是否严格按照教育主管部门政策开展财务管理提供了考评依据。财务部门是高校财务利益关系群的利益核心，利益矛盾较为突出，也是财务风险存在最多的职能部门。财务宗旨的提出，一方面公开了高校财务信息，使学校各级财务利益关系对财务管理要求有了更多的了解；另一方面也为各级财务利益者有了考评财务部门业绩的参考标准和指标体系。

三、高校财务宗旨的设计与优化

（一）财务宗旨设计原则

1. 客观性原则。财务宗旨立足于高校发展实际，与所在学校历史传统和人文精神相融合，切实反映所在高校事业发展战略目标和行动纲领。财务宗旨是一种导向，也是行动指南，切忌好高骛远，盲目冲动，脱离实际，失去信任，否则财务宗旨就成为空谈的口号，发挥不出其应有的作用。

2. 创新性原则。创新是不竭动力。财务宗旨是集中反映高校财务部门财务管理思想、财务行为规则的综合体现，应具有创新特点。财务宗旨既要明确学校财务部门实实在在财务管理的要求，也要鲜明表现出与众不同之处。各高校历史发展和大学文化的差异，各高校财务部门财务宗旨在定位上有所不同，在设计上讲求创新，有自我独有的特色，能反映出学校事业发展的宏观指导精神，也能够展现出高校数代财务人的风格和财务精神。

3. 动态性原则。高校在发展的各个阶段中，其财务任务和财务重点有所不同，财务环境也在不断变化。财务部门的财务管理观念、财务目标任务、财务制度、财务人员结构等都在不断更新。因而，作为高度提炼、综合体现的高校财务宗旨的内容也应该随之变化。如某高校 2006 年的财务宗旨是"科学管理、精益求精"，强调基础财务管理。2008 年，充实为"服务至上、科学管理、精益求精"，突出财务服务职能，以改进和优化财务作风。2010 年变化为"服务至上，科学管理、精益求精、和谐财务"，注重财务关系的和谐。2011 年，进一步充实了财务宗旨，坚持"服务至上、科学管理、精益求精、和谐财务，打造一支学习研究型财务团队"，强调了学习研究型财务团队构建的重要性，提出了新的财务行动目标。2014 年，适应新的高校财务管理环境和管理任务改变的需要，提升财务服务与管理的融合度，调整为"科学严谨、规范专业、优质高效、敬业廉洁"。前八个字突出财务科学管理，精益求精，突出精细化高水平管理发展趋势；后八个字则明确财务服务的特点，服务师生，爱岗敬业，廉洁自律，对原来的财务管理工作理念进一步明晰化。

4. 重点突出原则。财务宗旨反映学校财务部门的工作作风和财务重点。因此，在不同的财务环境下，财务管理目标、财务思路、重点内容都有显著的要求。因此，财务宗旨在动态变化的原则下，不是简单地在原有的基础上进行叠加，而是更替式发展，突出各个阶段财务管理的内容。当然，从不同阶段的财务宗旨特点也可反映出学校财务部门财务任务的完成效果。重复叠加的财务宗旨代表学校财务中心工作有待进一步完善，而更替发展则反映了财务中心工作在持续向前发展，财务部门财务能力也在不断提高。

（二）财务宗旨优化途径

陈兴述（教授）、冯琳（2007）提出了财务文化建设的途径，财务宗旨是财务文化中的内容，其途径与之基本一致。一般而言，应遵循基本诊断、初步定格、逐步强化、重点调整和最终提高五个阶段。各个阶段相互联系和牵制，形成有序的财务宗旨建设过程。

1. 基本诊断。诊断是财务宗旨建设的基础工作。高校对财务宗旨的建设首先要树立全局观、历史观和时代观。高校要广泛收集过去和现在的有关资料，对相关材料进行整理、归类和分析，了解和掌握高校财务文化所沉淀的历史背景和现实情况，对现有存在的财务价值观、财务精神、财务制度、财务组织等内容进行梳理，分析每个阶段面临的财务环境，提炼和设计出能够覆盖整个高校发展所作出的大概提纲和研究思路。

2. 初步定格。熟知高校财务文化背景和学校事业发展需求，使用简明扼要、精练确切的语言描绘出适应和适合高校自身发展和财务需求的财务宗旨，形成较为完整、鲜明、新颖的财务宗旨。在财务宗旨定格设计过程中，突出财务价值观。

3. 逐步强化。财务宗旨的定格设计，标志财务文化定格设计的完成。财务宗旨通过各种途径宣传，进一步强化广大财务人员的财务意识，树立财务风险意识，力求使财务宗旨深入人心。

4. 重点调整。在定格设计的财务宗旨的指导下，高校邀请学校相关领导、专家学者和财务人员进行研讨，结合学校历史发展和财务目标，把握现有财务形势，进一步研究和改进，使财务宗旨的内容更加丰富，特色更加鲜明。

5. 最终提高。财务宗旨建设伴随着财务文化的发展而提高。在高校事业发展和财务管理不断提高的过程中，逐步塑造和优化财务宗旨建设，使得财务宗旨能切实反映财务部门文化氛围，发挥出激励作用。

（三）财务宗旨建设的基础条件

1. 财务理念的更新。随着高等教育事业发展环境的变化，高校财务面临着前所未有的各种挑战，各种资金风险、负债风险、财务监管风险等促使高校财务不断更新财务理念，创新财务管理思路。只有适应和反映现代高校管理要求的财务价值观，才能准确定位和把握财务宗旨的特点，才能科学定位财务宗旨的核心内容和发展方向。

2. 财务团队。财务工作关键在于人，因而财务人员组成的财务团队是财务目标和工作质量的保障。财务团队中的个体因素和群体因素直接影响着财务工作效率。在财务宗旨建设中，既要坚持以"人"为中心，重视个体人本的财务管理，强调个人力量的发挥，又要注重团队的建设，集中团队的力量，实现财务宗旨目标。

3. 健全的财务组织机构和财务管理体制。财务与会计的融合是基于财务目标和财务活动而形成的合二为一的职能形式，实践中两者的职责界限的模糊和交叉影响到财务工作质量的提高。健全财务组织机构和财务管理体制，则进一步理顺高校财务组织的运行机制和机构职能。只有以财务职能为主体，以会计职能为基础，才能提升财务管理思想水平，优化财务管理规范，加强会计基础建设，增强会计监管力度，充分发挥出财务与会计两大职能的协作作用。

4. 健全的财务制度。财务制度是高校组织和从事财务工作所必须遵循的基本原则与规范。随着高校规模化发展，高校财务职责范围和内容日益扩大，利益关系更加复杂化。依法治校，循规理财，是现代高校管理的必然要求。财务制度除国家和地方相关财务管理法规外，高校内部应根据财务活动开展特点，理顺各级财务关系，建立健全一套较为完整、执行有效的筹资管理制度、成本核算制度、资产管理制度、收费管理制度等。优化财务流程，沿着资金流和财权流，规范各个环节的岗位职责分工制度、内部控制制度以及明确的财务程序。

5. 财务管理手段的不断改进。高校要大力开发财务软件，充分利用现代网络技术和计算机技术，推动财务信息化向更高层次发展，扩大财务服务和监管范围，提高财务信息处理效率，减少低效率重复劳动，使之更好地为高校财务管理服务。

第四节　凝练财务精神，提升文化层次

精神是一种气质，是一种由内到外的本质体现。精神是一种代表，代表行业的风貌，代表职业的特点。财务精神，也代表一种特有的行业和职业风貌，具有浓厚的专业色彩。

一、财务精神的认识

（一）财务精神的描述

郭代模（2012）论述了会计文化与会计精神，在某些方面更多谈及了财务精神，只是侧重点有些不同。会计与财务本身具有天然关联。会计注重基础，财务倾向于管理，二者都融入在单位组织的经济活动之中。所谓"财务精神"，是指财务人在财务职业或财务活动中所体现的一种精神风貌与思想境界。财务精神是财务文化的伦理价值观层次，表现为财务人在处理财务问题时

所特有的一种专业性的思想意识和道德观念。财务精神往往给人的外在感觉就是职业的价值体现。

(二) 财务精神的特征

财务精神，是经过多年的财务活动或财务经历沉积而成的，是经过历史的继承和时代的创新，逐步显现出的比较稳定的精神状态。因此，财务精神具有历史的继承性和渐进性，同时也具有时代的新鲜感。

首先，财务精神具有专业性特点，它必然形成于特定的组织财务活动中。尽管各个组织的规模、特点、业务领域不同，但是资金流动都是一样，贯穿于整个组织的管理活动中。而对于这种渗透于资金活动中的财务精神，其基本的内核是一致的，即专业性流程管理，按一定的规则进行财务管理，实现资金效益最大化目标。

其次，财务精神是有继承性和渐进性的。财务活动、财务规则具有延续性、稳定性和渐进性。财务精神依托于这些财务活动、财务规则；财务精神也自然与其共存，始终对财务活动起到指导、支配的作用。财务精神的形式和内容随着这些活动的变化而逐步充实和完善，增添新的色彩，注入新的理念和元素，使财务精神更具有时代感，体现出更好的指导作用。

最后，财务精神本质上是纯粹的、精华的体现。财务精神是单纯的，经过职业的提炼和洗礼，渗透出来的一种高境界的财务价值观。财务精神是严谨的、细微的、讲正义的，它有自己严密的规则和程序，不能被随意修改。一旦被人为干扰或破坏，财务活动秩序就会出现混乱，产生严重的财务问题，如贪污腐败、滥用职权、经济损失等。财务精神杜绝消极的财务问题产生，坚决按严格的规则来执行，有效防止主观性、随意性的个体意识进入，维持有序的财务活动。

(三) 财务精神的作用

1. 财务精神是一种精神成果和职业观念，在财务文化中处于引领地位。它体现财务人员对财务会计职业价值的理解和对财务会计工作的态度，体现财务人员在财务会计活动中对自身行为的价值判断及行为倾向。财务会计工作的目的是为自己谋取最大利益还是为公众服务、发挥好反映和监督作用。

2. 财务精神直接影响着财务人员的工作动机，对财务人员的财务行为有约束作用。财务精神本身就是一种积极、主动的正向精神，它会促使财务人员按照职业要求，认真履行岗位职责，做好财务管理工作。加强财务管理，严格贯彻落实财经法规，有效防止财务风险发生。

3. 财务精神是高校校园文化的重要组成部分，体现了财务部门的工作风貌。财务精神是财务文化中的构成内容，财务文化又是校园文化中的重要内容，因此财务精神也是校园文化体系中的构成部分。财务精神对高校师生员工的财务认识和财务行为也会起到间接的影响。它的存在，在很大程度上能对校内各单位教职工、学生的财务行为产生规范作用。财务部门坚持财务精神，严格按照国家财经政策和学校的财务制度要求进行财务管理，建立良好的财经秩序，一切按照相应的业务流程来执行，必然会在校园内塑造一种风清气正的财务环境。

二、财务精神的提炼

财务精神是财务会计理论与财务会计实践相结合的产物，是财务会计行业历史经验与现实需要相结合的产物，是财务会计人优良传统的继承与创新的产物。因此，财务精神要从财务实践中提炼，要从历史经验中提炼，要从继承与创新的结合中提炼。但是，财务精神的提炼有必要建立在对财务会计理论与实践的正确认识和把握上。参照郭代模（2012）的观点，立足于财务活动，财务精神应该具备如下四个方面的内容。

1. 诚实、守信。指的是真诚老实，操守诚信，体现了财务必须遵循的实事求是、求真务实的思想路线。诚实守信是确保数字准确的道德防线，正如邓小平指出的："数字中有政策，决定数字就是决定政策。"保证数字的准确，是政策制定的依据。现代会计之父潘序伦先生曾指出："立信，乃会计之本；没有信用，也就没有会计。"那么，"诚实守信"就是会计的立命之本。

2. 客观、公正。其中，客观指的是不依赖人的主观意识而存在的客观事物、客观事实，公正则是指公平而不偏私。客观、公正体现会计人"只唯实"的客观，"不偏私"的公正。反映在会计工作中就是坚持准则，维护公平，依法理财，依法办事，这是财务人员思想道德素质和业务专业素质的综合性要求，是做好财务工作的基本条件与保证。

3. 勤勉、严谨。勤勉指的是勤勤恳恳，努力不懈；严谨指的是严格谨慎，严密无漏。财务人员天天和数字、报表、电脑打交道，要求数据要清楚，账务处理要平衡，没有勤勉、严格、细致的工作态度，财务工作就达不到管理要求。

4. 开拓创新。开拓创新要善于总结经验，思考改进，打破传统的财务思路，去探索和实践新的财务管理思路。只有在财务改革的驱动下，高校财务才能不断改进，统筹资金安排，提高工作效率，为学校事业发展开辟新的道路。

三、财务精神的培养与传承

（一）领导班子对财务精神要诠释与推崇

财务精神是高校财务部门的精神力量，是财务人员精神风貌的展现。财务部门在高校的地位如何,更多还在于财务精神的影响力程度。因此,财务部门领导班子要重视财务精神的提炼,对财务精神要有准确的描述,这种描述要能够真正体现出财务部门的重要角色,而且更能够体现出财务部门的工作精神。财务精神有自己的内涵意义,财务部门领导对财务精神既要进行明确诠释,更是要推崇它。任何场合都要让财务精神感染高校每一位师生,要使"财务"这个神秘又专业的字眼深刻地刻印在师生的脑海里。财务精神不是简单的总结,随便喊口号,而是对财务本质的彻底揭示,对财务发展历史的回顾,对财务战线上的数代财务人的敬仰和崇敬。因此,财务精神的存在是永恒的,持久的,动态扩延。财务精神需要每一代财务领导班子去诠释和推广,永葆财务精神的活力。

(二) 财务环境要衬托

财务精神给人是一种抽象的感觉,但它又是客观存在的。财务精神的载体很多,或存在于日常的财务语言中,或背负在财务个体的内心深处,也有体现在看得见、摸得着的财务载体中,如体现在财务制度、财务行为、财务活动、财务硬件中。因此,高校对财务精神的维系和更新,需要对财务精神所依托的财务环境进行不断地改善和美化。比如规范的财务制度,体现了严谨的财务精神;严格的财务流程,体现了权责明确的财务精神;宽敞明亮、设备配备齐全的财务办公环境,体现了服务至上的财务精神。因此,只有好的财务环境,才能给财务精神创造好的生长基础。

(三) 财务教育要突出

财务精神不是驻步不前的,它来去匆匆,痕迹易失。财务精神需要宣传,更需要传承。传承靠什么,就是靠财务教育。财务教育是一项常规任务和工作。财务教育就是要把财务精神蕴含的真谛传递给新一代财务人员,传达给高校的师生员工。财务精神只有普照在每一个财务人身上,才能使得财务行为规范有序、财务活动更加透明公开。

第五章　高校财务文化培育——财务担当、安全、廉政与突发

第一节　勇于财务担当，提高责任意识

担当，是个体责任承担的行为体现。党的十八大以来，习近平总书记在系列重要讲话中多次指出，责任担当是领导干部必备的基本素质，并强调干部就要有担当，有多大担当才能干多大事业，尽多大责任才会有多大成就。作为高校财务人员，承担着学校教育事业发展的资金保障职能，认真履行财务职责，践行财务职业道德，勇于财务担当，是当前高校财务管理的重要内容。

一、财务担当的内涵

财务担当是对财务人员岗位职责的基本要求。简单来说，财务担当就是要对所在的岗位工作承担相应的岗位职责。履行好岗位职责，做好岗位各项工作，就是完成了财务担当。从财务担当的外延来说，财务担当应包括职责担当、意识担当、服务担当、风险担当。

第一，职责担当，即财务岗位的基本职责担当。财务人员从事财务工作的某个工作岗位，基本要求就是做到职责担当。财务

人员严格按照岗位职责要求，运用自身专业的知识和综合能力，圆满完成该岗位所明确的工作任务，保障整个学校财务工作的顺利开展。

第二，意识担当，是以岗位职责为载体的思想担当。作为高校财务工作人员，要树立大局意识、政治意识、责任意识和服务意识。财务人员在思想上要时刻以学校利益为主，维护学校教职工的权益，不忘初心，牢记使命，为学校事业发展管好资金，为教职工、学生服好务，确保学校各项事业有序发展。

第三，服务担当。财务是服务于学校主体活动的经济职能行为。从财务本质来讲，就是管好钱、用好钱。财务服务是财务工作的第一要务，在服务中发挥财务监督功能，在监督中提升财务服务。服务担当，就是要切实发挥好财务的专业职能，从财务角度去为学校宏观决策提供财务依据，从资金上去保障学校事业健康发展，从制度上把控好学校财务风险。

第四，风险担当。风险是财务活动必然产物。防范财务风险是财务管理的重要工作。风险担当要求每一个财务人员要有风险意识，对岗位风险要有清醒的认识，从学校层面去思考和防范岗位财务风险，提高警惕，随时关注和发现财务风险，对风险要有事前、事中、事后的防范措施，及时防患于未然。

二、财务担当的特点

（一）层级性

不同的财务岗位有不同的财务担当要求。财务担当按照岗位职责的重要性、岗位风险的影响程度有层级性之分。财务领导对学校财务承担着重要的财务责任，负责学校财务工作全局，财务领导的财务担当是很重要的，这与财务领导承受的财务压力也是相关的。一般财务人员主要承担着财务岗位的职责，对本岗位的财务风险负责。

（二）业务性

财务担当与财务业务相关，与岗位职责相联系。财务担当融入岗位职责之中，在职责中承担财务担当。每项财务任务都有相应的财务担当。只有存在财务担当，才能使财务工作得以完成；通过财务工作的执行，才能反映出财务担当的重要程度。有些财务业务是日常性、常规性的，财务风险可控。有些财务业务是临时性的，财务风险不可控，那么财务担当的意义就更大。

（三）持久性

财务担当与财务职责相融，具有持久性。无论谁在任何一个财务岗位上，财务担当是必然的，也是必需的。财务担当的大小，与财务岗位职责的财务风险相关联。财务岗位职责的存在，财务风险就会长时期存在，那么财务担当也是长期相随。

（四）主观性

财务担当本身是客观的，但担当的大小又与财务主体的主观性相关。不同的财务主体，在同一财务岗位上，承担的财务风险责任不一样，所体现的财务担当也不一样。财务责任意识强，财务工作细致，财务担当更多点。反之，财务担当显得非常薄弱，其结果是完成财务职责取得的成效差异很大。

三、财务担当的意义

（一）职业道德的体现

财务担当其实就是财务职业道德的体现。作为财务人员来说，最基本的职业道德要求就是认真负责，履行好财务职责，完成财务工作，保守财务秘密，防范财务风险。财务担当是财务职业道德的提升，财务担当是财务职业道德最高要求，反映了财务人员对职业道德践行的最高境界，充分展现了财务人员对财务工作的职业精神。

（二）财务履职的重要方式

财务履职就是要按照财务岗位要求，做好财务工作。财务担当是财务履职的重要方式，只有很好地做到财务担当，才能有效地体现财务人员履职的效果。财务担当就是对财务履职效果的最好检验。

（三）财务形象维护的重要手段

财务担当如何，对财务岗位工作负责与否，财务工作完成效果如何，都会影响到财务形象。一旦有财务人员对财务岗位职责做得不细致，出现工作失误，产生财务风险，那么直接会影响到财务形象。财务担当是财务人员对财务职责的最好考验。有财务担当的财务人员，具有较强的财务责任心，时刻维护财务部门形象，负责任地去对待岗位工作，对待工作中出现的各种财务矛盾。

四、财务担当要正确处理好三个关系

（一）原则与灵活

财务是政策性、规则性工作，讲究财务规矩，但也有灵活的空间——当然是建立在财务风险可控范围内的。财务担当要讲原则，按财务制度办理各项业务，认真负责去处理各项财务事项，有效防范财务风险。但也要注意对灵活度的把握。财务是服务活动，也必然要结合实际情况，讲究合理性、相关性。把财务规则与财务实际情况相结合，在财务风险防范的前提下去灵活处理财务事项，推进学校事业活动的开展。例如，在某种特殊情况下，不能因为财务上的某个小问题而影响可以开展的教学科研活动，给学校教育事业发展带来消极影响。

（二）矛盾与委屈

财务本身就是利益博弈的交接点。财务分歧、财务矛盾在财务活动中必然会经常发生。财务担当既要坚持财务原则，把控风险，又要做好财务服务，难免会有很多委屈和不理解。有时候做得越多，出现的财务矛盾越大，受到的财务委屈就越多。有财务担当的财务人员，在财务矛盾与委屈面前，要以学校事业为重，以岗位职责为主，做好财务政策宣传和财务沟通，减少财务矛盾。

（三）归因与他因

财务担当中总会有很多财务政策执行的差异。财务制度的不健全也会影响到岗位职责的履行效果。财务担当要认真对待归因与他因关系。归因就是把责任归于自己或他人。如果一味将自己的失误归因于制度、领导决策，推脱财务责任，就是财务不担当的表现。

五、财务担当的措施

（一）提高财务担当的政治认识

财务人员要提高财务担当的政治认识。财务担当是依附于财务岗位，但又是高于财务职责。财务担当是财务人员的职责要求，也是财务工作的政治要求。作为财务人员，财务担当是履行财务职责的根本要求，只有较强财务担当意识的人，才能够承担起学校赋予的财务重任，才能为学校的教育事业发展尽好财务责任。

（二）明晰财务担当的责权

财务担当要有明确的财务责权，应该根据财务岗位特点，拟定财务职责范围、内容、财务风险，让财务人员知道某个财务岗位的具体财务担当职责，这样才能够更好地促使财务人员思考如何去应对岗位职责和岗位风险，及时反馈岗位工作中出现的财务风险隐患，并采取有效的措施去防范财务担当风险，努力做好财务岗位工作，提高财务工作效率。

（三）夯实财务担当的基础

财务担当需要有制度的依托，职责分工的明确。如果责任不清，分工不明，财务担当就无从谈起，相反还会影响财务内部关系。要通过财务改革，建立健全各项财经制度，明确财务岗位职责，优化财务流程，完善财务内控体系，从而为财务担当提供坚实的基础。只有划清财务责任，追究财务担当，才能够奖罚执行到位，有效达到财务担当的目的。

（四）提高财务担当的业务能力

财务担当不是所有财务人员能够胜任的，与财务人员的个人能力有关。财务岗位的风险程度、业务复杂程度都会对财务人员的能力有所选择。如果财务人员业务能力差，也无法真正能够承担起财务担当，那么这样的财务人员将会被淘汰。因此，作为财务人员,要不断提升自我,努力钻研财务业务,熟悉财务政策,提高个人财务综合素质,为财务担当做好充分准备。

第二节　注重财务安全,构筑防范体系

财务安全与财务风险是财务工作中并存的两种状态。理论界谈及的财务安全往往侧重于财务运行过程中存在的风险控制与防范带来的安全问题。主要体现于财务资金管理安全、网络财务信息安全、财务监督安全,以及财务政策安全,从而保持财务健康、可持续发展的良好财务状态。本节的财务安全,主要是从财务文化角度去阐述,更侧重于广义与狭义两个方面的财务安全。

一、财务安全概念

财务安全,其定义较广,涉及范围比较多。凡是与安全相关的财务问题都可以归集到财务安全范围之内。一般而言,广义的财务安全,指的是在预期财务风险控制范围内,避免或消除影响财务运行、可能产生财务风险、带来一定财务损失的潜在隐患的行为或结果,包括政策性风险、市场经营风险、资金风险、网络信息风险等引起的财务风险失控,影响财务稳定。狭义的财务安全,主要是指资金安全,资产与债务、资金链断裂、资金投入损失、应收款坏账等产生财务收不抵支、单位破产。

戴必明(2013)认为,高校财务安全,是指将高校财务风险控制到安全范围以内,从而使其财务状况达到正常运转和健康、可持续发展的状态,并且在可预见的时期里能充分支撑学校的整体发展战略。高校财务安全是保证高校教学科研质量与活力

的综合体现,是高校财务管理的基本要求。

二、财务安全基本特征

彭清华(2002)提出,高校财务安全的特征主要包括生存和发展的基本条件不受破坏、不存在潜在威胁,基础稳固,健康运行,持续发展;具有一定的自主性、自卫力和竞争力,不会因为受到外部或内部因素的影响而产生资金不能如期支付、债务不能按期偿还等灾变性事件;即使发生灾变,也能成功自救或他救,并且将损失减少到最低程度。就财务安全的基本特征来说,主要体现为:

1. 财务稳健性强。财务稳健性强,指的是财务运行正常,自我防御风险能力强,日常收支渠道通畅,资金流转正常,未出现资金短缺,产生支出危机,财务应对突发性事件能力强。

2. 财务保障体系完备。财务保障体系完备,意味着财务组织健全,财务制度完善,机构设置职能优化,岗位职责明确,分工与协作能力强,财务执行力强,财务应变能力突出。

3. 财务风险与危机意识强。财务部门不仅有日常各项财务工作的综合处理能力,而且时刻要有财务风险与危机意识。只有随时做好应对财务风险和危机的准备,才能够对财务安全有深刻的认识。

三、财务安全分类

根据财务安全的影响因素分类,可以分为宏观财务安全和微观财务安全。宏观上财务安全,比如国家政策性财务安全,即政策性变化带来的财务安全。微观的财务安全,更多的是指在财务管理过程中由于对财务政策的把握和实际执行中产生的影响财务正常运行的财务安全。比如财务资金安全、财务信息网络安全、财务内控安全等。还有一种源于财务职责的安全，即由于财务职责原因，对财务行为或结果承担财务责任安全、岗位安全，由此还会带来财务心理安全。

（一）国家政策性财务安全

1. 财政管理体制改革。财政管理体制改革是国家财政政策宏观方面调整较大的方面，这与国家政治、经济、社会发展密切相关。财政管理体制改革是从财务的根本上去修订和完善，重新建立健全财政管理体系。财政管理体制改革的变化，对原有的财经制度进行修订和完善，逐步影响到财政资金分配与划拨，财权与事权发生转移，资金流向发生改变，这些直接影响到高校的财务决策和教育事业发展战略目标。比如近年来国家生均财政拨款的投入，加大了对教育经费的支持，同时加强了对教育经费的监管，对"三公经费"进行了管控。而且，预算绩效机制的调整，加强了对高校教育事业的绩效考评，促进了高校教育经费绩效考核改革。

2. 国家教育财务政策调整。教育财务政策是伴随着教育事业发展而逐步调整的。教育财务政策的修订和完善，直接对高校财务管理产生影响。这些年来，高等学校财务制度和会计制度的改革，使得高校财务管理和会计核算产生了极大的变化。2019年，国家开始在行政事业单位推行政府会计制度，实行财务会计与预算会计的"双基础、双功能"账务处理，科目、账目设置发生了调整，财务信息口径出现了新的变化。比如，高校学分收费制改革，将学分与收费标准相挂钩，按学分计算收费金额，使得学校收费文件发生了变化，由此也带来了学生收费结算等变化。这些都是属于国家政策性调整，政策调整影响到标准、方式和监管的变化，进而影响到高校财务管理工作，甚至会给高校财务决策带来安全影响。

（二）财务管理性财务安全

财务管理性财务安全，主要是指高校财务实务工作中产生的决策和执行安全问题。

1. 财务资金安全。学校和财务部门积极做好学校资金管理，加强对学校收支管控，充分掌握学校收入情况，严格控制各项事业支出，在年度预算时能够科学、合理做好预算编报工作，预算执行时随时关注学校资金动态，协调好各家银行之间的资金调剂，防止出现债务危机和资金链断裂情况，切实保证学校支付能力。由此一来，可以有效防范学校人员经费支出、基本建设支出、债务还本付息支出等发生的各种应急财务资金风险。

2. 财务信息网络安全。在"互联网+"时代，网络信息已经成为财务工作的必要组成部分。财务网上办公、财务信息发布、财务网上查询等都是现代信息技术发展的必然结果。然而，网络也存在技术漏洞风险，随时有可能被黑客攻击，篡改或清除服务器财务数据信息，造成财务账务系统瘫痪，影响学校财务管理。

3. 财务内部控制安全。财务内部控制是指高校财务管理的特殊性，岗位和职能的相容性职责要求一岗不得兼多职，事权与财权必须分离，以避免产生职务犯罪。很多日常性案例时刻提醒，财务内部控制不健全，审签与执行不分离，印章与支票不分开，这些都会造成内控风险。

（三）财务职责的安全

1. 财务责任安全。财务责任安全大多是指对某项财务工作的分管或直管承担责任，比如学校分管财务领导、财务部门和学院"一支笔"领导。由于他们对财务有职务责任,无论是谁审签、谁出现财务问题,他们都要承担直接或间接、主观或领导责任。在这些年来的高校领导干部任期责任审计或者离职轮岗经济责任审计中,如果审查其直接管理或分管的部门出现财务问题,或者是某项财务经办人出现了财务失职行为,按规定他们都要承担相应的财务责任。

2. 财务岗位安全。财务岗位安全一般是指财务直接岗位人员在岗期间出现的财务风险问题。如果财务岗位人员对岗位职责和岗位业务流程的模糊认识,在实际业务处理过程中就会出现财务工作失误。比如,合同审签不合规合法,未按相关采购程序招投标,结果导致资金损失,债务利息加大,国有资产流失,或者给学校带来潜在的经济纠纷等。

3. 财务心理安全。心理安全是指个体面对所处内外环境时保持的一种平稳、良好的心理状态,没有心理负担,有种安全、自由的感觉。财务心理安全反映财务工作人员对财务职业工作的安心感、自信感,不存在因财务工作而心存压力,要始终保持积极、从容应对心态。

四、影响财务安全的因素分析

财务安全涉及内容较多,凡是与财务风险相关的因素都会给财务安全带来不良影响,产生财务不安全。总体来说,影响高校财务安全的因素主要有以下几项。

1. 国家教育财务政策。高校财务是受托于国家教育财政,认真贯彻和执行国家教育财务政策的财务活动。因此,高校财务在很多方面是受国家教育财务政策的影响,如教育经费的划拨、管理和使用,受学校招生规模和生均财政拨款标准影响;教育事业收入受收费标准、专业设置和学制影响;科研经费受科研经费政策影响；经费报销支出受报销标准规定等影响。国家教育财务政策的调整，直接影响到高校财务活动，如加大对日常经费支出的管理，严格经费报销要求等，进而对教育科研活动产生影响。

2. 财务制度体系。规范和完整的财务制度体系有利于防范财务风险的存在，严密的财务流程能够清晰地明确各级主体的经济责任制，构筑强有力的财务安全防护栏。财务制度不全面、不系统和不完善，财务规则不细化，对财务业务要求不严格，财务人员各自把握的财务标准不统一，一旦出现财务问题，就会产生财务风险，引起财务不安全。

3. 财务责任落实情况。如果财务责任不到位，则会导致财务审签的随意性。由于财务分工不明确，财务审签权限未授权，财务责任追究不到位，结果造成责任不清晰。如果财务审签不能做到"谁签字、谁负责"，那么难免会出现财务审签随意，相互牵制弱化，相互推诿，最终造成财务不安全。

4. 学校领导对财务的重视和大力支持。学校领导的重视是财务地位提升的保证，也是贯彻执行财经政策和开展财务活动的坚强后盾。然而，学校领导对财经政策的不了解，对财务工作的不重视，财务决策随意性，往往会导致财务压力增大，财务支出结构失衡，影响财务总体规划，引发财务危机，给学校教学科研活动带来消极影响。财务参谋不充分，财务风险把关不严，财务安全存在诸多隐患，时刻会有财务危险爆发的可能性。

5. 信息技术安全保障性。现代网络技术的应用越来越广泛，网络侵犯也日益频繁。高校财务服务器承载着学校多年来的财务数据，关系到学校经济运行的命脉，一旦财务数据丢失或修改，必然引起财务秩序混乱。先进的网络防范技术应用和硬件环境的改善，有助于增加财务安全保障系数。

五、构建高校财务安全体系

完备、有效的财务安全体系是财务风险防范的防火墙,在财务安全体系防护内开展财务业务,行使财务审批权,并承担相应的财务责任,是高校所有的财务利益相关者所期待的。构筑高校财务安全体系主要从如下方面进行建设。

1. 财务制度建设。财务制度是财务安全体系的基础。通过财务制度,将各种财务业务内容纳入制度范围内,用制度条款进行规范,进一步明确财务规矩,明晰财务责任,约束财务行为,从而将财务风险降低到最小。因此,财务制度建设要紧紧围绕高校教育事业,从宏观上设计,做好财务总体规划,完善学校层面的财务制度,细化各项财务活动规则,健全制度体系,做到事事有法依,处处合规矩,时时防风险。

2. 财务流程建设。财务流程就是财务程序,财务流程将财务规则融入财务业务各个环节,按流程办事就是按规矩办事。财务流程要与业务相关联,实现"业财融合"。财务流程越完善,财务责任越明确。财务流程包括基本的财务业务流程,将财务部门内部的财务业务纳入财务流程之中。同时,财务流程要与校内外之间的财务业务往来相链接,将内部基本财务流程延伸到校内外各财务利益相关者,保持财务资金流、财务关系流畅通,各业务环节的财务风险则可控。

3. 资金安全预警体系。财务安全,一方面是体现在因财务业务产生的未来可能出现的财务损失风险,另一方面也体现在由于收支的不平衡,收入锐减,支出加大,债务压力过大,使得短期或较长期内资金链断裂,出现资金周转困难,产生财务危机。因此,资金安全预警体系就是要时刻关注高校日常资金状况,特别是银行存贷款和财政资金额度。随时对银行存贷款资金和额度进行动态监控，银行之间要及时调剂，以保证高校每月大量的流动资金支付需求，比如人员工资薪金、社保资金、公积金，以及还本付息的银行债务，有时还会涉及基本建设进度款支付，农民工工资等。学校要及时申请额度，保证学校各项财政资金支付。

4. 财务网络安全体系。根据学校办学规模和财务工作需要，构建单独的财务网络机房，开通相对独立的财务网络通。购置和不断更新先进的网络信息设备，加强网络防火墙建设。安排专人负责财务网络安全，做好每天的信息数据备份。同时，财务部门也要建立备份网络财务系统，以防财务服务器瘫痪，影响日常财务工作运行。

第三节　创建文化廉政，强化财务监管

党的十八大报告强调要"努力办好人民满意的教育"，这充分反映了党中央对教育事业的高度重视。高校从外延式发展逐渐向内涵式发展转变，一方面要求狠抓教学科研质量，提高人才培养质量；另一方面要深化教育领域综合改革，推进教育资源优化配置，从而更加注重资源配置效益和资金使用效益。

然而，高校规模化发展和大众化教育，忽视了高校内部管理，先后出现了不少贪腐案件，科研、招生、基建、采购等重要环节出现了违规违法事件。这些年来，国家通过高校巡视和经济责任审计等方式，深入推进高校财务监督。教育部、财政部也以"规范、绩效"为主题，多渠道、多形式、多手段开展财务专项检查，财务监督进入常态化。目前，高校财务面临形势日益复杂多元化，财务廉政建设进入新的阶段。

一、财务廉政文化提出背景

（一）高校规模化发展，内涵建设走向正轨

高校扩招和多校区建设促使从精英教育向大众化教育过渡，招生规模逐年增加，高校在发展中，在某种程度上开始循着做大做强的路子前进。本科教学工作水平评估后，就业市场竞争的激烈和压力，直接转向提高高校办学质量，专业设置、教学科研水平、本科质量工程被提上日程，内涵式高校发展成为当前高校发展的主旋律。内涵建设贯穿于学校事业的各个方面，高校快速发展中出现的各种贪腐现象需要追溯和反思，重新树立财务廉政文化，营造良好的勤政廉政的氛围，为学校事业发展创造良好的环境。

（二）高校经费投入加大，经费监管被提上日程

从高校教育经费投入来看，我国普通高校生均经费拨款基本达到12000元。过去，高校在国家财政拨款有限的情况下要保证教育事业发展，对教育经费的边际效益非常重视，勤俭办学，要求每一笔经费都切实投到教育事业上。目前，国家对教育投入不断增大，然而部分高校对教育经费的监管开始放松，资金使用权力的膨胀冲破了教育财务制度的约束，在财务监管制度不完善的情况下钻空子，利用职权乱投资、滥分配和盲目使用，讲究在职消费，导致教育经费的浪费。加强廉政文化建设，完善廉政防控体系，规范内控制度，从经费源头上把关，防范财务廉政风险，推动财务廉政文化建设。

（三）国家监管与社会关注度增加，廉政文化成为高校主流文化

近年来，国家和社会对高校关注度较高，学生、家长和社会

对高校形成了外围的廉政监督体系。廉政文化进校园，与学生课堂教育相融合，与教师教学科研相结合，与员工日常生活相结合，树立正直、清廉的校园主流文化，廉政意识日益增强。

（四）高校财务问题的突显性，要求财务廉政文化及时跟进

近年来，由于财务监督体系不完善、监督制度缺陷较大、岗位职责不明确，高校财务管理遗留问题多年沉积不得解，高校职务犯罪案例层出不穷，财务管理关系混乱，财务管理效率无法提高。财务问题的存在，严重影响到学校财务管理改革的不断深入，关系到各方财务利益的协调，制约着学校教育事业发展。同时，财务监管力度增大，教工矛盾加深，员工财务风险意识和廉政意识尚需加强。加大财务监督政策宣传，推动财务廉政文化建设，化解财务关系矛盾，有助于财务工作的顺利开展。

二、财务文化与财务廉政文化

（一）财务文化

财务文化是指在一定社会历史条件下，财务部门长年累积形成的具有自身个性的财务宗旨、财务观念及财务行为准则的综合，包括财务价值观、财务精神（气）、财务道德观、财务知识、财务形象和财务设施等构成要素。陈兴述（2003）提出"财务文化"应着重于财务人员在思想意识、价值观念等方面精神文明成果的体现。夏明等（2006）指出"财务文化"是企事业财务部门长年累积形成的具有自身个性的财务宗旨、财务观念及财务行为准则的综合。李东旭（2009）等提出，财务文化指在一个单位员工共同塑造的财务职业精神、财务行为规范的综合。总之，财务文化是限定于特定范围中，反映行业特色的文化

表现形式，是财务人员财务观念、价值体现、财务行为准则等在文化上的综合表现。

(二) 廉政文化

廉政文化，是人们关于廉洁从政从业的思想、信仰、知识、行为规范和与之相适应的工作方式、生活方式和社会评价的总概括，从根本上反映着一个阶级、一个政党的价值观及其执政理念、执政目的和执政方式，是人们廉洁从政从业行为在文化和观念上的客观反映。从文化的角度来审视廉洁，以廉洁的尺度来评判社会，是廉政文化的根本特征。廉政文化在我国历史上有着悠久的历史，"廉"常常作为考评官员的标准，为官所必备的基本品格。当今社会，每个人都需要具备廉洁自律的自我约束的意识和能力。

(三) 财务廉政文化

财务廉政文化是指基于财务本质特点，在长期的财务实践活动中创造和形成的融财务廉政价值观、财务廉政体系、财务廉政行为规范、财务廉政道德精神等为一体的综合财务文化（见图 5-1）。其内涵在于：

1. 财务廉政文化以"廉政"为主题，贯穿于整个财务活动，营造出良好的财务廉政氛围，督促各种财务行为按财务制度正确行使财务权利和履行财务义务。

2. 财务廉政文化以"严谨、规范"为宗旨，要求建立完整的财务制度，健全规范的廉政体系，完善财务廉政财务流程，成立行之有效的财务廉政机构。

3. 财务廉政文化以"约束人、教育人"为目标，加大财务廉政政策宣传，积极加强财务廉政风险防范，严肃财经纪律，增强廉洁自律意识，做财务"阳光人"。

4. 财务与廉政本身存在天然的联系。财务本身就具有廉洁自律的意义。财务要求利益主体客观、公正反映事物价值，对参与的财务主体行为予以监督与规范，做到财务透明、公正。

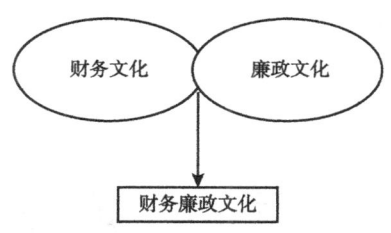

图 5-1　财务廉政文化架构

5. 具体内容贯穿于高校财务宗旨。

（1）原则和规范。它是高校财务廉政文化内在的客观要求，也是高校财务在塑造财权权威、财务管理、保证资金安全、提高资金效益的基本保障。比如：东北农业大学的"原则规范"、南京工业大学的"依法管理"、吉林农业大学的"坚持原则"、江西财经大学的"依法理财、规范管理"、山东师范大学的"遵循原则、不作假账"等。

（2）正直廉洁。这是高校财务约束性要求，也体现了财务部门在学校廉政建设和廉政风险防范管理的重要地位。比如：吉林农业大学对财务部门提出了"廉洁自律"，山东大学提出了"廉洁奉公"。

三、财务廉政文化的积极作用

（一）能够实现个体与组织的统一认同感，进一步增强组织向心力

财务廉政文化是财务组织内部长期沉淀的文化精髓，对个体形成熏陶作用。通过组织活动和组织成员相互影响，渗透到各组

织成员内心深处，对成员心理和行为产生融合作用，使之逐步产生对财务组织目标、责任、制度的认同感，并以成为组织中的一员而自豪，自觉遵守财务组织制定的廉洁自律的相关条款，在行动上服从组织职能，按照财务规则履行岗位职责，发挥个人对财务廉政的监督和制约作用，坚决抵制违法乱纪行为，维护高校整体利益。参见图 5-2。

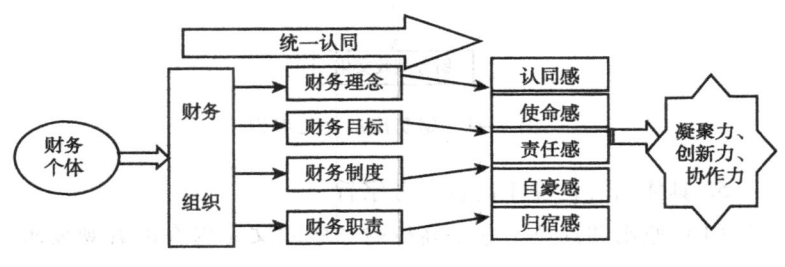

图 5-2　财务廉政文化的统一认同作用图

（二）能够切实保障财务工作合规、合法，进一步规范财务行为

完善的财务廉政文化体系，就是一套有效的财务道德规范，对每一个财务人员都有严格的财务约束力。财务廉政文化形成了较为完备的财务价值标准、财务道德规范，对日常财务行为形成了很强的约束力，当然也成为财务人员的一种财务行为导向，能够潜移默化地对学校整体财务人员起到规范和引导作用，从而进一步规范学校教育经费预算执行，确保经费使用的合规性和效益性。参见图 5-3。

（三）能够推动高效财务建设，进一步发挥财务人员的工作创造性

近年来，高校财务监管日益加大，加剧了各相关财务主体利益矛盾，财务关系更加复杂，也加大了财务人员的工作压力。财

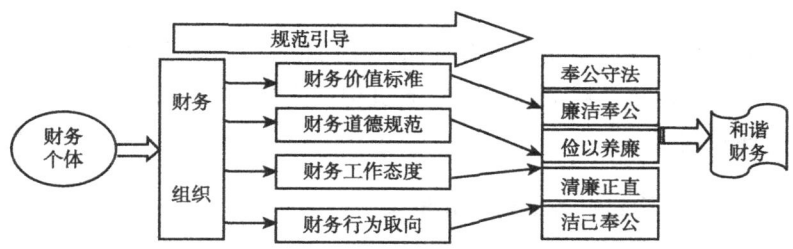

图 5-3 财务廉政文化的规范引导作用图

务廉政文化融于校园文化。高校要加大财经政策宣传力度，营造出良好的财务廉政氛围，促使校园师生自我廉政教育、自我廉政约束，遵守国家财经法规，增强对财务工作的理解，增进与财务人员的信息沟通，有效规范使用教育经费。与此相适应，财务人员需进一步明确岗位职责的重要性，积极调整财务心理、动机和行为，增强财务人员使命感和优越感，激发财务人员的工作主动性和创造性，不断改进财务手段，提高财务管理效率。参见图 5-4。

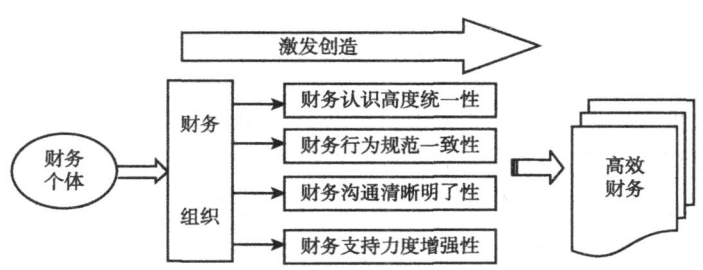

图 5-4 财务廉政文化的激发创造作用图

四、深入推进财务廉政文化建设

财务廉政文化建设是高校廉政文化建设的重要组成部分，融入学校事业发展过程中。财务廉政文化建设必须遵循传统的部门财务文化，吸收多年来财务部门沉淀的精神文化和优良传统，紧紧与财务制度、财务体制、财务机构和人员相结合，不断提炼、拓展和创新。

（一）构建财务廉政文化框架

参见图 5-5。

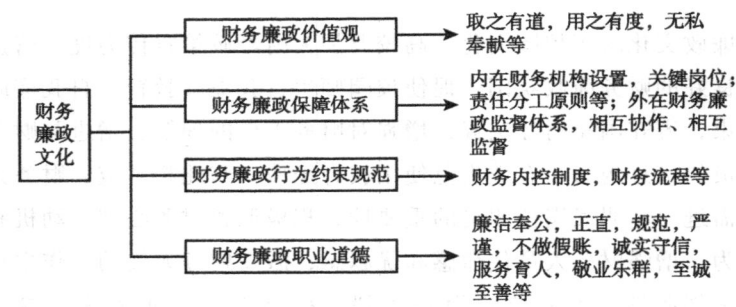

图 5-5 财务廉政文化建设框架

1. 财务廉政价值观。它是财务廉政文化建设的指导思想，引领财务廉政文化建设根本方向。理解、把握和正确提炼财务廉政价值观，是财务廉政文化建设的前提条件。财务廉政价值观，就是要充分体现财务与廉政的核心精神，反映财务廉政的重要性和内在价值，要明确树立什么样的价值指导观，以什么样的金钱观和物质观去参与财务活动和处理各种财务关系。因此，要紧紧围绕社会主义价值观，提炼与高校财务活动相关的财务廉政价值标准，并以此贯穿于和约束于高校财务管理活动中。比如讲求奉献、淡泊名利、公私分明等。

2. 财务廉政保障体系。完善的财务廉政保障体系，是有效防止财务廉政风险的基础。财务廉政保障体系主要包括财务机构设置、廉政岗位设置和岗位廉政职责设定，以及外在廉政监管组织的建立。比如，某高校日常财务报销岗位和高校财务监督协同机制如图 5-6 所示；某高校财务廉政保障体系建设框架如图 5-7 所示。

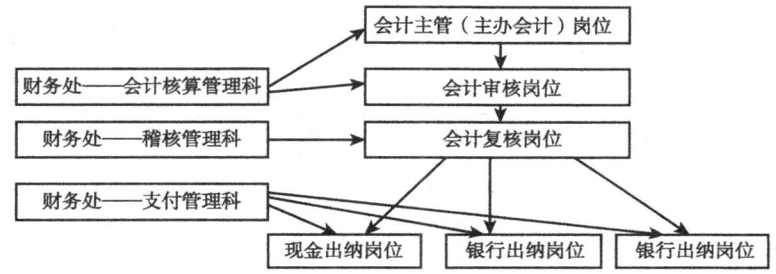

图 5-6 财务廉政日常报销岗位设置图

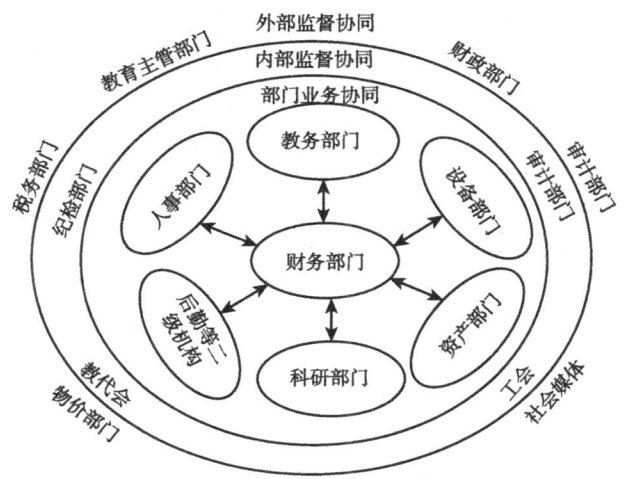

图 5-7 财务廉政保障体系建设框架

3. 财务廉政行为约束规范。主要对日常财务廉政行为进行制度上规范和要求。健全的财务廉政行为约束规范有助于高校财务工作顺利开展，严格依照相关财务管理规定执行财务经费预算，进一步提高财务管理效率。因此，高校财务廉政建设需要立足于财务廉政行为规范体系的制定,其主要内容包括财务内控制度系统和财务流程。

(1) 高校财务内控制度系统。参见图 5-8。

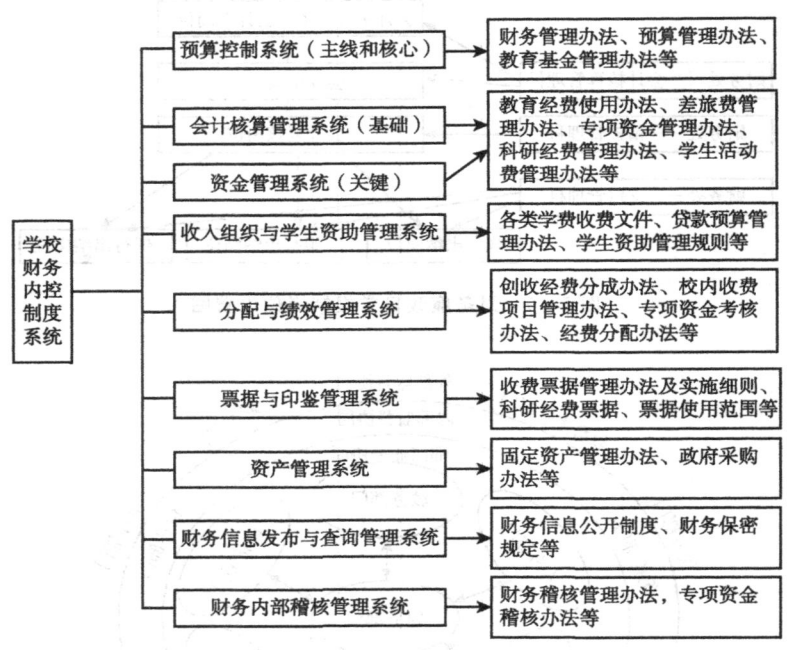

图 5-8 学校财务内控制度系统图

(2) 财务流程。充实和完善财务流程,理清各个财务流程,使之形成一套较为完整的财务管理流程。高校财务流程主要包括财务管理工作基本流程和财务管理工作辅助流程。在实施过程中,充分利用现代信息技术手段,尽可能将经费管理制度的规定和要求"嵌入"业务流程中,提高制度的执行力。一方面,要在确保不相容职务分离、兼顾经费监管有效性的前提下,尽量精简业务流程,提高管理和服务效率。对涉及多个职能部门的经费管理流程,应由相关职能部门一起进行充分沟通与协调,在学校层面上科学、合理地确定最优的经费管理流程。

4. 财务廉政职业道德。财务廉政职业道德以会计职业道德规范为基础，紧密结合高校廉政建设，进一步反映出财务廉政的重要特点与特色内容。会计职业道德规范是对财会人员岗位职业进行约束的相关道德规范要求，而财务廉政职业道德则进一步提升了会计职业道德水平，将财务廉政精神融入财会人员的岗位职业要求中，丰富了会计人员职业道德规范，也更加强化了财会人员在高校财务廉政建设中的重要地位。这些职业道德规范既要对财会人员岗位职责进行约束，也要对高校财务经办人员行为进行规范，突出"廉洁"的更高要求。

（二）加大财务廉政文化宣传，增强财务廉政意识

加大财务廉政宣传，进一步营造良好的财务廉政校园氛围，对于促进高校财务廉政文化建设有积极意义。在财务廉政文化宣传过程中，突出财务管理规范与创新，通过开展财务廉政知识专栏、财务政策专版、财务流程图片展示、财务廉政文化手册发放、财务廉政文化专家座谈、财务廉政文化讲座、财务廉政文化学术研究等一系列措施，丰富校内财务廉政文化内容，使财务廉政文化建设深入人心。

（三）推进高校财务信息公开，增强财务管理信息透明度

2019年，新的《政府会计制度》的颁布与实施，打破了原有的财务管理体制和会计核算基础，进一步突出了"三公经费"、培训费、会议费等管控要求，以权责发生制与收付实现制为基础，要求对固定资产进行折旧，从而强调了高校教育成本核算。精细化财务管理和绩效财务预算的深入实施，为高校财务信息公开创造了条件。财务信息公开就是要让高校各财务关系主体及时了解财务部门的各项财务管理信息，对高校事业发展的经费

使用方向和金额进行社会公开。财务廉政文化建设的目标就是要对高校财务进行监督，规范高校教育经费使用，防止高校部分领导干部利用职权进行贪污腐败，滥用教育经费。财务信息公开需要依托于高校财务信息化建设，因此，高校要加快财务信息化建设和推进财务信息公开，方便各相关利益者对高校财务信息的查询，增强高校财务信息透明度，更广泛地接受社会监督，从而提升高校财务管理水平。

五、抓好财务廉政风险，发挥廉政风险主体作用

（一）高校财务廉政风险概述

所谓"廉政风险"，主要是针对具有公共权力的主体在实施权力过程中存在的可能产生或发生滥用公共权力谋取私利的可能性。这种可能性与廉政教育、制度健全、内部监督和权力主体的廉洁自律程度密切相关。而"高校廉政风险"则指各相关权力职能部门或单位人员在履行职责或权力时产生廉政风险的可能性。根据廉政风险定义，高校财务廉政风险指各相关权力职能部门或单位人员在行使财务职权或履行财务职责时产生廉政风险的可能性，分为财务观念风险、财务制度风险、财务岗位职责风险、财务业务流程风险、外部理财环境风险五种类型。其各自表现如下：

财务观念风险包括：高校人员财务思想上放松自我约束，私欲膨胀；世界观、价值观松懈甚至扭曲；注重个人利益，忽视国家、社会和集体利益；崇尚权力，财经纪律意识不强等。

财务制度风险包括：高校财经制度不健全，规范不及时；财经制度贯彻不彻底；相关财经制度相对独立，相互牵制少，约束力和监督力的作用弱，难以形成常规性作业程序。

财务岗位职责风险包括：高校各财务岗位职责不清，会计出纳"一条龙作业"；财务岗位相互间缺乏牵制，监管不足；财务领导独断专行或者软弱放任，失职渎职、滥用职权，搞"一言堂"；部门财经委员会虚设，监督效力弱。

财务业务流程风险包括：高校财务业务流程不清晰，执行不规范，随意性大，过于讲"灵活"而忽视原则性。

外部理财环境风险包括：高校外部理财环境日益复杂化，相互间利益交叉，现行的工作对象、服务对象以及行业存在诸多潜规则，严重影响到财权的行使和职责的正确履行。个人生活圈和社交圈对财务管理也会带来一些不利影响。

（二）高校廉政风险防范管理的财务意义

实施高校廉政风险防范管理是加强反腐倡廉建设的内在需要，是贯彻落实惩治和预防腐败体系的重要举措，是对公共权力运行实施有效监控的重要手段，也是各部门各单位加强内部管理，推进工作规范、高效运行的一项基础性工作，因此对于财务部门来说意义非常重要。

1. 有利于深化高校财务部门反腐倡廉宣传教育。廉政风险防范管理工作的开展，在高校掀起了排查廉政风险点、认清财务风险源、及时控制财务廉政风险发生的高潮。

廉政风险点的查找，让每位财务管理者和财务经办人员知晓自己的岗位职责和潜在的廉政风险，树立风险防范意识，变上级要求防范风险为自身需要来自觉防范风险。而对于党员干部来说，无疑是一次实实在在的自我警醒、自我提高的廉政教育过程。

2. 有利于提高财务部门反腐倡廉制度建设的质量和水平。廉政风险防范管理要求细致梳理业务工作流程，查找风险点，找出可能引发腐败的制度漏洞，明确制度建设的方向和重点，从而增强制度建设的针对性和可操作性，使制度防范更为规范。在财务部门开展廉政风险防范活动，有助于系统化推进财务部门党风廉政建设，进一步促进财经制度健全和完善，既利于提升财务内部管理水平和工作效能，又促使财务单位有效防止各二级财务负责人自由裁量权的滥用，督促财务人员依法履行财务职责和约束自己的财务行为。总之，廉政风险防范管理进一步推动了高校财务部门反腐倡廉制度建设的质量和水平，也确保了财务管理质量的提高。

3. 有利于加强财务干部队伍建设。财务干部是财务部门各项财务工作的负责人，履行着重要的财务职责，也赋予了其一定的财务权力。廉政风险防范管理工作的开展，使财务干部在思想上提高了认识，对廉政风险点有了深刻的了解，从而自我规范和自我约束能力得到加强。廉政风险防范教育，也促进多种预防措施的实施，使财务干部及时远离腐败，拒绝行贿受贿，真正为财务干部构筑起"防火墙"，从源头上有效预防腐败，促进财务队伍建设。

（三）高校财务廉政风险主体分析

高校财务廉政风险与各参与者息息相关。不仅与被赋予财务权力的主体直接相关，也与参与财务活动的各利益相关者有着紧密联系。对高校来说，主要包括：具有高校资金监管权力的上级教育主管部门和校内审计、纪委监察部门；具有财务管理权限和执行财务职责的财务部门及其财务人员；具有相关经费审批权或经费负责人；参与履行财务职责和贯彻财经制度的二级财务核算部门及人员；参与相关财务活动的教师、学生和其他相关财务主体。基于上述各财务主体在高校财务关系群中的角色不同，各自在财务廉政风险中所承担的责任和作用也不尽相同。但总体上，每个风险主体对于财务廉政风险来说具有双重性，既是财务风险的主导者，也是风险的防控者。因此，分析各财务廉政风险主体，是摸清财务廉政风险规律，有效防控风险发生的有效途径。

1. 上级教育主管部门和校内审计、纪委监察部门。近年来，国家对高校监管力度不断加强，特别是在各类财政专项资金项目不断增多和生均拨款经费逐年增加的情况下。国家教育主管部门、审计部门、物价部门、税收部门等高校上级主管部门对高校进行了不同程度、不同方面的检查。校内审计、纪委检查部门也着重开展经济责任审计、年度预决算审计、基建财务审计、大宗物资采购审计和监管等。在校内各项重大财经事项的落实和贯彻中，校内审计、纪委监察部门也进入全程监控。在财务廉政风险中，上级主管部门和校内审计、纪委监察部门发挥着重要的作用。他们寓监管职责于财务廉政风险管理中，通过各种方式、手段、途径的检查和监督，促使高校各参与主体认真按照法定程序进行规范管理，最大限度地降低财务廉政风险。然而，由于信息的不对称和职责的多元化，其监管是有限的，也具有时段性。

2. 高校财务部门及人员。财务部门既是国家和上级主管部门财经政策的执行者，也是校内财务政策的拟定者，拥有高校资金筹措、预算、分配和管理权力和职责，是财务廉政风险的直接主体，也是管控财务廉政风险的关键者。财务部门是财务廉政风险最大聚集点，拥有最集中、数量最多、风险度最高、危害性最大的廉政风险点。其任何财务岗位或财务业务都存在产生廉政风险的可能性。比如会计审核岗位、复核岗位、出纳岗位、印鉴签章等岗位，有可能存在审核、复核、出纳等岗位人员支付把关不严，所审核的金额与实际业务发生金额不一致，导致多支多付；预算分配不合理、无依据分配、分配政策随意性，使得预算松弛，决算超支；学费管理岗位数据管理混乱，学费上交不足，使得学校事业收入受损。财务负责人签字寻租，系统管理员擅自修改存档数据等,都会引起一系列的廉政风险。

同时,由于高校财务部门职责的特殊性,高校财务部门既有自我滋生财务廉政风险的可能性,也有导致其他利益主体产生廉政风险的可能性。主要表现为三个方面:一是财务管理不善,会计基础不扎实,从而影响到财务信息的有效性,最终引发学校领导决策失误,直接损害到学校整体利益;二是财务部门对学校各职能部门、学院"财务一支笔"、经费负责人等财务职权所潜在的廉政风险监控不够,为其提供行权便利,或任其随意支配财政预算资金,使学校和部门利益受损;三是由于财务部门内控制度不健全,岗位设置不清晰,分工不明确,廉政风险意识淡薄,财务行为随意性等,从而产生危害学校的重大廉政风险。

3. 具有相关经费审批权的部门领导或经费负责人。主要指学校校领导,处、部、学院经费"一支笔"负责人,科研项目经费负责人等人员。在财务廉政风险中,他们既是防控风险的重要主体,也是容易产生风险的直接利益主体。他们可能在财务内控不健全的情况下,利用审批权限或职权之便,通过经费的直接审批或寻租等方式,谋取自身最大化利益。比如个人在职消费支出,随意报销个人出差费、接待费、汽油费、购买私人用品费等。或者在审批报销时,向报销人索要额外利益等。科研项目经费负责人则自我任意签批报销票据,套取科研经费,将不属于科研项目中发生的费用在科研经费中报销,自己给自己发劳务费、专家咨询费等。当然,经费审批或负责人的财务权限是财经制度所授予的,也要接受学校相关财经法规的监督和约束。

4. 二级财务核算单位及人员。二级财务核算单位及人员主要指高校各职能部门、院系及其内部自设的财务经办人员,后勤集团、校办产业及其他具有独立财务管理和核算职能的部门及财务人员。此类部门和人员是专门负责所在部门的相关财务业务,管理本单位的资金运作。各职能部门、院系部门通过学校预算和自身利用教育资源进行创收取得单位内部的预算和预算外经费，为保证单位经费的有效使用，设置了自己的财务人员专门进行经费管理和经费报销，确保部门、院系业务活动正常开展和教工福利待遇提高。而后勤集团、校办产业等二级财务核算单位，拥有自己的财务科室和人员，财务机构比较完备，建立了相应的账务基础。上述部门和人员都在内部具有财务审批权限或经费"一支笔"负责人的签批权限，而在信息不对称和一级财务部门监管不力的情况下，其部门和经办人员容易从中谋取自身利益，虚报或多报相关支出，从而占为己有。

5. 参与相关财务活动的教师、学生和其他相关财务主体。在多元化财务利益群体中，教师、学生和其他相关财务主体与财务部门接触较为紧密。教师个人的福利待遇、课时费、差旅费、科研经费等，学生的学杂费、奖贷助勤等，其他诸如外来投标、买卖交易商家、公司，都是参与高校财务活动的主体。在财务廉政风险中，他们是财务权益的受益者和维护者，他们也应接受高校财务部门的服务和监督。其产生财务廉政风险可能性虽然较小，但基于他们的利益保护，他们又是监督高校财务廉政风险的重要主体。然而，在自身权益未受损害的情况下，他们乐于"搭便车"，对财务廉政风险监督积极性较低。

（四）发挥各风险主体作用，创建层级监控体系

综上所述，有效防控高校财务廉政风险，须从各风险主体特点和所承担的风险防范职责出发。根据各风险主体在财务廉政风险中担当的角色，可构建以财务部门为核心的层级防控体系，充分发挥其不同的作用。参见图5-9。

1. 高校财务部门是财务廉政风险的主导者，承担着财务廉政风险防控的主要职责。高校财务可将财务内部控制建设与廉政风险防范结合起来，进一步理清和规范学校财务行为，加强财务

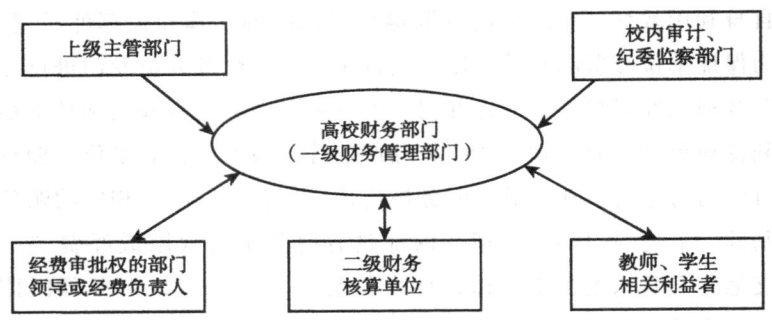

图 5-9 财务廉政风险主体图

管理,健全财经制度,整理财务流程,提高学校财务管理水平,最终从根本上防范财务廉政风险。以某高校为例。以廉政风险防范管理为契机,全面加强财务内控建设,对财务部门 32 个岗位进行了财务廉政风险点查找和评定,按照职务越高、廉政风险等级越高,一线财务岗位风险可能更高的原则,评出 17 个岗位为高等风险岗位,15 个岗位为中等风险岗位。在此基础上,归纳各科室、岗位,各项业务流程,通过流程来指导和完善财务内控制度。同时,结合实际情况,根据经济业务的关联程度,以预算内控为主线,构建了包括预算管理控制系统、会计核算管理控制系统、资金管理控制系统、收入组织与学生资助管理控制系统、分配与绩效管理控制系统、票据(含支票)与印鉴管理控制系统、资产管理系统、财务信息发布与查询管理控制系统、内部稽核管理控制系统等九个相对独立但又相辅相成的、呈网状交织的内控子系统。

2. 上级主管部门是监控和指导高校财务廉政风险的职能部门,从职权和监控力度上是最具权威性,防控政策执行力度相对较大。近年来,上级主管部门通过高校干部经济责任、专项经费审计、税务检查、物价检查等方式,促使高校财务规范管理,不断加大对高校财务廉政风险防范管理。因此,实施常规性业务检查,是上级主管部门对高校财务廉政风险管理的有效方式。通过定期或不定期的各项财经专项检查,推动高校改进财务管理手段,进一步顺各项财务关系,提高资金使用效益。同时,也是高校领导干部任期经济责任的客观考评和廉政风险认定。

3. 校内审计、纪委监察部门是高校常设监管机构,负责对全校人员财务廉政风险的防范管理。校内审计部门通过干部离任经济责任审计、预决算审计、工程维修审计、大宗物资采购审计、基建招投标审计、招生等审计业务,综合考评相关人员的廉政风险,督促各部门和经办人员严格按照相关法定程序进行,防止职务犯罪。纪委监察部门则在日常工作中,全程参与校内各项重大经济事项,或者调查专项举报案件,从而对高校财务廉政风险进行事前、事中、事后监控。

4. 各经费审批或负责人,二级财务核算单位,教师、学生及其他相关利益者在财务廉政风险中,发挥着一定的主动作用。各经费审批或负责人或二级财务核算单位在执行财务权限和履行财务职责时,应树立高度的财务责任意识,熟悉各项财经管理制度,自觉遵守相关财经纪律,正确行使财务权力,从自身源头上防范财务廉政风险的产生。而教师、学生及其他相关利益者则在维护自身财务权益的同时,通过财务信息公开平台参与财务活动,正确评价学校财务管理水平,对存在的潜在财务廉政风险予以监督,趁早提出修正意见,防患于未然。

第四节 从容应对突发,有效处置风险

一、突发事件

根据我国《突发事件应对法》对突发事件的定义,是指突

然发生，造成或者可能造成严重社会危害，需要采取应急措施予以应对的自然灾害、事故灾难、公共卫生事件和社会安全事件。比如自然灾害的2008年的"5·12"四川汶川地震、2013年四川雅安"4·20"地震等，公共卫生事件的2002年的非典、2019年的新型冠状肺炎等，事故灾难的重大生产事故、交通事故、环境污染事故、金融危机等，社会安全的恐怖袭击、骚乱等。

当然，突发事件也指日常生活中的网络安全、断电断网等突然发生的事件。在信息技术发达的互联网时代，信息网络成为人们日常生活工作的重要部分，但是网络安全成为信息网络的最大威胁。比如病毒侵入、黑客攻击这些，都会影响到数据信息，扰乱社会秩序，产生经济损失。而断电断网则属于临时性突发事件，其影响也是极大的，给人们生活带来诸多不便。总之，综合各类突发事件，一般说来，突发事件具有共同的特征，其表现如下：

1. 突发性。绝大多数突发事件是在人们缺乏充分准备的情况下发生的，使人们的正常生活受到影响，使社会的有序发展受到干扰。

2. 不确定性。突发事件具有高度的不确定性：一是发生状态的不确定性；二是事态变化的不确定性。

3. 破坏性。突发事件的破坏性来自多个方面：对公众生命构成威胁，对公共财产造成损失，对各种环境产生破坏，对社会秩序造成紊乱和对公众心理造成障碍。

4. 衍生性。衍生性是指由原生突发事件的产生而导致其他类型突发事件的发生。

5. 扩散性。随着社会的进步和现代交通与通信技术的发展，地区、地域和全球一体化的进程在不断加快，相互之间的依赖性更为突出，使得突发事件造成的影响不再仅仅局限于发生地，而会通过内在联系引发跨地区的扩散和传播，波及其他地域，形成更为广泛的影响。

6. 社会性。社会性是指突发事件会对社会系统的基本价值观和行为准则构架产生影响，其影响涉及的主体是公众。

7. 周期性。大多数突发事件都有一个过程，一般会经过潜伏期、暴发期、影响期和结束期四个阶段。

二、财务突发

（一）财务突发定义

由于财务突发的理解角度不一样，对财务突发的定义也存在差异。本书所说的"财务突发"，不是因为财务本身管理问题引发的财务危机或财务事件，从而影响到高校事业的发展。而是指立足于财务工作，因外界因素影响，突然发生从而给财务工作带来的临时性、应急性的财务业务处理事项。财务突发是高校突发事件的组成部分，也是受高校突发事件影响的工作突发。

（二）财务突发的特征

1. 被动性。财务工作本身是属于保障性工作，是以学校教学科研活动为服务载体的工作性质。由于外界因素的影响，导致学校教学科研活动受到资金影响，急需有资金保障周转，那么必然会促使财务被动性作出应急财务措施，及时解决资金支付问题，保证教学科研活动的正常运行。

2. 应急性。财务工作讲究原则、程序，然而，在财务突发面前，财务需要尽量简化程序，在审批到位、风险可控、责任清晰的情况下，应急处理，以避免因财务的问题影响或产生更大的风险。高校一旦有突发事件的影响，其社会影响非常大，财务首当其冲就是要特事急办，及时提供经费，支付相关费用，否则会产生传播出去造成有损高校声誉的隐患。

3. 果断性。突发事件面前，效率就是生命。财务是突发事件缓解、延缓或中止的"润滑剂"。突发事件的产生，必然会涉及财。有财才能办事，才能为事件的解决提供支撑，才能使突发事件过程中的应急工作得到有效和持续开展。比如地震的突发，需要各种防震救震的物资。新型冠状病毒感染肺炎、非典传染性疫情的产生，首要的还是购置大量的防疫物资、医疗器械，安排大量的医护人员，这些都需要专项资金来保障。因此，财务突发的显著特点就是果断、及时作出财务判断，资金来源如何，资金支付方式、财务风险等要考虑充分。应急处理不是违规处理，而是慎重按规定执行。

4. 政治影响。高校是承担着人才培养、科学研究、社会服务和文化传承与创新的社会功能。高校的政治影响力较强，如果高校受到外界突发事件的影响，必然会产生集聚性、扩散性影响，社会关注度极高。因此，妥善解决突发事件中的财务突发问题，有助于抑制突发事件给高校教学科研活动带来的消极影响，树立良好的社会形象。

（三）财务突发的分类

根据外界因素影响与处理的不同，财务突发一般可以分为自然灾害性财务突发、政策系统性财务突发、人为管理性财务突发。

1. 自然灾害性财务突发。自然灾害是指由于大自然的环境变化引起的突发事件对财务工作产生的应急突发事件。比如上述的地震、水灾等自然环境因素变化对财务产生的应急需求。自然灾害引起的财务突发一般指自然灾害产生后，对高校教学科研活动带来阻止的影响，那么要恢复教学科研活动，需要先抗击自然灾害。只有在自然灾害消除后，高校教育事业才能正常运行。财务就是要承担起应急处理相关经费报销，提供应急资金，满足抗灾救灾的经费支出。而在自然灾害情况下，可能会存在财务环境被破坏，要解决财务突发遇到的种种问题，需要切实有效缓解或解决自然灾害性中出现的财务突发应对情况。

2. 政策系统性财务突发。政策系统性财务突发是基于对财务工作的政策性影响较深来考虑的。高校财务是受托财务，管理和使用好国家财政教育经费投入的资金，也要管理好受托学生家长交付的学生学费。因此，国家和社会各界对高等教育需求和关注度很高。在国家投入教育经费的同时，对其资金监管更要加强监督。国家通过下发各种法律法规，开展监督工作，来维护这种受托的契约关系。政策拟定和下发对高校财务的影响各有不同，有些政策会及时发生效果，影响学校财务秩序。

3. 人为管理性财务突发。人为管理性财务突发主要指因为上级部门、校内部门、校内各级领导对财务工作下达的临时性管理任务。人为管理性财务突发是来自各级政府具体部门对高校安排的临时工作，要求高校在短时间内完成并提交。如突击性干部经济责任审查，配合上级纪委、审计等部门的廉政检查，提供决策用财务数据，调剂银行间资金周转支付临时性借款、工程建设款或银行贷款到期还款，经济纠纷官司赔偿款，以及校内教师或学生应急救助款等。

三、财务突发对财务工作的影响

财务突发是日常财务工作之外的应急处理事项，财务突发往往是财务工作计划之外的事项，这些事项或多或少都会给财务工作带来突发性影响。

1. 财务突发影响了日常财务工作秩序。财务突发是临时接受的财务工作任务，需要及时处理，立即解决的工作，必然会要求相关的岗位人员短时间内停止日常工作，转到财务突发工作上来，完成学校交办的应急任务，由此打断了常规的人员安排、工作过程，很多时候要参与人员加班，日常工作习惯也被临时性扰乱。有时候，在应付财务突发的时候也会存在意见分歧和工作矛盾，影响财务人员的协作情绪。

2. 财务突发是考验财务应急能力的重要方式。财务突发需要处理的财务事项在某种程度上肯定是时间紧、任务重、保密性强、责任压力大的事务，那么要求短时间内完成相关财务数据的收集与整理，财务凭单的整理与复印，财务文字说明报告的撰写和提交，这些都是日常财务工作的基础性事务，在关键时刻就是考验财务人员业务是否精通，财务账务信息是否完备，财务档案管理是否规范，财务工作报告写作是否明晰。从某种意义上讲，财务突发就是对财务队伍的工作能力、财务基础的一次"军事演习"，考验的业务范围是综合性财务内容，不仅仅是单一的业务处理。

3. 财务突发是财务协作能力的体现。财务突发往往与日常财务存在差异，它是专项型的，就某个业务方面开展的财务突发应急事项。财务部门作为牵头经办部门，很多时候需要在短时间内协调校内相关部门和单位配合完成专项任务。那么，财务部门要梳理财务突发的任务特点，进行任务方案的草拟，同时短时间内召集各相关部门负责人开会商量，或者直接发放任务分解单进行分工，落实责任。在这一过程中，就是要考察财务部门内部对任务的理解和任务分解的合理性，同时考察校内其他部门对财务部门的工作分解是否合适，对财务部门的工作的支持程度。

4. 财务突发反映了财务工作在校内的影响力。财务部门作为学校重要的职能部门，各单位对财务部门的工作满意程度是支持和理解财务部门的基础。如果财务部门日常工作不扎实，服务工作不到位，各单位对财务部门意见较大，那么关键时候，各单位对财务部门工作的支持力可能会减弱。反之，财务部门在校内的地位得到提升，对财务工作的配合力也很强。

四、财务突发的应对思考

1. 冷静面对，从容处理。财务突发是外界因素的影响带来的突发性财务业务，是常规财务工作之外的应急工作。作为财务部门，从领导班子到财务人员，对突发性事件的认识要到位，思想上要重视，了解突发事件对学校事业发展的危害和影响，从"政治站位"上去思考财务突发的政治意义，顾全大局，服从安排，随时做好应对财务突发的思想准备。对待财务突发，按照学校要求，认真对待，周全考虑，在把握风险和程序的情况下，开通绿色财务通道，特事特办，从容应对。

2. 统筹协调，细致排查。财务突发涉及事项复杂，责任风险大，作为财务部门，承担着风险识别和判断职责，从专业角度去把好财务风险关。对财务突发的业务事项要统筹协调，财务领导班子对财务突发事项要仔细分析，分析财务突发存在的风险与后果，从流程上去设计规范，考虑各环节上的风险点，逐步排查与防范，不盲从，不冲动，冷静思考，有序推进，能够在手续齐全、审批规范和流程平稳的情况下圆满完成财务突发的处理工作。

3. 分类分析，针对防范。财务突发与产生的突发事件有联系，突发事件对财务的诉求存在不同，引起的财务突发也不一样。财务突发有些在于临时提供财务信息数据，要求相关岗位人员及时到位，尽快处理。有些财务突发是涉及转款支付，在短时间内单位召集财务审核人员、现金出纳或银行出纳、国库支付人员。因此,对财务突发的业务应急处理要注意把握突发内容和财务需求,根据财务需求来安排相关人员参与,协调相关单位加入进来共同完成。这样才能高效、保质地做好财务突发应急处理。

4. 普及认识,加强训练。突发事件是工作、生活中经常遇到的事件,比如日常生活中的防火防盗、网络安全、断电等。财务部门是人员群聚较多的部门,有机房、网络,这些都容易发生财务突发事件。上级部门检查、学校决策、学生事件等突发性事件也会带来财务突发事件。因此,财务部门要加强对突发事件的培训学习,要让财务人员熟知突发事件带来的种种危害,增强应对财务突发的意识。同时,在有机会的情况下,组织参加相关突发事件的演练,掌握突发事件中的风险防范技能。比如消防安全培训与训练,财务应急处理模拟训练,提高思想上的认识技能上的全面。

5. **警惕防备,未雨绸缪。**加强日常防备,做好突发事件防范的物资准备。包括日常的财务大厅、财务机房等有火灾、盗窃隐患的地方安放消防器材,准备相关的抵御盗窃的监控、防爆器具。在财务机房安置相应的备用电源、降温空调、消防设施,做好日常的巡查工作,随时检查发现机房电源设施安全问题,装好消防预警器,提高日常的防备能力。

6. 财务沟通,资金保障。财务沟通是财务突发最好的"润滑剂"。财务突发会引起各方面的不安,影响财务工作的开展。同时,财务突发也会给财务人员和师生带来一些思想上的偏差,容易引发财务矛盾和财务情绪。财务突发的产生,会直接影响到师生们财务报销和经费使用,也会对财务人员的工作开展带来不便。以2019年12月发生的新型冠状病毒感染肺炎的突发事件为例,持续了几个月,又是寒假期间,很多科研老师开展科研活动涉及经费支出,有些是公务卡支付的费用,但疫情的飞沫式、接触性传染，使得财务工作无法开展，必然会引起科研老师对财务工作的不理解和抱怨，进而财务沟通成为缓解财务矛盾的重要方式。财务部门通过在线和电话业务咨询、报销讲解，零接触的网上财务报销，从而有效处理了财务突发事件，既为教师们的经费报销提供了方便，也提高了对财务部门服务工作的满意度。

第六章 高校财务文化培育——财务压力、自信与情绪

第一节 正视财务压力,优化财务环境

压力(Pressure),物理上是指发生在两个物体接触表面的作用力,或者是气体对于固体和液体表面的垂直作用力,或者液体对于固体表面的垂直作用力。心理学定义其含义则是指人的内心冲突及与其伴随的强烈情绪体验。

一、财务压力的基本理论

学界对财务压力的研究成果甚少。吴国萍和朱君(2009)认为,财务压力实质上是从财务角度对公司形成的行为压迫,包括过高负债形成的债务压力、退市压力等。吴国萍和马施(2010)指出,财务压力较大的企事业单位更加倾向于违规信息披露。段华友等(2016)认为,财务压力的来源包括政府、竞争者、供应商、购买商、股东、债权人、员工、管理者八个方面,是由企事业单位的内、外部环境作用于企事业财务活动形成的。干胜道(2016)认为,企事业财务压力的根本来源于收入与费用的非对称性,是因施压者(最主要是股东)对受压者

(企事业经营者)施加的较难完成的财务指标与非财务指标而造成的作用力。如果这些指标能够轻松完成,对经营者来说谈不上有财务压力;完成难度越大,对经营者来说压力就越大,即指标完成难度与经营者心理感知成正比。黄宁等(2008)描述了高校会计人的生存空间和心理状况,指出会计人员压力更多来自工作压力和心理压力,与会计人员的工作地位、工作能力和个性发展等有关系。

二、高校财务压力的分类

我认为高校财务压力的根本,来源于利益者财务诉求与财务职能履行之间的分歧非对称性。作为事业性组织,基于资金来源性质和资金使用方向,高等教育准公共产品项目的支出,对财务指标要求并不是最终目的,高校更多地在于资金使用后的社会效益。财务部门需严格执行国家财经政策,认真履行主管部门设置的财经职能。然而政策执行和职责履行与各相关利益者的利益需求有一些偏差,财务在守住底线,严控红线的时候,如果各利益主体对其不理解那么反而会认为财务部门是在有意阻止自己正常工作。本身财务程序的严谨性和财务规则的刚性,会给财务部门带来各种无形的压力。财务压力的分类如下。

1. 从压力的主体角度可以分为:压力来源方和接受压力方。高校财务压力从契约角度看,委托方与执行方之间委托—代理契约是主导方面。压力来源方主要是教育主管部门、财政主管部门、学校部门、校内各单位教职工和学生家长和社会各界相关者。教育主管部门、财政主管部门一般通过教育财政政策向高校代理人下达财务任务,要求按照财经政策执行,并配合审计检查、财务专题抽查等约束机制等。学校部门从各自利益主体出发，会提出各种增加经费预算，降低财经政策执行率，学生、家长监督经费使用等。而学校财务是接受压力方：财务部门经常因为多元化利益需求而要求给予财务上的满足，而基于财经政策和纪律要求，财务部门又备受压力。

2. 从财务压力的表现形态分：资金压力、分配压力、规范压力、绩效压力。资金压力是多年来高校发展的主要压力。高校教育事业发展需要资金支持和保障，然而高校与其他单位不一样，高校属于非营利性单位，财政拨款是高校主要资金来源，生均财政拨款额度与高校事业发展规模、学科建设、专业设置、社会贡献等密切相关，其增长空间是非常有限的。而教育事业收入则是在国家政策调控下开展的资金筹集，学费收费标准必须在地方物价部门核定的范围内进行收费。科研项目资金则是竞争性项目资金，分配压力与各利益群体利益保护相关。同时，多年来，高校教育经费有限，收支矛盾较大，高校教育经费规范使用和绩效考核一直是经费管理的根本要求。然而，校内各单位和师生员工仅仅考虑本单位利益和个人利益，对经费使用缺乏规范意识、绩效意识。日常经费监管和年度绩效考核往往又容易引发利益矛盾，给财务管理带来诸多压力。

3. 从财务压力的驱动因素划分：由可控因素导致的财务压力和由非可控因素导致的财务压力。非可控因素是因人为自身努力也无法克服或改变的因素。比如政策性因素、自然灾害、外部环境等。可控因素是学校财务管理者可以采取有力措施进行调整，改变相关条件而缓解压力的产生或压力带来的财务影响。比如，内控建设，通过制度来约束管理层的随意决策；通过财务技术的提升，缓解财务处理压力；通过民主理财方式，分散财务风险压力等。

三、高校财会人员心理压力的来源

高校财会人员心理压力的来源有多种因素,有些是来源于个人家庭生活、身体健康、个性等方面的压力,也有些来自财会知识、财经政策更新的压力,超负荷工作的压力,职务职称晋升的压力,单位领导的压力,教职工方面的压力和税务审计部门的压力等方面。

(一) 财会知识、财经政策更新的压力

知识经济时代,新经济知识更新速度加快。这些年来,互联网技术的日新月异,电子货币的兴起,微信、支付宝等支付平台的搭建,改变了财务传统环境。智能财务的需求与应用,管理会计的推广,使得财会知识更新不断。新的财经法规、会计准则、制度陆续推出,促使高校财会人员不得不主动参与学习,掌握并加以应用。在高校财会人员压力调查结果中显示,大约有60.42%的人反映来源于财会知识、财经政策更新的压力很大。

(二) 超负荷工作的压力

20世纪以来,高校规模化、多校区发展,使得高校在校生规模急剧增大,教职工总数大幅度增加,学校资金总量、财务业务总数较过去显著增加,超负荷工作常态化。尽管这些年来,高校财务信息化技术水平不断提高,但是财务需求日益多元化,上级主管部门、校级管理层面对财务部门要求越来越高。高校财务人员在应对日常财务报销、办理各项财务业务的同时,还要参与学校管理决策,提供各类财务数据,接收来自各方面的财务审查。因此,这些工作压力使得财务人员每天疲于应付,无法考虑如何改进和提升财务管理水平,从而减少财

务压力。有高校财务压力调查显示，被调查者中有 52.08% 的人员反映工作量过大、工作时间过长，有 65.28% 的高校财会人员经常感到疲劳。

（三）职务、职称晋升的压力

这些年来，高校岗位分类管理和薪酬制度改革逐步深化，大多高校实行了按需设岗、以岗定薪、竞聘上岗、按岗取酬的岗位薪酬分配制度，同时引入了绩效激励机制。由于薪酬与个人的工作岗位和职务、职称相挂钩，再加上学校财会岗位属于相对稳定、封闭的工作岗位，因此高校财会人员对职务、职称的晋升需求成为一种内在压力。职务、职称能否得到晋升不仅关系到对个人价值、能力的认可，还影响到家庭经济收入的增长和生活质量的改善。然而，近年来高校对职称、职务考评要求越来越高。财会专业技术职称与学校教师系列职称按同一标准考评，导致财会专业人员的推选远远达不到条件。职务的职数限制，选拔条件更高，工作年限不少于 5—10 年、职称不低于中高级、综合能力非常突出，而对大多财会人员来说，根本无法满足这些条件，很难参与相关职务的竞选。

（四）工作环境的压力

这里所说的工作环境主要是指高校财会人员业务往来、人际交往的环境。高校财会人员工作所接触或服务的对象，主要包括学校内部和校外工作对象。校内有校领导、教职员工、学生等，校外有教育、物价、银行、财政、税务、审计部门等单位。在这种工作环境下，高校财务人员要面临着来自上述各方面的财务要求，在满足和应对这些财务要求过程中，财务人员感受到很多财务压力。

1. 学校领导的压力。这些年来，高校竞争越来越激烈。高校之间在学科建设、专业建设、教学质量等方面相互竞争。学校领导在搞好校内战略部署、发展方向的同时，也要不断提升学校在社会上的知名度。然而，学校发展要资金保障，高校资金来源有限，但是各类事业发展支出大幅增长。高校在保证人员经费支出的同时，要顾及日常运转、办学质量提升。财务部门承担的筹资、用资任务日益繁重，但仍然要抓好财会基础工作和内部控制制度建设。尽管如此，这些财务工作也未能达到学校领导对财务部门的期望，校级领导宏观思维考虑和突发式财务需求经常会给学校财务人员带来管理上的心理压力。

2. 教职工的压力。事实上，尽管高校财务人员从事的财务工作是管理和服务工作，对学校经费有监管职责，但是日常财务工作主要以服务保障为主。因此，高校财务人员在某种程度上被定位于教辅人员，是学校教学科研的服务保障人员。高校教职工是具有高学历、高职称、自尊意识和维权意识相对较强的群体，是学校的主体群体、被服务对象。由此，教职工与财务人员之间对各自角色的定位和认知差异，同时双方专业信息的不对称，使得在财务活动中经常因为业务办理问题、态度问题而产生财务矛盾。教职工需求的是热心耐心、服务态度好，而财务人员则因为财务规则要求，必须严格、规范，有时职业倦怠也会产生职业情绪，未能善待教职工，从而引起教职工对财务人员的不满。因此，财务部门在学校每年的年度考核中，往往难以得到好评。

3. 财政、税务、物价、审计部门的压力。巡视检查、审计监督、财务专项检查已成为这些年来国家对高校财务监管的重要途径。近年来，随着政府会计制度改革、财税改革、绩效预算改革等的推进，高校经常被作为检查对象，审计检查学校各项收费管理、税收缴纳、科研经费管理等方面。针对高校预算、收入分配、基本建设、招投标等也要重点审计，要求财务部门提供各类的财务报表、记账凭证，不断地进行财务问题整改。高校财务部门应对审计和各种检查耗费了大量的人力、物力，需要花费大量的时间进行说明、解释、整改，这些给高校财会人员造成了极大的心理压力。

四、高校财务压力对财务工作的影响

财务工作本身就是一项责任与压力共存的工作。长期以来，财务人员在繁琐、反复、枯燥的财务业务中紧张地工作，身心和体力较其他工作投入较大，来自不同利益主体的外在压力无形中也给财务人员带来了难以估量的压力。当然，对于财务人员来说，层次不同，感受和承载的压力是不一样的。从某种意义上来讲，层次越高，财务压力越大。同时，反抗压力也越强。

（一）财务压力的内在驱动，促使财务管理日趋规范化

财务压力意味着财务风险较高。要防范财务风险，只有强化财务管理。尽管各自利益主体对财务需求不一样，但是财务压力迫使财务人员不得不严格按照相关财经法律法规规范各种财务行为。外在给予的财务压力越大，内在的财务管理越需要加强，通过完善制度，优化财务流程，加强权力制衡，相互监督，有效防止财权滥用、乱用。近年来，国家对高校财务监管日益加强，相关的财经制度逐渐深入高校各项经济活动中，更加明确各项业务的经费管控，进一步强化要贯彻落实干部经济责任制，使得高校上下不得不严格按照国家制度执行，规范财务管理程序，完善财务审批手续，责任落实到人，逐步规范高校财务管理。

（二）财务压力的存在，引发了不少财务矛盾

一直以来，财务人员在财务压力的约束下开展各项财务管理工作。任何一项经济活动或者教学科研活动的开展，离不开财务

的规范管理。比如，是否经济活动或教学科研活动有经费支持，是否事先有经费预算编制，经费报销是否符合财务规定，这些都是必须事先要了解清楚，否则不能取得经费支持。但这些财务要求有时会引发各利益主体的不满，教职工对此不理解，把矛头直接指向财务部门和财务人员，认为是财务部门和财务人员故意刁难，作风官僚，工作效率低下。尽管财务部门和财务人员做了很多有利于改进财务效率、提高财务服务的工作，也难以得到教职工和学生们的完全理解和支持。

（三）财务压力的承载，触及财务情绪的失控

俗话说"会计越老，经验越丰富"。在财务部门工作至少10年以上的人员较多，他们感受最深的是会计工作干得越久，职业病越严重，对会计的谨慎性、风险性、准确性、客观性等的理解也越透，对责任与分工看得很重。他们深知每一项财务活动和业务处理过程中潜在的风险与责任，他们的风险评估与自我保护意识很强，他们知道如何降低风险、转移风险和摆脱责任。由此，这种财务压力承载越久的财务人员，他们越坚持财务原则，懂得不能越权违规，少讲特殊性和灵活性。那么，在日常财务办理中，这些必然会在财务情绪上与各利益主体产生冲突。财务情绪的失控，直接会影响到财务工作的开展，引发财务矛盾，导致财务满意度下降。

五、优化财务环境，释放财务压力

研究表明，工作压力与疾病的发生呈正相关性。过大的工作压力或持续时间过长的压力，可能引致精力衰退、体重减轻，甚至危及生命。因此，适当调整高校财务人员心理压力，有助于个人身心健康，也有利于工作开展。

（一）优化财务环境，缓解外在财务压力

1. 要把财经制度、政策和财务工作办事流程的宣传、解释工作做精细。充分利用现代信息技术和互联网技术，加大财务宣传，为教职工提供更加细心、贴心、方便、迅捷的服务，切实提升教职工对财务服务的满意度。如及时公布相关财经政策、财务制度，让师生方便了解相关财务办理程序；提供财务信息查询，使教职工足不出户便能查询到单位账务信息、个人科研经费信息、工资收入信息等。

2. 要建立健全财会岗位责任制、服务承诺制、收费公示制等具体的办事制度，以制度来规范办事流程和财会人员的工作行为，努力实现财务服务的规范化、系统化、高效率和无差错化，从根本上克服和消除高校财会人员在工作环境中存在的心理压力。

（二）落实精细化服务，优化人际环境

会计的基本职能是反映和监督，核心问题就是搞好管理和服务。会计人际环境的压力需要通过高效率、高质量、高品质的财务服务来提升学校领导、教职工和财政、税务、物价、审计等部门对财务工作的满意度。因此，高校财务部门和财务人员要重视财务沟通，在日常财务工作中注重财务态度，换位思考，以服务思想面对教职工，用专业的财务知识为教职工排忧解难，提升财务服务质量。

（三）提供学习机会，提升专业能力

会计职业的一个显著特点就是必须在众多的财经法规、制度的约束下处理会计业务。职业特点要求高校财会人员必须具有强烈的规范意识，与时俱进，不断自觉地学习、遵守各类法规、政

策、制度和操作流程，注重对各类财经文件的学习和解读。在学习和掌握基本的财务、会计、审计专业理论知识的同时，还要学习掌握相关的经济学、管理学、统计学和计算机知识。善于把财经专业知识应用于实际的财务工作中。做到现学现用，活学活用，为学校强化财务管理提供可靠保证。作为高校财务部门负责人，也要重视对财务人员的继续教育，积极安排参加各类专业技术培训活动，创造机会让财务人员"走出去"，扩大与同行的业务交流。重视对财会人员的实务研究能力的培养，鼓励他们开展财务工作研究，撰写发表相关专业论文，为其职称考评提供相应的评选条件。

（四）优化岗位职责，合理配备财务人员

针对当前高校财务工作业务量过大、工作时间过长、工作强度过高、工作人员的数量明显不足的现实状况，进一步梳理高校财务工作内容，加强财务内控建设，科学评价岗位职责和岗位风险，根据学校办学规模、财务工作量合理设置财务机构和岗位，按照岗位进行财务人员配备，以岗定人，以岗聘人，做到岗尽其用，人尽其才，充分发挥各岗位人员专业才能和综合才能，增强各岗位人员的成就感和幸福感，减轻各岗位人员的责任包袱和工作负荷，提高财务人员对岗位的满意度。

（五）关心员工生活，规划职业生涯

根据对省属高校财会队伍建设的调研，当前高校财会队伍从年龄结构看，45岁以下的中青年所占的比例接近65%；从职称结构看，高级职称仅占16.35%左右，中级、初级职称的人员所占比例均为38.5%。由于高校财会队伍中职称低的年轻人占多数，他们的工资收入水平与社会正常生活消费需求之间的矛盾较大。同时，这些年龄段的财务人员也面临着自身职业发展、家庭

问题。高校财务部门是关心他们的主体，应该重视对他们的帮助。可以进一步与他们进行交流，了解他们对职业的规划，明确学习和努力的方向，认识到自身的不足，增强他们的自信心，促进其成才。同时，高校财务部门应积极争取专业技术职称晋升渠道，增加财务部门的中高级专业技术职数，切实解决财务人员的职称"瓶颈"问题。

（六）自我教育，自我调节

面对高校财务环境，高校财务人员应积极转变观念，树立会计职业尊严意识，消除自卑心理，提高自信度，打破思维定势，勤恳钻研，在财会岗位上积极进取，不断取得专业成果。保持仪表端庄，重塑会计形象。高校财务人员也要注意自我反省，经常进行自我批评，自我矫治。通过在财务岗位上的多年历练，积累丰富的财务经验，提升个人专业魅力，在财务同行和师生员工中获得较好的认可。

第二节　增强财务自信，维护财务规则

自信反映了个体对某种事物的肯定，并以此感到心理上的踏实、骄傲和成就感。自信就是敢于面对任何质疑，勇于接受外界某种挑战。

党的十八大报告中强调，要坚定中国特色社会主义道路自信、理论自信、制度自信和文化自信。在庆祝中国共产党成立95周年大会上，习近平总书记进一步指出，"全党要坚定道路自信、理论自信、制度自信、文化自信"，"文化自信，是更基础、更广泛、更深厚的自信"。文化自信不仅是道路自信、理论自信、制度自信的基础，而且是理想信念的基石；理想信念不仅要

在长期实践中砥砺出来，而且要在文化熏陶中升华而成。

作为财务人，也要有财务自信。财务人员所体现的自信一面，表示他们对职业的热爱和执着。他们能够准确定位自己的职责和特长。和日常生活中的其他职业一样，财务人员在贯彻落实国家财经法规，维护教育财务秩序，为学校理财、保障学校教育事业发展中发挥了重要作用。

一、财务自信的含义及内容

所谓"财务自信"，是指财务组织或财务人员对所承担的财务工作或履行的财务职责所具有的自信程度。比如：对所依据和执行的财经制度、财务规则的权威性充满自信，自觉以实际行动去维护制度的严谨；对岗位职责的自信，财务部门或财务人员认为单位组织赋予其财务职责，管理单位财经事务，那么其能够认真按照单位规定完成财务管理任务，保障资金安全和财力支持，并从中感受到其责任的重要价值等。由此，结合财务工作性质和工作特点，财务自信具体内容包括以下四个方面：

（一）财务组织自信

财务组织是财务自信的基础。财务组织是高校机构设置中重要的机关职能部门，教育主管部门赋予高校财务部门承担着管理高校教育经费，保障高校事业发展资金使用和管理的核心职能。财务组织按照国家财经法规，依法履行高校教育经费筹措、预算分配、经费报销、资金安全等职责，是其他职能部门不能替代的。财务组织自信，意味着高校财务部门是财经政策执行部门、监督部门和履行财务职责部门，校内各单位和广大师生的各种财务行为要依照财务部门所执行的财务规范来开展各项财务活动，否则财务部门将有权拒绝产生资金交易和办理财务手续。

(二) 财务制度自信

主要体现在财务人员所从事的财务工作所依据的制度具有法定性，是法律赋予他们执行财务制度。他们有责任、有义务去执行。制度自信还体现在财务人员对制度的解读是自信的，对制度的把握是自信的，任何时候他们能够通过出示制度依据来证明财务行为是有理有据的，而不是随意的，这也体现出财务岗位的规则性和原则性。财务人员是按照国家财经法规开展财务管理工作，任何人都要维护制度的权威，自觉地遵守财经纪律，不可逾越法律规定，对外宣传和执行规则一致。

(三) 财务岗位自信

岗位自信体现财务人员对财务岗位的热爱，爱岗敬业，充满成就感。任何财务岗位都会给财务人员带来一定的压力，也能给予他们一定的满足感。这种自信来自岗位本身的意义和价值。财务设置任何岗位需要考虑其在财务管理中的重要性，能够体现岗位人员的社会价值。如果岗位缺乏任何价值和地位，那么从事这种岗位的人也感受不到岗位带给他的自信，以至于他会羞于告知别人他的岗位。岗位自信既来自岗位设置的价值，也与从事岗位的人相关。从事该岗位的人从另外角度去认识岗位的重要性，可以增强对岗位的自信。比如，邮递员，他们的价值在于信息的传递，交换了人与人之间的牵挂与思念。清洁工特别是悬崖清洁工，他们的价值在于保护了环境，维护了旅游景点的良好形象。财务各个岗位人员在完成职责履行的同时，也发挥出了财务的作用。会计人员用会计分录记载了每一笔资金的来龙去脉，体现了资金的去向。出纳人员支付了现金或银行存款，完成了支付手续，解决了老师们业务费用报销的问题。财务稽核人员把好了账务处理和资金支付的关口，确保了财务手续完整，规范，维护了财经法规，提高了财务信息质量。

（四）财务专业能力自信

财务人员最大的专业自信在于他们具有专业技术的知识和技能，而非专业人员是缺乏这种专业修养的。财务人员具有这种专业所体现出来的素养，他们懂财务知识，能够运用财务知识去管理好学校的财务工作，完成财务任务。当然财务人员在任何时候也能体现出这种财务专业的素质，比如熟知财经知识，了解财经形势，分析财务报表数据，预测财务变化，他们能够发挥财务参谋作用。他们所掌握的税务、金融、证券市场等方面知识，或者他们能够熟练应用某种财务软件和账务处理，就和舞蹈、音乐、厨师等其他专业的一样，只要条件具备，他们随时可以展示财务专业技能。

（五）财务业务流程自信

财务流程是财务工作规范的基础，体现了财务业务办理的正常程序，财务流程遵循的也是财务工作的客观要求。因此，财务流程自信来自财务程序是清晰的、简单的，每一个环节是明确的和必需的。比如，财务报销必须符合财务报销规定，有经费预算，有负责人签字，则该业务就具备了报销的凭据和事由，这样一来每一步报销环节是清晰的，一目了然。财务流程自信对任何一个非专业财务人员来说，都是一视同仁的。

二、财务自信提出的背景

（一）财经形势的严峻性带来的财务矛盾不断加剧

近年来，国家在加大教育经费投入，稳步保持财政性教育经费占 GDP 的 4% 目标的同时，积极开展对高校教育经费使用与管理的监督和检查力度，各种财务专项检查逐渐频繁，财务审计逐渐深入、细化，部分高校在规模化、多校区发展过程中，出现了部分招生、就业、基建工程、物资采购、培训等方面的腐败问题，给高校带来了极大的压力，财务形势日益严峻，财务关系也越来越复杂化。与此同时，一系列有关"三公经费"、培训费、会议费和科研经费等经费管理文件的下发，触及了部分相关者的利益，由此引发出的财务意识转变与制度强制力的"刚性"之间的矛盾不断加剧，财务关系变得更加复杂化，财务矛盾急剧上升。

（二）财务制度改革触发的新旧财务问题日益显露

新高校财务制度和会计制度的颁布，行政事业单位内部控制规范指引的试行，打破了原有会计核算模式，高校精细化财务深入发展，在新旧会计制度对接与数据转换过程中，原有旧制度所沉积的财务账务、资金管理、国有资产管理、对外合作资金往来、会计核算、多元主体利益分割、银行信贷等问题逐渐暴露，从而财务面临着大量原有账务信息的清理和转换。同时，新制度规定资产折旧涉及高校规模化发展中很多在建工程竣工验收、固定资产价值认定及固定资产折旧问题，延伸到历史遗留的其他固定资产清查和折旧等重大财务问题。

（三）绩效工资改革诱发的利益不均衡问题更加突出

当前，在财务改革深入推进，在财政监管力度加大的情况下，很多财务人员面临着新旧会计制度改革和财经知识的更新。然而，绩效工资改革所带来的新的分配方式，按职称、职务等核定人员绩效工资，与岗位职责脱节，由此诱发了利益的不均衡问题。加之在长期的模板式工作环境的影响下，部分财务人员开始职业倦怠，对学习财务更新知识的热情减少，不愿意自觉改变财务习惯,不愿意多掌握新的财务知识和技能,以及不愿意对岗位付出更多义务,而他们所遇到的最大冲突就是缺乏专业自信。

三、影响财务自信的因素

(一) 制度不完整,财务工作缺乏严肃的法定依据,财务自信失去了依托的基础

财务是在一定财务制度规定、规则前提下开展工作的,任何一项财务工作都是按照严格的财务手续去办理。财务制度不完整,对财务工作中遇到的财务问题缺乏规范、严谨,那么财务的严肃性必然受到影响,进而财务制度自信失去依托,制度权威受到威胁,财务秩序将会被打乱。同时,每个财务人员在财经业务办理过程中,对同一财务业务处理就会产生依据模糊,主观性臆断或业务处理随意,导致业务办理标准化不统一,责任不明确,矛盾集聚,既激发了经费报销人员的不满情绪,也给财务人员产生心理上的不踏实,最终给日常财务管理产生严重影响。

(二) 财务规则不统一,业务标准不一致,财务自信受到差异性影响

由于财务工作具有灵活性和原则性,但如果偏颇任何一面,都会造成规则不统一,口径不一致,如长此以往,财务自信也将不复存在。对于财务人员来说,必须执行严格的财经规定,如果财务领导干预过多,或因为报销人或报销经费的特殊性,在不坚持原则的情况下办理业务,必然会给财务人员造成一定的误导,放松财经意识,疏于执行财经制度。一切按"某某人说"来办理,既会放松对自己的要求,也会放松对别人的要求,从而造成职务犯罪,渎职罪,以权谋私罪,串谋罪。报销人如对财经纪律不屑一顾,随意报销,关系人情大于纪律,财经意识减弱,则容易导致经济责任犯罪。

（三）财务岗位设置不合理，岗位职责分工不均衡，财务自信难以持续

部分单位在设置岗位时因人而异，因人设置，对岗位缺乏综合考虑，职责不明确，或者分工不科学，从而使得各岗位之间职责权重失衡，体现出有些岗位工作内容和强度显著较小，有些岗位则压力大和任务重，从而岗位之间的财务人员发生矛盾，岗位重的财务人员要求轮岗，而岗位轻的财务人员不愿意担任责任重的岗位。财务部门员工如果拈轻怕重，互相推诿，就会内部不协调，对财务整体工作也会产生很大影响。

（四）财务手段落后，工作效率低下或工作失误，财务自信出现弱化

多年来，高校财务努力加快财务信息化建设，改善财务手段，运用先进的网络技术和计算机信息技术，提升工作效率。然后，由于多方面因素制约，高校财务信息化发展参差不齐，校园网络平台整体建设缓慢，各相关部门之间数据库共享程度低，财务信息更新和传递速度慢，同种软件模块之间的不相容性对接困难，财务查询和财务账务处理能力不强，财务信息的准确性和及时性较弱。此外，工作中也会因软件或者应用技术不足而导致财务信息遗漏，如工资转发数据出错，个人所得税漏扣或误扣，部门经费和科研经费更新不及时，影响学院和科研人员经费查询与报销等。

（五）懈怠情绪上涨，财务人员主观因素消极，财务自信培养受到影响

财务工作是一项基础性业务工作，具有一定的重复性、枯燥性，也容易形成一定的职业病。部分财务人员对某个岗位从事年限较长，熟练度较高，他们很自然地会拒绝接受新的岗位，也不愿意去学习和掌握其他岗位的财务知识和业务技能，主观上开始懈怠。部分人员工作经验丰富，财务知识全面，业务能力强，然而因缺乏职称评定和职务晋升、福利待遇改善等外在激励机制，从而产生对工作的懈怠，财务自信心逐渐淡化，严重影响到工作效率和工作质量。

四、增强财务自信，提高财务管理水平

财务自信是一项潜在的心理现象，它需要外在的引导和内在的感悟。财务自信不能一步到位，立竿见影，它更需要持续、长期的积累和磨练。总的来说，财务自信首先从内在自信抓起，财务人员和财务部门内部树立了自信，对外才有自信。具体采取措施如下：

（一）完善制度体系，明确财务规定，夯实财务自信的制度基础

建立财务人员自信的基础，就是要完善制度体系。任何一项日常业务都要有制度来源和制度依据，制度依据要标准化和流程化，覆盖全部业务领域，每一项业务对应一个流程和一项制度要求。制度只有进一步明确职责和程序，才能更加严格地按照财经制度执行。对特殊业务或者特殊情况的业务处理，也要建立"三重一大"的财务决策机制，由分管负责人或上级主管领导签批后处理。如此一来，财务部门和财务人员在开展财务业务时才有更足的财务自信，有效防止违背财经法规和学校相关规定行为发生。

(二) 优化组织机构，科学合理分工，健全财务自信的评价体系

科学优化岗位，科学合理分工。综合考虑全财务部门业务内容、业务量、业务强度等，对某些周期性，突击性业务，实行小组分担制，组织临时工作小组参与共同完成，涉及的相关岗位、科室，抽调相关人员参与配合完成，避免孤军作战，加班加点。对于部分业务，采取轮换制，轮流参与，公平、公正安排。采取一定的激励机制，对做出突出贡献、业务能力较强的财务人员给予精神和物质奖励，让他们感觉到岗位的价值和个人价值。同时，将定期、不定期，或短暂轮岗作为一项硬性规定，纳入人员考核范畴，全面提升财务人员综合业务能力。

(三) 树立财务部门自信，积极营造自信氛围

财务部门自信，是财务人员自信的基础。学校通过开展内部财务审计与外部财务审计，按期对财务工作进行审计，也可以通过开展校内师生对财务工作的评价等方式，来客观评价财务工作质量，增强财务外在自信。对于存在的财务遗漏问题，及时进行完善和调整，不断优化财务管理，从根本上提高财务管理水平，增强财务内在自信。

(四) 积极开展财务文化建设，创造环境激发财务自信热情

积极开展财务文化建设，通过业务学习和素质拓展等方式加强财务人员之间的协作力、凝聚力、协同力。增强财务人员的财务集体观、财务风险观和财务职责共担意识。组织开展岗位业务学习，了解各种岗位的职责内容，充实财务人员的知识面，增进岗位了解，通过相互轮岗训练，各自感受下能否接受完成对方岗位工作，达到相互理解、相互支持的目的。

（五）加快财务信息化建设，提高财务信息质量，为财务自信创造技术条件

进一步推动财务信息化建设，以新旧高校财务制度和会计制度改革为契机，按照新的财务制度和会计核算基础，引进先进的财务账务软件、工资软件、税务软件、预算编制软件、学生收费软件等，更新原有的软件，从硬件环境上去改善财务信息化条件，自主或合作开发与软件相关的模块，增强财务信息共享性，保证财务信息及时更新，使信息查询更为便捷，提高财务信息质量。

第三节　调节财务情绪，保持财务身心健康

一、情绪管理相关理论及文献概述

情绪研究最早可以追溯到古希腊的柏拉图和亚里士多德。20世纪60年代，伊扎德、普拉切克、拉扎勒斯、沙赫特和辛格等心理学家从不同视角对情绪进行了大量的探索与研究，为情绪管理的研究及拓展奠定了较为坚实的理论基础。Hochschild（1979）正式提出"情绪管理"的概念。20世纪90年代，戈尔曼（1995）出版了《情绪智力》，他认为情绪的自我管理就是调控自己的情绪，使之适时、适地、适度。这种能力建立在自我觉知的基础上。如何自我安慰，从而提升有效摆脱焦虑、沮丧、激怒、烦恼等因失败而产生的消极情绪侵袭的能力。马斯特（1997）认为，情绪管理是个体依据自身目的所采取的一种有益于其生存和发展的活动。因此，在实施情绪的自我管理时，人们首先从主观意识上评估其所处的情境及与其关联的程度，再结合自身应对能力的评估，最后才是确定自身情绪管理的策略。汤普

森（1997）进一步认为，应把情绪管理理解为个体为完成某一目标而对其自身情绪强度及持续性等方面自动进行的监控、评价和校正的内外过程。奇凯蒂、阿克曼和伊扎德等从情绪管理的动力特质入手，认为情绪管理是个体为在某一或多个方面适应其意识内外的变化，组织和发动的动力组织系统。Bolton 和 Boyd（2003）对职场中的情绪管理进行了分类研究，他们认为情绪表达有三个不同类型的规则：商业、专业或社会的情感规则。根据不同规则可以进行多样化情绪管理。如利益化情绪管理、规范化情绪管理、表象的情绪管理和慈善的情绪管理。马向真（2012）探讨了情绪管理的研究现状，并对情绪管理的内涵及外延概念界定进行了研究。刘晓峰（2013）对情绪管理的理论研究进行了分析和探讨。他谈到目前情绪管理的理论研究方面已形成了情绪智力理论、认知理论以及心理治疗理论；在情绪管理的模型方面，形成了有关情绪调节的同感过程模型和结构模型。情绪管理的具体研究主要涉及情绪管理与个体的社交情境、情绪管理与认知、情绪管理与父母的教养方式以及情绪管理的年龄趋势等方面。

二、高校财务情绪的定义及特征

情绪，是源于某种主体在特定环境下通过一定的语言、行为、表情等形式表现出的一种心理表象。财务情绪则是与财务环境密切相关，在一定财务环境下，针对某种财务业务或财务事项，与特定的财务主体之间产生的一种情感上的体现。其具体特征提炼如下：

（一）财务情绪源于财务双方主体的情绪表现

财务情绪可以是单一的，也可以是双方或者多方的。无论是对财务主体（财务部门人员）来说，还是对经办财务业务的财务人员（财务秘书或财务经办人）来说，财务情绪表现可以是针对某项财务事项的，也可以是针对某个财务主体人员的。财务情绪在单一体现时，仅仅是人对事情的情绪体现。面对双方或多方财务情绪时，在财务业务的基础上，财务情绪从"人与物"的简单对称，也会逐渐升到人格体现、人与人之间的关系。单一的财务情绪更易于调节，而双方或多方主体之间的财务情绪，则无法短时间内得到稳妥的协调，会引起各主体之间人格、人脉关系矛盾，甚至造成多方财务主体之间信任度缺失，财务矛盾急剧上升。

（二）财务情绪影响因素具有多元化特征

财务情绪来自财务主体，与主体的情绪密切相关。在某种程度上，财务情绪是因为财务问题而引发的情绪表现。情绪本身就是多元化的内在体现，财务情绪与财务事件、业务开展、财务主体利益等相关，因此能够引发财务情绪的因素必然较多，而且某一个因素的产生都会牵动其他因素的突发，形成累积性的情绪波动，导致激烈的财务情绪恶化。

（三）财务情绪立足于财务理由诉求

财务理由诉求是财务情绪的内在动因。任何一个财务主体，涉及自身财务利益时，总会提出各种财务理由来粘连上财经制度，达到满足财务利益的目的。一旦财务理由无法成为支撑财务主体利益实现的依据时，那么财务情绪自然会被激化，导致财务程序被终止，财务行为临时撤销，待财务情绪得到有效缓和后，补充相关财务理由依托的依据，才开始进行下一步的财务流程。事实上，财务理由诉求就是财务利益的诉求，也是财务情绪的着力点。

（四）财务情绪需要相互理解与包容

财务情绪既然是源于财务主体与财务人员，那么单一的财务情绪不会轻易产生多大的影响。如果两者相互对冲，必然会导致财务情绪的恶化。即使一方有所忍让，但心里也会存在不愉快感，这种不愉快感也将影响到今后的财务业务。双方的财务诉求是可以理解的，作为财务主体的直接利益目的，就是简单而快速地实现财务报销或办理财务手续，但前提必须是在规定的财务制度范围内和严密的财务程序上。财务人员则是在严肃的财经纪律和财务规则的要求下进行财务审核行为，履行财务监督职能，所以双方的财务情绪只是各自的职责立场不一样，而共同的立场是遵守相关的财经法规，在制度的约束下达成财务行为的一致，实现各自的财务保护。因此，只有双方相互理解与包容，才能够更好地维持正常的财经秩序。

三、高校财务情绪存在问题的分析

（一）财经政策的刚性要求与财务主体利益需求之间的冲突

高校财务就是政策性财务。财经政策是国家对高校经济活动、财务管理宏观调控的直接体现。财经政策的刚性要求，制约着高校各种财务行为的发生，在维持和规范财经秩序的同时，也会约束到各种主体的财务利益。这种财务主体利益需求由于在满足或者实现过程中，受到了财经制度无形的控制，也受到贯彻执行财经制度的高校财务部门和财务人员的约束，因此在财务活动中产生了各种利益冲突，引发了财务情绪，甚至升华成财务矛盾。

（二）财务程序的繁琐性与信息不对称劣势主体之间的对撞

财务工作有一定的财务程序，有明确的财务流程。这些财务程序和流程使财务责任的界限划分更加清晰，也对财务事项有一个更充分、全面的解释。虽然财务程序很繁琐，但是说明得很清晰，财务反映很真实、准确。然而，在信息不对称状况下，处于信息劣势的财务主体往往把这种财务程序或流程看成是"障碍"。他们更多认为是财务部门或财务人员人为地设置这些环节来阻止财务行为的发生。这种对撞往往产生财务误会，甚至财务情绪瞬间爆发。而财务情绪冷静后才能真正理解到这种设置是合法、合规的，是为了保护财务主体与财务人员的共同利益。

（三）财务责任与财务风险、压力共生，激发财务人员的内在情绪

上述谈到，财务情绪不仅仅是财务主体一方所具有的，也存在于财务人员身上。财务人员的财务情绪在某种程度上可能还大于财务主体，因为财务人员每天面临着诸多情况的财务利益诉求，又要妥善处理这些利益诉求。而存在于财务人员内心的是财务责任、风险和财务压力。现有的专项检查或者财务检查最终落脚点在于财务部门和财务人员。"谁签字，谁负责""谁经办、谁有责"。财务人员对于任何一个财务主体都是一视同仁的，都是用同样的财经标尺去衡量和判定每一笔财务报销或者处理财务业务的。一旦有审签松弛，必然会在以后被复查或审查，相关责任人就会被指责未按照相关财经制度来办理财务手续。财务人员的责任、风险、压力是长期的，这种隐藏在财务人员心底的压力积压难以疏通，所以在财务主体情绪碰撞之下，也会短时间被冲击出来。

四、良好财务情绪存在的必要性

（一）良好的财务情绪是保持财务工作有序进行、提高财务效率的必然因素

财务情绪具有两面性，既有积极的一面，也有消极的一面。良好的财务情绪有利于保持有序的财务工作节奏，每个财务主体按照相关的财务要求，自觉遵守财务流程，顺利地办理相应的财经业务，能够获得一种被财务服务的愉悦感。而且在这种氛围内，财务主体也不会担心责任与风险。同时，财务效率得到有效保障。反之，坏的财务情绪会引起整个财务工作不顺畅，财务办公环境恶劣，财务惰性累积，财务服务质量下降。

（二）良好的财务情绪是缓解财务矛盾、和谐财务关系的重要内因

保持缓和、平静的财务情绪，能够使财务主体与财务人员有一个好的工作心态。双方有效控制自己的财务情绪，冷静地处理好财务矛盾，加强财务沟通，增进财务理解，则能够缓解财务情绪对撞中的不理智，建立和谐的财务关系。如果说财经制度是外在的财务关系维持规则，那么财务情绪应该是内在的约束力，这种约束力更加有效，维系周期更长。

（三）良好的财务情绪是调节财务文化氛围、促进财务健康发展的必要保证

财务文化氛围是保持有活力财务工作环境的重要保证。财务情绪能够调节财务文化氛围。积极向上，充满向心力、学习力的财务情绪，能够产生"裙带"效应，激发更多的财务主体和财务人员融合到这种氛围中，能够进一步改变人的生活态度、工作

态度，使财务人员相互之间产生工作依赖感，使财务主体与财务人员之间产生信任感、支持感，双方在相互支持、相互信任、相互帮助的氛围中，完成每一项财务事项，大家共同维护着有序的财务秩序，最终促进整个高校的财务工作健康发展。

五、有效调节和控制财务情绪的思考

（一）依托财经法规，增强财务自信

财务情绪更多与财务利益诉求相关，财务利益诉求又必须在财经法规范围内得到保障。完善的财经法规，全面、系统地规定了高校经济活动中各项业务的财务要求，为财务主体和财务人员提供了完备的制度依据。财务主体与财务人员按照双方共同认定的财经法规来办理相关的财务手续，有利于保持良好的财务情绪。如此一来，双方之间建立起持久的财务约束，也不会因为自身单一的财务理由而忽视财经法规的存在。对于财务主体与财务人员来说，双方也增强了财务自信，双方能够对自己的财务行为负责，自觉承担财务行为所带来的责任与风险。

（二）加强财务沟通，增强财务包容

财务沟通是促进财务主体与财务人员信息对称的有效途径，也是财经知识普及的重要手段。良好的财务沟通，有利于增进财务理解，增强财务包容。在财务沟通的协调下，财务主体与财务人员之间保持平静、缓和的财务情绪，即使遇到财务分歧，也能够通过相互信任和理解，达成财务共识。

（三）提供良好服务，优化财务环境

良好的财务环境，有利于财务主体与财务人员保持愉快的心

情，在较好的财务情绪状态下工作。喧哗、凌乱、无序的财务办公环境只能使人更加烦躁，情绪波动，易怒易怨。从目前高校的财务环境来看，更注重的是宽阔的财务服务大厅，一站式的财务服务窗口，干净整齐的等待凳椅，齐全的财务查询机、打印机和复印机，财务主体能够在财务服务大厅完成相关的财务资料的补充工作，在排号机的安排下安静地等待喊号。同样，财务人员在安静、有序的财务环境下，能够按部就班地处理每一笔财经业务，清晰、有耐心地给财务主体讲解财务报销知识，双方在沟通与交流中得到了各自的财务利益满足。

（四）崇尚职业道德，创新财务文化

财务文化能够陶冶情操，提升财务修养。在当前人机依赖的财务环境下，财务文化尤为重要。高校可以通过工会活动，党员支部生活，员工业务学习、培训等活动，相互增进了解，增强财务内部凝聚力，从而提升财务人员的文化素养。同时，通过财务职业道德的培养，促使财务人员正确认识财务岗位的重要性，懂得自身在财务岗位上的责任，同时清晰地意识到财务岗位给自身带来的成就感和幸福感，更加有助于提高财务人员的财务服务意识和服务能力，增强财务人员财务情绪内控能力，更好地为师生员工服务。

（五）坚持正确倾听，用心感知对方

正确的倾听能力既不是与生俱来的，也不是每个人都能学会的，这是先天与后天的结合，并在学习、生活与工作中逐步锻炼与培养起来的。作为财会人员，可从以下几点培养正确的倾听方式：第一，不要以自我为中心；第二，不要有预设立场，不要臆测，更不要立即下判断；第三，使信息发出者和接受者的角色顺利转换；第四，目光接触对方，并展现出赞许性的点头和恰当的

面部表情，避免出现分心的举动或手势等；第五，尽量表现出对对方的话题感兴趣，并适时地给以提问与复述，但不可轻易插嘴，抑制住争论的念头，杜绝打断对方说话的情况出现；第六，接纳对方的话语（不是同意对方的看法，这也是没有必要的），但不可妄自评断；第七，注意对方的主题，敏感捕捉话外之音，既不要只注意到事实，也不要认为你接受的是熟悉的，甚至是琐碎的而有所忽视；第八，不要害怕听到困难而复杂的信息；第九，注意对方的非言语信息。

每个人都是以自己的心理经验来感知和评介外部世界，人的心智模式会使他强烈抗拒任何不符合其"期望"的企图。他所察觉到的，正是他所期望察觉到的东西，所以，感受对方的动机、需要、兴趣、性格、态度、理想、价值观是第一位的，人们只有在使用一套共同的符号系统时，沟通才能发生。一方面，感受对方意味着感受与对方的共识。一个人与对方有多少共同点，就决定了与其沟通的程度。这些共同点意味着目标、价值、态度、动机、兴趣的共识，缺乏共识的感受，何来沟通的心灵感应？另一方面，感受对方意味着适应对方，即适应他的思维框架。当一个人能和对方一起思考、一同感受、共同体味的时候，即使你感受到的多是你不愿看到或想到的，但是你已跳出自己的领地进入他人的心境，体会到了对方是如何去看待事实、如何思考自我、如何衡量你们之间的关系的。一句话，你已经进入了他的内心世界，正在接近对方的立场、利益、兴趣等，这离有效的沟通不是很近了吗？反之，若违背了对方的渴望、价值与动机时，沟通可能遭到抗拒。请记住，沟通是你的权利，不沟通也是对方的权利。

第七章 高校财务文化培育——财务诉求、维权、舆情与回复

第一节 重视财务诉求，强化财务责任

一、诉求与财务诉求

诉求，是指制定某种道德、动机、认同，或是说服受众应该去做某件事的理由。根据诉求的目的和方式，可以将其分为理性的、感性的和道义的诉求。在诉求中，诉求主体差异、所处的环境和背景，都会影响到诉求所采取的方式。但总的来说，诉求是寄予一种愿望或需要的满足。

财务诉求则是指在财务管理过程中，融入的反映财务主体的利益需求。狭义的财务诉求仅仅停留在财务人员和财务经办人员层面的利益需求。广义的财务诉求则与整个财务活动及各级财务关系相联系，反映层级的财务利益主体的不同财务利益需求。

二、财务诉求特征

（一）诉求目标的明确性

诉求本身就是一种利益需求。诉求主体在申述个体或群体需

求时，对所需要满足的愿望，有些是已经作出比较充分的思考，而且很理性地进行了诉求渠道和诉求方式的筛选，对诉求的获取充满信心。诉求者目标非常直接，达不到其诉求目的，他们不会轻易放弃，除非他们诉求的目标是不切实际的。当然，也存在一种感性的诉求，处于不成熟的想法，这种需求实现的可能性是根据实际情况来调整，然后逐步实现其目的。对于财务利益者来说，诉求者就是为了自身的财务权益，实现自我的财务目的。这种诉求目标明确的，一方面有利于应诉者能够直接明白诉求者的要求，较快地给予回复或解决；另一方面直接诉求的要求清晰，态度刚直，如果采取直接性应对或回绝，在心理上会形成对抗，容易造成矛盾。而诉求目标模糊的，自身意思表达不清楚，对诉求的目标结果没有预期，有待循序引导，然后逐步明白其诉求的目的。

（二）诉求利益的动态性

诉求者对诉求有利益倾向，这种利益倾向是不断变化的。诉求者总是围绕自己不同的利益目的，开展诉求活动。这些诉求利益随着环境的变化，利益满足的变化，也在逐步发生变化。对于不同的利益诉求，需要了解其诉求的实际目的，结合实际情况去应对。诉求利益的动态性实际上也给应诉者带来一定难度，不能一时辨别或摸准对方诉求意图，因此应诉者要根据诉求者的主要描述，抓住他们的诉求目的，这样才能够尽快妥善解决诉求者的问题，以缓解财务矛盾。

（三）诉求要求的差异性

诉求主体不一样，出发点不一样，诉求的利益需求也会不同。诉求差异性反映了不同的利益主体在诉求目的上存在差异。而且，诉求者在不同时间都会有不同的诉求要求。诉求的差异性要求应诉者在对待诉求时,要分别对待,摸清诉求者的具体情况、诉求者诉求对诉求目的的强烈态度、诉求的动机来源、诉求的行为困惑等。

(四)诉求主体的层级性

诉求的层级与诉求的主体相关。诉求主体地位越高,考虑的问题就越宏观,涉及面越广,诉求的要求越多,被执行的诉求更为急迫,执行力度更大。诉求的层级性在某种程度上决定了诉求应对的紧迫性和积极性。同时,诉求的层级性也反映了诉求主体对利益诉求的代表性。

三、从财务主体利益角度谈财务诉求

财务利益是高校每一位教职工和学生都有的基本利益之一。在高校,各财务利益主体所涉及的财务利益不一样,而且他们也会存在不同时期、不同财务利益需求的迫切程度,所以他们提出的财务诉求也是有区别的。下面内容则根据财务利益主体差异,主要分析高校不同财务主体的诉求。

(一)从高校管理者方面

高校管理者是基于学校领导班子的角度,指的是学校校领导层面。学校校长、书记层面主要立足于学校的教学科研活动,从学校教育事业全局考虑财务问题。他们更多关心学校的收入与支出情况,关注学校资金规模大小,是否能够加大对学校某项或某几项事业的资金投入,能否完成年度计划或事业规划发展中的学科建设、专业建设、师资队伍建设、科研队伍建设、基本工程建设等。由于学校校领导班子分管着学校相关部门和事务,他们听取来自不同部门不同事务开展情况,而各单位对财务资金保障的诉求角度不同，也会引起学校校领导对财务的诉求差异。各校领导在综合学校总体事业发展的情况下，也会考虑促进各自分管的单位业务，为他们在资金分配时行使一定的话语权。因此，高校管理者对财务的利益需求站的立场和角度不一样，他们可能更加注重的是学校事业的全局发展，当然也可能存在分管单位的利益因素诉求。

作为财务部门，积极发挥财务参谋作用，为学校领导财务决策提供有力的财务依据，对学校领导的财务诉求：一方面要积极应对。学校领导注重学校的整体事业发展，但他们在决策时也要从实际的学校财力出发，因此财务部门要及时为学校领导提供现有的学校存贷款资金状况和资金需求状况，以保证学校资金正常运转。另一方面，财务部门要本着实事求是、客观公正的态度，反映现有的学校面临的实际情况，对财务的收支情况都要清楚上报，让校领导班子正确看待财务状况，了解现有学校的资金实力，这样才能够做出科学的发展决策，以避免盲目的投资决策。

（二）从中层管理者方面

高校中层管理者主要指的是各职能部门的处领导、学院的院长与书记层面。中层管理者是高校各单位的负责人，是学校干部队伍结构中的中间力量及核心力量。中层管理者业务能力强，多年从事业务管理工作，对所负责的部门和业务都非常熟悉，他们熟知各部门和学院业务的发展情况，对部门和学院的事业发展有相对独立发展思路。在任职期间，高校中层管理者对单位事业发展有自己的规划，他们希望能够得到学校的财力支持，推动单位的学科建设、专业建设和提升科研水平。同时，高校中层管理者肩负着单位经费审批职责，很关心经费的规范管理和使用。他们对单位日常的预算经费能够自觉地监督管理，时刻关注单位预算经费的使用状况。因此，他们对财务诉求更多是争取更多的经费支持，了解和掌握单位经费预算执行进度，把握单位经费的使用风险，关心单位职工的绩效薪酬发放，以及为学院教学科研发展获取更多的专项资金。

（三）从一般财务主体方面

一般财务主体范围较广，这里主要是狭义范围内的财务主体，指的是从事学校财务工作的一级单位财务人员、二级单位财务人员，参与单位财务业务的人员，有经费管理和使用的科研人员，以及与财务相关的教职工、学生，校外的财务利益相关者等群体。除从事学校财务工作的一、二级财务人员，参与单位财务业务经办的人员，比如财务秘书、科研助理等，其他一般财务主体的财务诉求大多以个体财务利益为主，不是职业、职责、岗位性的财务利益诉求。个体财务者对涉及自身的财务利益比较敏感，他们时刻关注自身的财务利益，随时会发起财务诉求。比如科研人员经常会到财务部门诉求经费报销、经费预算、经费调整、课题结题财务资料打印等。教工会及时来反映他们的每月工资发放和个税扣缴，学生也会因为学费、奖学金、助学金等问题来向财务部门提出自己的财务诉求。

四、畅通渠道，构建财务诉求机制

财务诉求是财务利益相关者对财务权益的申诉和需求。财务诉求的反馈、解决和协调，需要妥善、有序地开展。良好的财务诉求机制，有利于较好地处理财务问题，缓解财务矛盾，避免财务纠纷，降低财务风险。

（一）财务诉求反馈机制

财务诉求反馈机制是负责接待和处理财务利益主体的财务诉

求的工作机制。财务诉求反馈机制为财务诉求者提供了顺畅的财务问题反映路径，财务部门能够及时接收来自各财务利益主体对财务部门的意见，这样可以及时对这些财务意见进行处理，避免引起不必要的财务矛盾。同时，财务诉求者通过反馈，能够在心理上得到安慰，并获得财务部门的回复，或者说第一时间让财务诉求者的问题得到处理，可以获得财务诉求者对财务部门工作的认可。财务诉求反馈机制内容应包括诉求反馈的登记程序、诉求意见分类程序、诉求意见的处理程序和反馈程序。

（二）财务诉求解决机制

财务诉求解决机制就是要针对财务诉求反馈环节转发的财务问题和财务意见，提出比较清晰的处理方案。比如，先根据财务问题和财务意见进行分类，然后转发给财务部门相应的科室，责成相关科室进行核实查证，提出解决意见。接下来汇总提交给分管处领导，处领导即可对其作出审批，再由相关人员返回到财务反馈环节，及时通知到财务诉求者。

（三）财务诉求协调机制

考虑到财务诉求者提出的相关财务问题和财务意见，可能会关系到多个财务科室业务，或者说与其他相关职能部门有联系，这时可由财务部门牵头，联系相关的部门和人员协商解决。财务协调机制的目的就是要解决财务诉求中与多科室、多部门之间的协同问题。比如，离职教工的财务手续问题。财务部门内部各科室之间需要有相关财务手续办理，包括会计核算的教工应收款结算，工资福利发放科的工资结算、个人所得税、公积金的扣缴计算，相关发票的还票销票处理；该教职工在学校任职期间办理的相关社保关系、校园卡、图书借阅卡等注销手续。再如，退休教职工查询个人多年的工资关系、社保关系，那么这会牵涉学校人事部门、财务部门、档案管理部门和教职工原来所在的学院或部门、现归属的退休部门。考虑到该教职工是查询与财务相关的档案手续,那么有必要从与其原来和现在的单位协调开始,逐步到人事部门、财务部门,再到档案管理部门,查询到相关的工资社保发放清册记录档案,这样才能逐步梳理其基本情况,解决其提出的相关财务问题。通过财务协调机制,增强了各部门之间的协调能力,有助于改进工作效率,给财务诉求者以热情、耐心和快速的解决问题的感觉,以免形成矛盾沉积,给财务工作带来不良影响。

第二节 正视财务维权,妥善处理财务矛盾

一、财务维权

所谓"权利",是指规定或隐含在法律规范中,实现于法律关系中的主体以相对自由的作为或不作为的方式获得利益的一种手段。财务维权,是基于某种财务利益的实现和维护而采取的一种行动。随着高校作为教育市场的重要主体,高校市场化经济活动也越来越复杂,高校财务利益多元化格局形成,财务维权成为高校协调财务利益,和谐财务关系的重要内容。

(一)财务维权内容

财务维权涉及面较广,与财务活动与财务关系相联系。与财务主体相关的业务办理中都会产生财务维权问题。比如,教职工、学生,以及和高校有经济活动往来的外来合作单位和个人的财务维权问题。如教职工的工资薪酬、学生的交费与奖助学金、其他合作单位的资金往来、经费收付、工程款结算、银行信贷存等。

按照财务业务活动来划分，可划分为日常基本业务的财务维权和专项业务的财务维权。日常基本业务，比如劳资发放、财务经费报销、学生财务等；专项业务就是指非学校内部利益主体之间的资金结算、经济合作等。

（二）财务维权特征

财务维权具有以下特征：

1. 累积效应。维权本身就是对维权心理的一种释放。维权需要达到一定程度后才予以实施。累积效应表示维权者是累次对某财务问题无法解决而产生的不满情绪，由此累积起来逐渐形成一种维权主动意识，从而通过某种方式予以实施，反映出其维权要求。

2. 潜在性。财务维权本身对于财务主体是一种权利的伸张。但这种财务维权是断断续续的，是潜在于财务主体意识中的。财务主体的维权要求是多元化的，既有短暂的需求，也有长期的需求。短暂的财务维权需求如得到有效解决，那么这种维权状态暂时不会体现出来。而长期积累的财务维权往往经过一定周期的潜伏后，在外界矛盾的刺激下就会爆发出来。

3. 可协调性。财务维权很多时候是基于个人财务权益实现受阻而产生的，这种财务权益有些是可以在财务政策规定范围内予以解决的，只是由于各种主、客观因素，短时间内不能够满足个人利益需求而形成的财务维权心理或行为。一旦财务部门及时有效解决，财务维权行为可以得到及时终止或控制。也有些财务权益在财务政策范围内长时间是无法解决的，但是通过相关协调，这种权利诉求可以缓解或者替代性予以解决，从而处理好财务维权行为。

4. 转化成矛盾升级。财务维权本身是关系到对财务主体的切身利益的维护，形成财务维权实际上已经是财务关系的恶化和矛盾的升级。如果财务维权没有得到妥善解决，那么必然会引发新的财务矛盾,从个体矛盾升级为群体矛盾,从一般的财务问题上升到财务风险,这会给单位带来极大社会影响和经济损失。

(三) 财务维权形式

随着高校财务信息公开化,高校师生维权意识逐渐增强。在"互联网+"时代,财务维权形式日益趋多。由于维权主体的差异性,他们选择的维权形式存在不同。大多师生们更多倾向于网络维权,比如通过校务信箱投递维权内容,再由学校转发给有关职能部门,最后得到明确答复。或者借助于工会、教职工代表会等提出财务维权。也有部分教工和学生直接到财务部门、纪委监察部门反映相关利益权益。目前,各高校积极转变工作作风,狠抓工作效率,主动改进财务服务措施,设立服务窗口,切实解决财务业务工作中遇到的相关问题,缓解各类财务利益矛盾。比如,建立财务信息微信平台、财务QQ群平台,通过在线及时回复师生员工提出的财务问题,提高工作效率。

二、师生维权对高校财务管理的挑战

师生维权,这意味着教职工和学生在办理相关财务业务,维护自身财务权益时没有得到有效实现。原因大多归集于财务部门工作出现了问题。由于财务部门的服务职能没有充分体现,财务部门的工作效率和工作作风出现了问题,师生们开始主动地向财务部门提出财务要求,从而打破了原有财务部门对师生们提出财务要求的面貌。

(一) 触及高校财务管理制度的深层次矛盾,促使高校财务制度的完善

虽然高校财务制度一直在逐步完善,如学分制收费的改革、

国家奖助学金比例调整等，但是在制度的调整和充实中，仍然缺乏"以人为本"的管理理念，制度的刚性极大地限制了师生权益的行使。部分涉及师生权益性的、常规性的、惯例性的财务条款，在高校财务制度建设中也尚未得到完善。高校部分财务制度往往是在制度的履行主体受到利益约束而做出强烈反应后才得到重视和补充，而非高校财务部门在制定财务制度时主动考虑和完善相应的配套措施，其制度的有效性和执行的彻底性必然会受到限制。一旦师生对财务制度的陌生和缺乏师生权益意识的高校财务管理之间发生不一致时，两者的纠纷就会骤然升级。如师生财务业务流程不完善、不清晰，就会导致工作效率差，师生权益受损。

（二）推动高校财务管理手段的创新，提高财务工作效率

随着现代高校办学规模的扩大，财务资金渠道的拓宽，高校财务管理工作较过去更为复杂和繁琐。然而与之不对称的是，高校财务管理手段的更新和财务效率提高与实际需求严重脱节。财务部门往往从经费预算执行、经费报销监管去提出各种财务要求，而忽视了教职工和学生对于财务要求的意见反馈。比如，数据信息的不完善或者共享受限，使得学生无法较为快速、清晰地查询到学费交纳、奖（助）学金发放的信息，教职工工资薪酬发放信息查询的滞后性，科研经费报销的低效率等。这些使教职工和学生对财务部门的工作手段、工作效率甚至工作履职产生了质疑。

（三）重新审视高校财务地位，改善财务服务水平

一直以来，高校财务的监督和服务定位都是理论界探讨的热点。在某种意义上，财务监督和财务服务，两者是相辅相成、相互统一的关系。较好的财务监督其最终目的是实现更好的财务服

务。高校财务所面临的是一个较为复杂的利益相关群体。如果把高校看作是一个教育服务型组织,那么教职工是为该组织实施服务的群体,学生则是教育消费群体。而财务部门就是负责这种教育服务的后勤保障部门。教职工为教育组织活动提供了劳动,那么应该及时享有劳动报酬;学生作为教育消费者,有权享有高校财务提供的服务。当然,他们也是高校财务管理工作的监督者,从而他们享有评价高校财务服务水平的权利。对于财务部门来说,实行"窗口"服务是非常必要的。

三、正视师生维权,妥善处理财务矛盾

(一)教工财务维权

从教工财务维权来看,在很大程度上属于个体财务利益受到影响,才引发教工们的维权行为。教工财务维权较学生维权更有明确的针对性,更具有理性。教工们清晰地知道他们所需要维护的权益及其归属的职能部门,教工们对维权的内容认识很清楚,在维权之前他们准备充分,考虑周全,也通过不同渠道了解了相关政策和办理流程。因此,对于教工的财务维权必须认真对待,耐心解答,以避免引起更尖锐的矛盾。一旦处理不妥善,教工们会升级矛盾,越过职能部门直接反映到分管领导或校领导,反而对职能部门造成不好的影响。归集教工财务维权内容,主要集中体现在教工的工资薪酬、福利、个人科研经费报销等方面。针对不同的维权主体和维权内容,应采取应对的措施,让教工们能够感受到学校对他们的利益诉求非常重视,也有明确的法律法规依据来裁定,而不是敷衍了事。只有这样,教工们才能对学校充满信任感和组织感。比如:教工的工资薪酬、福利,包括每月发放的工资、课时薪酬、相关劳务报酬、个人所得税扣缴、生活费用代

扣、"五险一金"等。对此他们更关注的是发放的及时性和发放标准的清晰性。他们要求这些透明化、公平化，能够按照明确的核定标准来发放。对于个人科研经费报销类，教工们较为注重的是，科研经费的整个下达、预算、使用、报销等。他们希望能够及时查询到科研经费的使用情况，在相关财经政策范围内，他们可以自主进行经费报销，确保科研项目顺利实施。

（二）学生财务维权

作为在校大学生，具有多重身份：一是他们基本都是年满18岁以上的国家公民，享有应有的民事权利以及公民的基本权利；二是他们也是正在接受高等教育的群体；三是大学生仍然是学生，且经济未能完全独立，其行为权利受学校制度、家庭的监管和约束。因此，他们既享有公民的基本权利，又享有受教育的特殊消费权利，当然其权利行为也受到一定的约束。总的来说，大学生权利主要包括人身权、财产权、参与权、监督权等基本公民权利，以及在受教育过程中教育资源选择权、参加权、平等权、获得奖（助）学金权、获得公正的评价权等。大学生维权，其广义指大学生个人或相应的维权组织，依据法律法规及政策规定，按照一定的程序和方式，借助社会和民间力量，主动保护大学生的合法权益，及时消除对大学生的侵害，最大限度地实现大学生的合法权益。而狭义上指大学生个体或集体为维护自身合法权益，通过某种渠道或方式付诸一定的行为。

近年来，大学生通过计算机网络邮件、新闻媒介、法律诉讼、匿名信件或者亲自上访等方式向教育主管部门反映其所在高校财务管理和收费问题的现象日益突出，如此，形成了较大的社会舆论效应。而这种舆论效应所产生的明显效果就是：一方面引起教育主管部门和社会各界的高度重视，并促使其出台一系列的管理监督政策，对部分高校财务管理行为进行有效的规范；另一方面促使各高校开始重新思考现代高校教育发展方向和财务管理策略。大学生维权行为的产生,在某种程度上与现有的社会技术条件、法制环境、大学生意识形态的转变息息相关。

1. 信息技术的发展,为信息传递和信息咨询开辟了新的渠道。现代信息技术的发展,特别是计算机网络的普及,为信息传递和信息咨询提供了便利。网络平台克服了传统信息传播载体所存在的信息时效性、狭窄性、信息传播限制性等缺陷,具有信息量大、信息面广、信息查询便利等优势,为各种信息传递创造了良好的技术条件。大学作为高等教育机构,教学条件和知识平台都较中小学更上一台阶。大学生在课余时间里,可以通过上网去挖掘网络上与己相关的有效信息。而且,网络平台也为学生信息交流提供了工具。他们可以通过与外界的信息交流,了解到更多的信息,包括各高校的收费标准、财务管理信息、国家教育政策等。通过网络,他们懂得了如何去比较、去认识和使用这些信息,从而最大程度保护自己的合法权益。

2. 人力资本观念深入人心,大学生高等教育消费观增强。美国经济学家舒尔茨的"人力资本理论"提出,人力资本是指通过对人力的投资而凝固在劳动者身上的资本,具体表现为人的工作的智力和技能。人力资本投资主要来源于教育投资,教育投资则需要接受教育的人付出必要的教育投入。目前,我国高等教育正从精英教育向大众化教育发展,由于国力有限,国家不可能再像过去那样提供免费或不计教育成本的高等教育。为此,根据"利益获得"原则,谁从教育中受益谁就应投资,并按收益的大小来决定投资的多少。于是,现在的大学生开始缴纳一定的学费以作为自己承担的部分教育培养费。正如高校在测算高等教育成本和制定学费收费标准一样,大学生也在以"等价交换"的眼光自我思量所缴纳的学费与接收的教育服务数量及质量之间的对等关系。他们开始主动关心和咨询学校财务部门收取的每一笔费用的具体标准和内容，比如，教材款与他们所领取的书籍是否等价等量，各类代收款项的明细是否清晰等。

3. 法制的健全和大学生法律意识的增强，为大学生维权行为提供了法律武器。在我国已制定并实施的《中华人民共和国教育法》《中华人民共和国高等教育法》等教育法律及相关法规，以及国家职能部门、地方政府教育规章中，都有诸多赋予大学生权益保护的条款，由此，大学生维护自己合法权益有了最直接的法律依据。如《中华人民共和国高等教育法》第五十三条规定："高等学校学生的合法权益，受法律保护。"《中华人民共和国教育法》第四十二条规定："受教育者享有对学校给予的处理不服向有关部门提出申诉，对学校、教师侵犯其人身权、财产权等合法权益，提出申诉或者依法提起诉讼的权利，以及法律、法规规定的其他权利。"《中华人民共和国普通高等学校学生管理规定》第五条规定："学生在校期间依法享有：对学校给予的处分或者处理有异议，向学校、教育行政部门提出申诉；对学校、教职员工侵犯其人身权、财产权等合法权益，提出申诉或者依法提起诉讼；法律、法规规定的其他权利。"法制环境的改善，为大学生维权行为提供了有效的法律支撑。

四、师生维权对高校财务管理改进的思考

（一）教工财务维权

综上对教工财务维权的内容分析，教工财务维权直接反映了学校财务基础性工作水平，包括财务制度的完善性、财务报销的规则性、财务信息化普及性。教工财务维权实际上就是自我利益诉求。他们要求学校能够更明确、更有效率地解决他们的利益需求。然而，由于信息不对称的存在，教工对财务政策和相关要求

了解不清晰，导致不了解财务制度对财务行为的约束性。财务部门在改进财务措施中，一方面要建立健全各类财经制度，明确各类经费的用途、范围和要求，优化各类财务流程，同时加大财经制度宣传，增强教工财经政策意识；另一方面，要加强财务信息化建设，通过信息化手段改进财务工作效率，促进财务信息公开化，让教工能够及时获取与个体相关的财务信息，而且对这些财务信息能够从通俗化层面去理解。财务部门要通过财务制度规范行为约束，正确引导教工维权，切忌随意推脱、隐瞒，不及时解释和回复；解答必须要求有明确的法律法规依托，切忌随意解读和执行财经制度，避免不同理解和执行标准带来的利益冲突。

（二）学生维权

1. 正视大学生维权，坚守"以生为本"的人性化财务管理理念。正视大学生的维权行为，既要认清大学生维权行为存在的误区，又要从思想上重视这一维权行为对高校财务管理提出的挑战。根据李莉莎对大学生维权误区的分析，大学生维权存在五个方面的误区：一是盲目维权，维权观出现偏差，出现"权益异化"倾向；二是对维权价值缺乏正确评判，维权目的狭隘；三是对法律赋予的权利认识不足，维权内容具有局限性；四是维权方法单一性与维权手段极端化并存；五是维权活动不规范，具有随机性和被动性等。这些维权误区，一方面阻碍了大学生合法权利的实现，影响了其健康发展；另一方面也干扰了高校财务秩序和教学秩序的正常开展，给高校的稳定和发展带来负面影响。

对于高校财务管理来说，首先是观念的转变，即要提倡"以生为本"的人性化财务管理观念，将学生的维权融入财务制度建设中，体现出学生权益和地位，这一内容也符合现代高校服务型财务的精神。其次是认识上的改变，就是要把过去那种把学生只是看作缴纳学费主体的认识，提升到学生拥有评价和监督财务管理权利的群体地位。在学生与财务部门的业务往来的过程中,一方面学生从多角度对财务部门的管理提出意见,另一方面财务部门在解决学生问题的过程中也逐步认识到自身财务管理存在的问题,进而改进财务管理手段,提高财务服务水平,实现财务部门与学生之间的和谐财务关系。

2. 增加大学生维权保障制度,完善现代高校财务管理制度。目前,有关学生在高校财务管理各项制度中的地位、权利与义务以及权益保护等内容极为少见,或者说不明显、不突出。制度内容的缺乏造成了学生一旦受到权益的损害就会盲目地申诉、上访,出现极端、单一、冲动的维权行为,结果非但没有得到较为妥当的处理,反而扰乱了正常的教学秩序和财务秩序。有些高校的学生管理条例中,涉及学生在大学期间权益的保护内容,但是缺少专门的财务制度条款,以致这些必要的条款被忽略。因此,各高校在完善财务制度时,应明确提出关于学生财务权益保护的条款,规定学生在出现财务权益受到损害时,可以按照一定的程序进行权益的申诉,做到有章可循,有据可见,有序地、有效地实现自我权益的保护。学生财务层级投诉制度、学生财务代表制度、学生财务权益维权组织制度和学生财务信息咨询制度等,这些学生财务权益维权制度与学校层面上的维权制度是一致的,而学校层面上的维权制度包括学生参与制度、学生监督制度、保护性制度、预警制度等。

3. 畅通财务绿色通道,为学生财务权益保障奠定良好的基础。财务绿色通道,主要是针对学生财务业务的特殊性,结合高校财务部门岗位设置和会计核算特点,设立专门的学生业务窗口,统一负责学生所有的财务业务,以切实保障学生正当权益的实现。财务绿色通道主要内容包括设置专门的学生收费科室和业务窗口、配备专门的岗位人员、建立学生专项账务基础。其基本思路是:首先,将学生财务业务进行归纳,如学生的学杂费收取、账务处理、结算、退款,学生的奖(贷助勤)学金的管理和发放,学生活动经费的发放和账务处理,学生其他相关经费的管理等。其次,设立专门的学生业务机构和窗口,统一对外办理学生业务,凡涉及学生业务和权益申诉的都由该机构和窗口去处理、协调和管理。另外,开通网络财务信箱,给学生提供一个咨询或申诉的平台。学生可通过信箱对本人所涉及的财务权益问题进行咨询或申诉。

4. 实施高校财务流程管理,搞好财务信息化建设,提高工作效率。实施高校财务流程,就是要通过建立一整套健全的财务工作流程,包括财务管理工作基本流程和财务管理工作辅助流程,来实现减少财务关系主体之间的工作摩擦,提高办事效率。而对学生业务来说,主要是建立和完善有关学生缴费、查费、结算、退款、领取奖(贷助)学金等财务流程。学生认真按照该财务流程进行各项财务手续的完成,最后达到办理财务业务的目的。同时,财务部门通过网络平台设立学生财务信息专栏,方便学生对自己的学费信息、各种奖(贷助)学金等进行查询,这样既节省了办事时间,提高了工作效率,又使得学生与财务工作人员之间保持良好的财务关系,保证了财务工作秩序。

第三节 引导财务舆情,发挥网络功能优势

近年来,随着"互联网+"的广泛应用,网络信息的传递打破了空间与时间的约束,手机微信、QQ、电子邮件、BBS等网上交流与沟通已成为人们日常生活、学习和工作的重要途径,甚至成为一种自然习惯。人工智能技术的飞速发展,促进了财务共享和财务网上办公的广泛应用。在财务网上办公的工作模式下,财务网上咨询与意见反馈越来越频繁,财务服务的网络化成

为各相关利益者财务诉求和财务情绪传递的主要路径。

高校财务部门作为高校财务管理与财力保障的职能部门，这些年来更多强调在财务服务中加强财务监督，且政府会计制度改革、内部控制制度建设、新个人所得税法等使得高校财务业务发生了极大变化，给高校财务管理带来了诸多影响。由此，为理顺各类财务业务办理，保持有序而稳定的财务秩序，必须加强财务沟通，保持和谐财务关系。财务意见的接受、财务沟通、财务矛盾的缓解、财务危机的解除，已经成为高校日常财务管理的重要内容，从而形成高校特有的财务管理舆情。

一、财务舆情

一般而言，网络舆情是通过互联网方式表达与传播，各利益主体借助于网络媒体对自己关心或与其利益相关的各种公共事件反映出自己的态度、情绪和意见。总的来说，网络舆情更多在于具有自由性与可控性、互动性与即时性、丰富性与多元性、隐匿性与外显性、情绪化与非理性、个性化与群体极性化等特点。随着"互联网+"技术的广泛应用，网络舆情的传递方式日益多样化，比如聊天群、微信群、电子邮件、微博、BBS、新媒体视频等。通过访问点击、转发等方式在短时间内集聚，形成众所周知的关注焦点，产生较大的社会反响。

财务舆情，主要指各财务利益相关者通过一定的网络载体或网络通道，表达和传播自己关注或影响自身利益的各种财务意见、财务情绪或态度、看法等交叉重合在一起的总和。财务舆情与财务事项相关，产生于财务主体对财务部门或财务人员的主观意见，在主观认识和他人意见的掺和下，逐渐发酵、膨胀，成为一种舆论导向，从而产生舆论质问，给高校和社会带来不良影响。

二、财务舆情的特征

1. 直观性。财务舆情是财务主体对财务部门的意见反映。财务舆情是一种主观意识形态的产物,与个体思想意识、立场观点密切相关,是财务主体的一种财务诉求表现,直接性、目的性很强,需要能够得到稳妥回复或及时解决。

2. 共通性。财务舆情与财务业务相结合,大多财务舆情反映的是阶段性财务工作的舆情,是对某项业务办理或业务需求的诉求和意见反馈。财务舆情虽然是财务个体提出来的,但是它也代表了众多财务利益主体的共通性问题,比如收费标准、奖(助)学金发放、绩效发放、个人所得税扣缴、经费报销等业务舆情。这些业务舆情大多是财务舆情的常规性内容,与信息不对称和个体接受信息的渠道相关。

3. 共鸣性。财务舆情本身是一种利益诉求,财务舆情的提出多是集中在现有的财务 QQ、微信等网络群。这些群成员都是财务舆情的关注者和利益相关者,一旦有财务个体提出某个财务问题时,如果该财务问题与自己相关,那么其他群成员就会在一定范围内对此进行附和,随即产生讨论,甚至会衍生出更多的财务意见,从而形成一股积聚性财务舆情,影响到财务群体的共同情绪,其矛盾直接指向高校财务部门。

4. 反复性。财务舆情中的内容随着财务业务的开展而发生变化,但相对某项业务来说,仍然会存在反复性舆情。财务利益主体会因个体原因反复询问,或者是时间、空间的变化引发同一条财务舆情的重复产生。比如每月工资发放失败、银行卡更改、奖助学金延迟发放、财务网登录密码遗失、教工公积金、个人所得税扣缴差异等。

5. 矛盾积聚性。财务舆情的产生,本质在于有财务意见。

财务意见的提出,是试探性发表自我看法,表达财务的诉求。如果财务意见没有被重视,或者说没有得到及时反馈,那么这种财务意见或变得很急促,渴望被重视、被解决的程度加深,急切性增强,时间长了就形成了一种财务矛盾。当下一条财务舆情产生时,其提出的态度将会变得很固执,矛盾更尖锐。

6. 传导的多发性。财务舆情的产生与财务主体的规模、财务利益的相关程度、财务传导的多发性密切相关。在财务舆情产生和发酵过程中,因财务事项与财务利益主体关联性很大,财务利益主体对财务事项关注度较高,促使他迫切去处理该财务事项。他必然会找到与此财务事项相关的财务群体,进而激化财务矛盾。或者,他通过不同的财务群体进行多渠道传导,包括网络媒体、政府主管部门的信访投诉等,比如12345、政府信访办等,借助社会舆论和政府监督部门的力量,督促高校重视财务舆情,及时妥善解决财务问题,维护财务主体利益。

三、财务舆情的类别

(一) 政策性财务舆情

由于财务专业的特殊性,一般财务利益主体缺乏充足的财经政策和财务知识,对国家相关财经政策认识和理解不清楚,较少关注学校财务制度,在日常财务管理中,师生们总是对财务管理提出困惑,认为学校财务部门在执行财经政策时过于严格,使他们不能顺畅地使用经费。他们通过财务媒体质疑学校财务管理,形成一种有冲击性的舆情,如收费标准提高、预算调整、税收代扣、现金支付、差旅费报销等,要求财务部门给予政策回复,舆情之中有情绪,稍有不适,则会产生财务矛盾。

（二）咨询性财务舆情

咨询性财务舆情是一种较为谦和的舆情。师生们通过财务QQ、微信等方式向财务人员发出咨询性请求，清晰地表达自己在财务业务操作时出现的各种财务问题，恳请财务人员能够耐心指导，解决自己面临的困难。特别是在财务新系统、新业务发生时，很多老师不熟悉相关操作流程，提出使用中的各种问题，需要财务人员及时回复，指导其尽快完成相应操作。咨询性财务舆情一旦在短时间内予以处理，所起的正向性作用较大，从而得到师生们的认可。否则，在多重财务意见的累积下，财务主体将放大财务矛盾，质疑财务部门的管理水平，形成有情绪的财务指责，给财务沟通带来极大的困难。

（三）建议性财务舆情

本着为学校财务发展的意向，立足于对财务管理的充分支持和理解的立场，部分财务利益主体往往会从财务改进的角度，去主动思考和发现日常财务管理中存在的问题，集中性或频繁性地提出财务管理建议，让财务部门及时认识到某些财务业务出现了执行问题，或者是产生了财务意见。如果财务部门能够根据这些财务问题或意见，尽早地采取措施梳理这些问题，找到问题的症结点，调整政策或程序，弥补不足的地方，完善相应的财务制度和流程，那么就会达到财务管理规范的目标。

四、财务舆情的理性认识

（一）财务舆情是财务监督的重要途径

综合财务舆情的内容，大多还是以反映财务问题为主，这些财务问题就是由财务工作中存在的失误或者不足导致的。财务问题的出现，较为清晰地说明了高校财务工作中存在着财务管理缺陷，财务服务尚未到位，校内师生仍然不熟悉学校各类财经政策，对财务报销方面的实际操作流程比较陌生。在实际财务业务的办理过程中，遇到了各类财务审签手续问题。财务舆情是反映校内师生对财务问题监督的主要方式。他们通过这些舆情的传播，表达对学校财务管理工作的不满意，进而引起主管领导和部门的重视，因此财务舆情对财务监督具有影响力。

（二）财务舆情是一把影响财务风险的"双刃剑"

一方面，财务舆情随时对财务管理中出现问题提出建议，促使高校财务及时采取措施进行整改，不断完善相关财经制度，改进财务手段，从而提高财务风险防范水平，保证财务管理正常运行，降低财务风险。另一方面，财务舆情也集中反映了高校师生员工对财务管理工作的看法和意见。财务舆情的提出，虽然是表达个体对财务管理的利益诉求，但某种程度上也代表了具有同样财务利益诉求的群体。因此，一旦财务舆情通过QQ财务群、财务微信公众号、或者其他公开新媒体渠道传递出来，可能会引起其他利益群体的附和，引发集中性讨论。如果所涉问题未得到清晰、准确的回复或处理，这些讨论可能会诱发其他群体对财务产生一系列质疑，从而引发财务风险，影响高校财务管理秩序的稳定性。

（三）财务舆情是检测财务服务水平的重要手段

一直以来，作为学校财务部门，坚持财务服务与监督，在加强经费监督的同时，为师生提供财务专业服务，为学校教育事业发展提供财力保障。一般说来，财务服务可以分为宏观财务服务和微观财务服务。宏观财务服务是高层次的财务管理服务，专注于贯彻落实财经政策，为学校事业发展提供财务参谋决策。根据学校长远发展规划，拟定财务资金保障计划，开展教学科研经费成本测算，强化财务绩效监督，做好财务决策分析。微观财务服务侧重于服务师生，为学院处理日常经费报销业务，为科研老师提供经费使用咨询、报销和结题财务资料服务。财务舆情反映了学校决策层对财务的要求和教工对财务服务的意见。财务服务的水平与财务舆情反映的内容频繁相关。财务服务做得好，提供的财务信息及时、有效，对学校财务决策和财务问题处理会起到积极作用，财务舆情更多的则是对财务服务的肯定和称赞。如果财务工作做得不扎实，财经制度宣传不到位，业务指导不精细，财务问题处理不及时，则会引起财务舆论对财务的负面影响。因此，财务舆情是财务服务能力和财务服务水平的"风向标"。

五、有序引导和应对财务舆情的措施

（一）提高思想认识，正视高校财务舆情

财务舆情是各相关财务利益主体对高校财务工作的看法或意见的反馈，是财务信息监督的重要载体。随着财务网上办公的推广，财务网上咨询、财务意见网上反馈成为财务沟通、财务指导的重要途径。财务舆情不单单是财务信息的反馈，更多的是财务利益诉求和财务情绪的表达，有明显的目的性，有需要得到问题解决的欲望。这种财务舆情不仅反映单个财务主体的意愿表达，而且这种意愿也会延伸到其他财务意愿的突发。因此，作为财务部门的任何岗位的财务人员，都要重视对财务舆情的处理，切忌置之不理、漠然处置，或者情绪性地去反驳或争辩，从而引发更深的财务矛盾。相反，要认真收集相关财务舆情，逐一进行需求归类，从财务政策、财务制度角度去回复和处理，以问题解决为

目的，妥善处理各类财务舆情。

（二）把控财经政策，规避政策风险

财务是政策性财务、风险性财务，财经政策是财务活动和财务风险的基础，有效防范财务风险有待财经政策的健全和风险的把控。有理有据、按规矩办事，是高校财务工作的原则要求。在日常财务管理中，忽视财经政策的正确解读和有效执行，是引发财务舆情的重要因素。比如，财务人员在经费报销时，对学校执行的财务经费管理标准存在主观执行的差异性，结果导致财务主体对财务管理的质疑，从而使财务人员处于被动状态，缺乏财务自信。因此，财务部门要重视对财经政策的解读，只有正确细化政策执行规则，健全财务规章制度，才能有效把控财经政策带来的财务风险，增强财务执行财经政策的信心，减少因财经政策上的理解不足与执行差异带来的财务舆情负面影响。

（三）建立和完善财务舆情机制，提高舆情处置效率

财务舆情日常发生率较高，舆情内容相对集中，但时效性要求较高，随时要进行舆情回复。虽然财务QQ、微信已成为日常生活中随时关注的信息群体，但并不是所有的财务人员都时刻在线关注，有的仅仅是工作时间对财务舆情进行查收，而对及时回复这些财务舆情仍然缺乏主动性和责任心。由此，高校财务要做好财务舆情的引导工作，加快舆情处理进度，建立和完善相关的财务舆情机制是非常有必要的。

1. 规范财务网络群管理机制，增加财务舆情透明度。财务网络群是畅通财务信息传递，增强财务沟通的重要渠道。财务网络群的创建与日常管理需要由财务部门专人负责，财务网络群设网络群管理员，管理员负责对网络群成员进行日常管理，包括申请加入、日常实名发言、群消息发布和群文件上传等内容。同

时，财务网络群设置专门的财务发言人，代表财务部门回复财务舆情问题，以保持财务标准的一致性。网络群成员都是校内各单位财务秘书、财务经办人，或者科研老师，群成员以实名在线，可以识别或追踪财务舆情首发言，有利于加强对财务舆情监管。同时，实名制群成员便于财务人员及时联系和单独沟通，有效处理财务舆情。

2. 建立和完善财务舆情的汇集、监测、分析和预警机制。财务网络平台是财务舆情汇集、监测的主要平台。财务舆情一旦产生，要及时对财务舆情内容进行归集，并动态关注舆论动向，对舆情的频率、舆情的集中程度、舆情发言主体等进行跟踪收集，依照财务舆情反映的对象、内容、问题进行整理、分类，并进行分析和归口到相关科室和岗位，获取准确的财务反馈意见，避免财务舆情处理的随意性，提高对财务舆情的处置效率。同时，对部分反映重大财务问题的财务舆情要尽快汇报给财务部门领导，提高财务舆情的预警性，以便做好财务舆情的问题研判，查找问题根源，并以权威发布的方式及时回应，降低突发性财务风险产生。

3. 建立财务舆情工作机制，优化财务舆情环境。财务部门要充分重视和发挥财务舆情的正向性作用，从舆情日常工作机制入手，明确财务舆情工作机制，细化工作职责，做好舆情分工安排，加强组织协调，建立顺畅、有序的财务舆情集中、归纳、核实、提炼、处理和反馈机制，对于日常财务工作中的财务舆情，如何进行高效、准确、快捷的回应，要有完善的财务舆情工作机制，一切按清晰的财务舆情工作机制执行，避免处理过程中的重复性、多元性和模糊性。不断优化财务舆情环境，为校内师生反映财务问题提供合规、合法的诉求渠道，避免"有问无答，有答不准"现象，让师生们能够从财务网络平台中及时获得财务业务指导，提高财务服务的满意度。

(四) 发挥财务舆情的引导优势，促进财务工作规范开展

财务舆情有宣传、渗透、覆盖效应。财务部门要做好财务舆情的处理工作，努力克服财务舆情带来的负面影响，发挥财务舆情的正面影响。通过财务舆情的公开解惑作用，实时指导财务工作，开展财经政策和财务流程宣传，普及财务报销知识，提高财务治理水平。同时，财务部门要虚心听取、接受校内师生的问题咨询和财务诉求，并及时给予回应，解答财务疑难问题，增强师生对财务的关注度，引导财务舆情形成良性循环。财务部门对财务舆情应耐心回复，努力提高财务部门在师生心目中的地位，增强他们对财务部门的信任和满意度。

第四节 重视财务回复，提供专业财务服务

一、财务回复的概述

（一）财务回复定义

财务回复，指的是对财务利益主体表述的财务疑问或者是业务咨询给予的一种反馈。财务回复在形式上表现为"一对一"的提问与回答，对于财务人员来说是常有的事情，但是对于财务利益主体来说却显得尤为重要。这种财务回复实质上体现了财务人员和财务部门的业务素质。财务回复形式多样，如面对面的口头回复、线上的交流回复、电话回复等，财务信息的输入与输出，双方各自得到的是不一样的财务感觉。

（二）财务回复特征

1. 期待性和针对性。财务回复是针对某个财务咨询而做出

的邀约式的回答，财务利益主体对财务回复始终是抱有期待性的，这种期待心理非常直接和急迫。财务回复能够给予财务利益主体比较权威的、清晰的回答，从而解决他心中的财务疑问。

2. 及时性和有效性。财务回复需要及时，"一对一"的直接性回复是财务回复最好方式。财务咨询提出后，如果在短时间内没有得到回复的话，对于财务利益主体来说，可期待效应会随着时间变长而下降。即使被回复了，在某种程度上这种回复的刺激效应也会显得乏力。

3. 准确性和完整性。对于非专业财务人员来说，财务回复就是要求准确、完整，能够清晰反馈他提出的财务问题，对财务问题的回复有针对性，能够达到解惑和处理财务问题的心理预期。因此财务回复时对准确性和完整性要求较高。如果财务专业人员回答疑问时，对于准确性和完整性做不到的话，则得不到咨询者的信服和感谢。

4. 反复性和经常性。财务回复是财务人员与财务利益主体之间财务沟通的一种体现。财务回复在财务工作中显得非常平凡，经常会被提及相关财务问题，然后做出及时的财务反馈。这种财务回复在某些财务问题上是反复的，不同的财务利益主体对同样财务问题的认识和理解不一样，那么就会从不同角度对同一问题提出财务咨询，从而财务回复的内容也是经常反复被采用。

二、财务回复的意义

1. 一种财务负责的行动。财务回复，直接体现了被问到的财务人员的负责程度。一个对财务工作非常负责的人员，面对任何一位财务利益主体提出的各类财务问题，都能够做到认真对待，逐一落实。财务人员对财务工作的负责，反映出财务工作精神，有利于维护财务部门形象。没有负责的财务工作精神，也不会有非常积极的财务回复。

2. 一种财务重视的态度。财务人员本身岗位职责就是办理财务业务，解决财务问题。财务重视是财务回复的前提。思想上重视了，行动上财务回复就会加快。日常中财务人员遇到很多财务问题或财务咨询，能够对财务问题或财务咨询认真听取，准确判断，及时回复，就能让财务利益主体感受到财务人员对财务问题的重视，让他们在精神上和心理上得到满足。

3. 一种财务专业素质体现。财务回复是财务专业素质的体现。如果财务人员业务不熟悉、不清楚、不全面，财务回复就不会让财务利益主体满意。财务回复及时、有效，直接体现出财务人员的专业素质水平高。

4. 一种财务基础的考验。财务回复也体现了回复人员的财务基础是否扎实。财务咨询经常会遇到财务某方面的政策问题、管理问题和数据问题，财务回复要做到全面、有效，财务基础必须扎实，同时，财务手段要先进，财务回复在取证、收集数据时能够短时间内完成。

5. 一种财务服务的表现。财务回复是财务服务的表现，财务回复表示财务人员对财务利益主体提出的疑问的重视，财务回复就是在解决财务利益主体内心的价值需求。财务回复越频繁，回复越周到、全面，越能体现财务人员的财务服务态度好。

三、影响财务回复的因素分析

（一）首问财务人员的个人因素

财务回复是日常财务业务咨询与解答的正常工作，是财务工作的一种延伸。财务回复是财务人员主观行为，在某种意义上属于职业道德内容。财务回复好与坏，在很大程度上与财务人员自身素质相关。如果首问财务人员对财务咨询思想不重视，在行动上消极对待，财务回复时效性和质量都会受到影响。同时，如果首问财务人员的业务岗位、业务知识与所接到的业务咨询关联性较弱，那么财务回复会因为首问财务人员的再次业务咨询而得不到及时开展。

（二）财务问题的复杂程度

在日常工作中，由于财务利益主体关注的角度不同，所提出的财务问题复杂性和差异性就较大，对于财务人员来说或许就是陌生的、涉及部门和岗位人员较多，或者是当前制度规定下无法处理。因此，处理复杂程度较大的财务问题，有时需要做问题调研，进行制度咨询、部门协调等，这些工作都会直接影响到财务回复的周期和有效性。

（三）财务回复的资料收集渠道

充分有效、说服力强、目标效果突出的财务回复，依赖于完整、清晰的财务佐证材料和权威的财经制度，而敷衍了事的处理方法是满足不了财务利益主体的需求。首问财务人员要对财务咨询问题进行针对性的分析，找到问题的实质，并紧紧围绕财务问题去认真考虑，多渠道收集各类有利于财务回复的各种素材，通过清晰的书面材料梳理，对财务问题的相关处理办法、制度依据和处理流程予以充分的阐述，以达到解决财务问题的根本目的。当然，财务回复的支撑材料收集渠道的难易程度会影响到财务回复的效果和质量。

四、财务回复的消极体现

（一）推诿

事实上，财务利益主体能够最直观地感受到推诿。推诿也是故意推脱、逃避责任的表现,是财务回复中遇到的最恶意的态度。推诿在某种程度上极大地伤害了财务咨询者,也是容易引发财务矛盾的重要因素,有损财务形象。

(二) 拖延

拖延是财务回复中经常出现的现象。拖延意味着在办,但是周期不定。除了财务问题复杂性以外的因素,拖延也是一种消极应付的主观表现,耽误了财务利益主体的时间。财务咨询本身就是为了及时得到回复,但是拖延影响了回复的时效性,也影响到财务回复的价值。

(三) 遗忘

财务回复中也会出现"被遗忘"的情况。即首问财务人员在某种环境下收到财务咨询,但是同时被外界其他事情打扰而遗忘了财务回复。遗忘虽然有首问财务人员的主观和客观的原因,但遗忘会延误时机,不能满足财务咨询者的基本要求。在某些时候,遗忘也是财务回复中不负责的表现,是对财务咨询者的不尊重,错过了重要的时间,有可能会耽误财务咨询者的关键机会,给财务咨询人带来一定的损失。

(四) 解答不清

受首问财务人员的岗位和业务范围等所限,首问财务人员对财务问题了解不够,对问题的实质把握也不全面,在解答中可能会出现个人业务理解与实际操作之间的差异,增加了财务咨询人员更多的困惑,误导了财务问题的处理,给财务咨询人员带来一些不必要的麻烦,可能会造成财务咨询人员的情绪上的激动,引发财务矛盾。

五、开展有效财务回复的必要措施

(一) 思想重视，认真对待

思想决定行动。在财务工作中财务回复本身综合性较大、专业性较强，要做好财务回复工作，思想上要高度重视，要以财务服务为宗旨，立足于对师生提供财务服务，认真对待每一次财务咨询，财务回复要做到一步到位、简单明了，释疑解惑。高校财务人员应认清财务回复是财务工作的重要内容之一，是财务专业价值的体现，及时、有效的财务回复有利于财务工作在全校的开展。财务回复工作做得扎实，有助于树立高校财务形象，得到全校师生的专业认可，有利于高校财务事业的发展。

(二) 畅通财务回复通道

财务回复是财务沟通的重要形式。财务回复依赖于财务回复通道是否畅通。财务回复通道顺畅了，财务政策和财务信息才能及时得到宣传，才能增进财务沟通和理解，使更多的非财务人员了解财经制度，增强财务风险意识。因此，各高校要充分运用互联网手段，通过各种信息技术和先进的新媒体渠道，及时传达各项财经政策，增强非财务主体的财经纪律意识和风险意识。

(三) 加强财务回复的常规训练

财务回复水平是建立在丰富的财务工作经验和娴熟的业务专业能力之上的。财务回复不是某个人的财务回复，而是代表学校财务部门的业务回复。财务回复对于某个岗位来说，需要常规的工作训练。加强财务回复的常规训练，在日常工作之余就要坚持开展财务岗位业务学习，让各财务岗位人员都对学校各类财经问题有清晰的认识,掌握其他非本岗位的财务业务技能,让自己的综合财务业务能力得到提高,能够"一对一"或者"一对多"地回复财务咨询。

(四) 夯实财务专业基础,时刻做好财务回复充分准备

财务回复水平如何,取决于学校财务基础是否完善,数据环境是否好,财务基础是否扎实。财务基础扎实,财务数据信息统计分析准确、快速,则能够给财务回复增加说服力。财务基础差,就会影响到财务对日常繁琐事情的处理和风险把握。因此,财务回复在执行过程中,也给予财务人员更多的启发,包括如何重新搭建财务账务系统、共享财务中心平台等,通过"网"来规范和统一处理各种财务问题。先进信息技术手段的应用和强有力的财务数据支撑,能够增强财务回复的说服力,极大地满足财务利益主体的财务咨询需求。

(五) 加强财务业务学习,提高财经政策解答水平

积极组织全体财务人员和财务秘书参加日常财务学习,不断更新财经知识。通过财务学习,邀请财务行内知名财务专家来讲座,增加了财务知识,同时拓宽了财务人员的业务视野。财务人员自身也要加强财务学习,综合学习各类财经专业知识,掌握财务实践中的各种技能,开展财务实务研究,进一步提升财务人员的理论知识水平和综合财经业务技能,为高校财务利益主体把好关、服好务。

第八章 高校财务文化培育——财务沟通、财务满意度与财务形象

第一节 增进财务沟通,创建和谐财务关系

长期以来,基于财务管理和会计核算的特殊性质,使得高校财务部门确立了其在高校发展中的重要地位。从某种意义上来讲,财务部门是资金流动的集中部门,是各相关财务利益均衡的中心,是服务师生的窗口部门。随着财务公开和信息化建设推进,高校财务既是监督部门又是服务部门的双重角色凸显,由此为进一步探讨改进高校财务管理,提高服务水平提出了新的要求。然而,信息不对称状况的存在,使得高校财务主体与其他相关利益主体之间信息沟通差距难以缩小,和谐财务关系无法创建。因此,研究如何通过高校财务沟通来减少信息不对称所造成的财务主体之间的分歧和矛盾,进一步畅通财务关系渠道,改进和提高财务管理水平非常必要。

一、财务沟通的理论基础

(一)信息不对称理论

信息不对称在政治、经济、生活中是一种常见现象。它的基

本意思是人们对同一事项、同一事件、同一客体所掌握的信息在质、量上存在差异，也就是说，信息在不同经济主体、不同人之间的分布是不均衡的。信息不对称（Information Asymmetry）理论产生于20世纪70年代，它旨在说明相关信息在交易双方的不对称分布对于交易行为、交易定价、市场效率所产生的影响。这一理论的基本内容是：①有关交易的信息在交易双方之间的分布是不对称的，一方比另一方占有较多的相关信息，即有一方处于信息优势地位，而另一方处于信息劣势地位。②交易双方对于各自在信息占有上的相对地位是清楚的。相关信息的不均衡，对于交易双方来说，往往会存在由于利益差异满足而产生一定的意见分歧，甚至引起极大的矛盾。

信息的不对称，促使信息沟通成为必然要求。在高校财务活动及其财务关系中，各个财务主体限于其特定的财务活动，各有自己的财务。由于高校人员所扮演的财务角色不同，决定了他们各自对相关财务信息的传递渠道、传递数量、质量获悉不同，从而造成信息的不对称状况。而这种信息的不对称又关系到各高校人员财务利益的满足程度和其之间的关系协调问题，最终影响财务管理效率的提高。郭宏（2009）提出高校财务信息系统由学校经济政策决策层、财务管理职能部门、学校经济运作部门以及教职员工几个层次组成，且纵横相通。

（二）财务沟通主体划分理论

沿着财务分层的思路，李心合（2003）提出了"利益相关者财务五层次论"，即"财务层次包括外部利益相关者财务（含出资者财务、债权人财务和政府财务）、经营者财务、职能部门财务（或财务经理财务）、分部财务、员工财务等5层次"。立足于高校财务部门，在高校财务活动及其财务关系中，各个财务主体限于其特定的财务活动，各有自己的财务内容。由于高校人员所扮演的财务角色的不同，决定了他们各自对相关财务信息的传递渠道、传递数量、质量获悉不同，从而造成信息的不对称状况。而这种信息的不对称又关系到各高校人员的财务利益的满足程度和其之间的关系协调问题，最终影响到了财务管理效率的提高。

沿着财务分层的思路（干胜道，2005），笔者以财务信息占有优劣程度将各财务主体划分为：财务信息占有相当优势的人员，如高校财务部门财务人员；信息占有相对优势的人员，如对经费具有负责并有审批权的人员；一般占有信息优势的人员，如对经费具有审批权的学校校级领导，经常性财务报销人员，即处、部、院等二级财务核算人员，部分一般老师和学生；信息占有劣势的人员，即非经常性财务报销的人员，如大多数老师和学生。

本节讨论的"高校人员"，主要立足于：高校财务部门财务人员（财务部门内的所有人员），高校对资金经费具有审批权的领导或被赋予了审批权的人员（包括学校校领导，处、部、学院经费负责人，科研项目经费负责人），处、部、学院等二级财务核算人员（处、部、学院专兼职财务人员，即会计、出纳或者办公室人员兼财务职责），学校一般老师和学生。众所周知，财务管理和资金核算因素，将上述高校人员紧紧联系在一起，成为高校财务主体群。从上述高校人员的构成来看，可以依据其在高校财务关系群中所扮演的基本角色不同，按照两种方法进行划分：

1. 按照在高校财务关系中信息优劣势差异划分：处于信息相当优势的人员，如高校财务部门财务人员；处于信息相对优势的人员，如对经费具有负责并有审批权的人员；处于一般信息优势的人员，如对经费具有审批权的学校校领导，经常性财务报销业务的人员，即处、部、院等二级财务核算人员，部分一般老师和学生；处于信息劣势的人员为非经常性财务报销的人员，如大多数老师和学生。

2. 按照高校财务关系中财务管理或经费管理的地位不同划分：处于财务负责和经费审批的人员，如对高校经费具有审批权限的人，高校财务部门负责人员（财务主管、会计主管），经费负责人并具有审批权的人；处于财务核算业务审核的人员，如财务部门会计核算人员和二级财务核算人员；处于财务业务经办的人员，如一般老师和学生。

二、财务沟通分类

基于财务沟通所涉及内容较多，形式多样，简单可按以下几种方式进行分类：

1. 按财务职能分为业务型财务沟通和非业务型财务沟通。业务型财务沟通，主要依据财务部门与其他相关财务主体的业务职能往来，而建立的一种长期、相对稳定、职责清晰的财务沟通关系。如一、二级财务管理主体之间的财务管理沟通，财务部门与人事部门、学生管理部门、与后勤管理部门等专项业务沟通，以及学校财务与上级主管部门，包括财政、教育、物价、税务、公积金中心、审计等部门之间的管理与被管理财务沟通。非业务型财务沟通，主要是针对某项与财务相关的事项，就财务问题进行沟通。

2. 按财务沟通形式分正式沟通和非正式沟通。正式财务沟通主要指在沟通场合、沟通的财务内容、沟通形式等方面场合固定、准备资料充分、参与人数较多、讨论议题明确、沟通程序规范的财务沟通。而非正式沟通则限于1—3个人、场合不限、沟通手段简单、临时特点显著，往往就一些临时性的财务问题进行沟通解决。

3. 按财务沟通主体的相对身份划分为学校校内财务沟通和校外财务沟通。相对而言，校内财务沟通主要指财务部门内部各科室、各岗位，财务部门与学校各职能部门，财务部门与单个师生的财务沟通，在沟通人员、沟通形式上较为稳定，沟通频率高，沟通主体间熟知度高，沟通场合和时间随意性大。而校外沟通，包括各上级主管部门、金融机构、企事业单位、科研单位等，沟通时间短，个别性强，沟通难度大。

三、高校财务沟通的必要性

高校财务沟通，整体上讲就是要确保财务信息在高校各相关财务主体之间得到畅通，使得财务部门与其他财务主体之间保持长期、稳定、持续发展的财务关系，达到相互支持，相互配合，相互沟通，相互理解的目的，实现共有财务，提高高校财务管理水平。

1. 财务沟通有利于进一步增进财务部门与各相关财务主体之间的联系，增进理解。在高校财务管理中，财务部门扮演着财务服务与监督的双重角色。一方面，财务部门借助财务管理和会计核算，充分反映每一笔经济活动中资金的来龙去脉，为各相关财务主体提供客观、真实、有效的财务信息。另一方面，财务部门通过资金预算、会计审核、会计内部控制等管理手段，把好各个资金关口，防止资金滥用、浪费，监督资金流动，降低财务风险，提高财务收益。然而，由于信息的不对称，各财务主体对财务管理特点、财务原则、财务政策不熟知，无法理解财务管理的刚性要求，将财务监管误解为损害其自身财务利益，与财务部门产生分歧。因此，需要通过必要的财务沟通，提高财务主体对财务监管的认识，增进对财务的理解，树立财务责任意识，自觉遵守财经法律法规，共同维权。

2. 财务沟通有利于增强各财务利益相关者的监督意识，加强内控。过去，很多财务主体一味认为财务部门就是管钱、管账的部门，财务部门就是财神爷得罪不起，从而也滋生了财务部门不良的机关作风，相应也忽视了对财务部门自身的监督。近年来高校财务部门因职责分工不明确、审批权限滥用、内控制度不健全而引起的财务干部滥用职权、徇私舞弊、贪污受贿，财务人员利用职责之便，挪用公款、做假账、套取现金等财务舞弊问题频发，如最近发生的泸州某职业学院财务领导利用职权之便，偷盖财务印鉴，套取公款，无疑说明了财务部门亦非净土，仍需各相关财务主体予以监督。那么，通过财务沟通，各相关财务主体可经常性核实财务信息的准确性、真实性、合理性，检测财务部门是否认真、严格落实财务预算，严控资金使用。可以说，实现财务沟通顺畅，既达到了维护自身财务权益的目的，又促使财务部门完善财务制度，不断改进财务管理手段，公开财务信息，接受财务监督。

3. 财务沟通是提高财务工作效率的基本保障。在财务管理过程中，包括财务部门各岗位、学校各部门之间往往因为职责分工问题，相互之间不协调，遇事相互推诿，推脱责任，使得各项财务管理业务十分混乱。财务沟通，就是要求财务部门主动将各相关财务岗位、财务主体通过业务往来链接成一个完整体系，明确各个财务业务环节的分工责任，理清各个环节上的制度障碍和人为障碍，畅通财务渠道。同时，每个财务主体严格落实各个流程环节上的财务职责，执行财务政策，办理财务手续，减少扯皮，既节约了时间，降低了沟通成本，又提高了财务工作效率。如某高校由财务部门牵头，将所有与学生财务管理相关的学生管理部门、后勤集团、各学院、户籍管理部门等召集起来，举行学生财务管理工作研讨会，专门讨论了学生收费管理、欠费催缴，学生"奖、贷、助、勤、补、减、免、缓"相关财务管理工作。理顺了学生财务管理工作的各个环节，为实现作业化、标准化财务流程奠定了良好基础，从而促使各相关部门各司其职，切实提高了学生财务管理工作效率。

4. 财务沟通是财务人员与各相关财务主体之间情感、人格魅力、信任感传递的重要途径。西方哲学流派现象学的代表人物胡塞尔提出交互主体论，强调人们在日常生活中进行着生动的、充满"人格主义态度"的交往。"交互主体"在于主体间的互识与主体间的共识，二者相互制约、相互联系、互为条件。没有主体间的互识，就难以实现共识。在长期的财务业务往来过程中，财务人员与各财务主体之间的交流不仅限于单笔业务的交流或权益的维护和实现过程，而是从不熟知到相识，逐渐达成一种共识，然后建立起相互尊重和信任的关系，让双方之间清晰感知到对方为人处事原则、信用维护程度、责任履行意识、人格魅力。那么，必然有助于建立和谐的财务关系。

四、如何推进财务沟通

1. 重视财务沟通，增强财务沟通意识。良好的财务沟通，是提高财务工作效率和管理水平的根本保障。财务部门是财务信息的缔造者、掌握者，因此财务沟通要从财务部门做起。财务领导要充分认识其重要性，主动树立财务沟通意识，积极向学校一级财务决策群做财务汇报，让他们了解学校财务状况，做好财务预测。同时，财务领导在财务部门内部注重灌输财务沟通思想，引导财务人员注意日常的财务沟通，各科室、岗位之间经常交流，相互支持、相互配合。也要求财务人员做好与其他财务主体的财务信息沟通，减少分歧，赢得其他财务主体的信任和理解。

2. 创造条件，为财务沟通提供必要的沟通基础。财务沟通必须依托于一定财务沟通平台的建立、财务沟通渠道和沟通内容的规范。郭宏（2001）将财务信息沟通系统分为4个层次，笔者则以财务部门为核心,立足于财务信息特点,建立辐射上级主管部门、财务部门内部、其他相关职能部门、其他财务个体三个层面的财务沟通平台(见图8-1)。

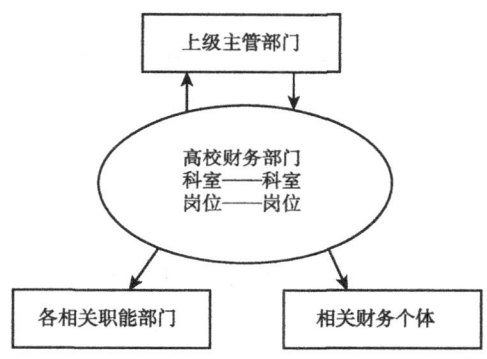

图8-1 高校财务沟通示意图

实现流程式的财务沟通渠道。以财务业务流程为载体,按照财务流程环节进行财务信息沟通,每个流程环节就是一个财务沟通指示点,各财务主体沿着财务流程,依次进行财务信息分解,各自获取财务信息。与之相应,各财务主体将上传或下达的财务信息进行消化、验证、充实,又顺着财务流程反馈到各流程环节的关键部门,从而达到财务沟通的目的。这样既提高了财务沟通的效果,又强化了各流程环节的部门责任,也提高了财务工作效率。如学生生源地贷款。

财务沟通内容的规范,就是要求财务沟通信息的准确性、可靠性、清晰性。财务信息具有严肃性高、原则性强、影响力大、保密要求严等特点,一旦财务信息公布,必然要产生与财务权益相关的财务行为。因此,财务沟通的信息必须经得起考验,不得随意公开。财务沟通内容包括财务预决算报表信息、财经制度规范、业务通知、财务流程、财务资金状况等反映学校财务收支、财务工作状态、教工权益的信息。在财务沟通内容的发布时,务必要求各项财务内容客观、公正、合法、有效。财务内容清晰、严肃,具有权威可信度。

3. 注重财务沟通语言的通俗化,易理解。财务语言具有专业性特点,财务部门出台的相关财务报告、报表相对于其他财务主体来说比较陌生,信息摘取比较吃力。在财务沟通时候,往往由于财务专业语言和语言符号的特殊性,而影响了沟通效果。因此,财务人员在财务沟通过程中,应尽量采用通俗化的财务语言,将专业的财务信息表达清晰、容易理解。在财务沟通平台信息发布时,也要尽量用简单明了的话语描述,让每个财务主体能够轻松地获取自己所需的财务信息,同时也可以学习到有用的财务知识。如办理借款业务。财务语言为借方——其他应收款,贷方——现金或银行存款,通俗化则表达为用现金支付给借款人的暂借款,需要借款人到时回来办理报账退款业务。

五、建立和谐财务关系

(一)和谐理念与和谐财务之间的关系

"和谐"是中国传统文化的核心理念和根本精神。据《尚书》《周礼》《说文解字》中对"和谐"的定义,从本义讲,"和谐"两字都是指音乐的合拍与禾苗的成长,"和"即是"谐","谐"即是"和",若引申开来,则可理解为各种事物之间有条不紊、井然有序和相互协调,如《中庸》中所说的"致中和,天地位焉,万物育焉"和《周礼》中说的"以和邦国,以统百官,以谐万民"。结合高校财务工作实际,可对和谐财务关系定义为:在特定的客观工作环境中,遵循一般性的相关制度规范,通过主体之间的沟通、交流与协调等方式,使得各资金利益主体达到相互依存、相互协调、相互支持的一种财务状态。

（二）创建和谐财务关系的意义

1. 创建和谐的财务关系，有利于加强现代高校各资金利益主体之间的联系与合作，增强各资金利益主体对高校财务管理的信心，建立和谐的诚信机制，有利于各项资金流动的畅通，减少资金流通阻碍，降低资金供给成本，确保高校发展资金的及时到位，从而满足高校事业发展需要。

2. 创建和谐的财务关系，有利于现代高校与上级主管部门加强联系，加深了解高校管理发展形势，熟知相关政策法规，及时调整发展思路，尽早做好财务管理规范工作，减少政策性风险和损失。

3. 创建和谐的财务关系，有利于各高校之间信息沟通和经验交流，相互学习，相互促进，资源共享，从而更新高校财务管理思想，引用先进高校财务管理管理手段，节约人力、物力和财力，提高财务管理水平。

4. 创建和谐的财务关系，有利于加强高校内部财务管理水平，从预算分配、日常收支到年终决算，实现财务管理环节上和谐。资金预算分配和谐，即财务核算单位、行政部门、教学单位及教辅单位，严格遵循"开源节流，内部挖潜，勤俭节约"原则，认真核算本部门资金需求，使得预算分配切实符合和满足部门发展需要；日常收支规范和谐，在日常收支过程中，各单位严格贯彻执行国家、学校各级财务管理规章制度，杜绝"小金库""坐收坐支"等财务违规现象，给学校财务管理带来不良影响；年终决算和谐，则指在财务决算时，使得各项收支平衡，各二级财务核算单位、行政部门、教学单位及教辅单位，严格遵循"开源节流，内部挖潜，勤俭节约"原则，认真核算本部门资金需求，使得预算分配切实符合和满足部门发展需要；杜绝"急支急收"现象，从而达到资金预算和决算相对平衡。

(三) 建立和谐财务关系的方向

1. 对外和谐财务关系群的创建。针对对外财务关系的具体内容，可分类进行和谐财务关系的创建。

(1) 经常性与上级主管部门加强联系。一方面认真执行上级主管部门下达的各种文件规定，配合上级主管部门，做好各项财务管理工作，按要求上报有关报告报表等工作文件，及时向上级主管部门了解相关财务管理政策，正确解读各项财经政策，以便调整高校内部财务管理方向，规范财务管理工作。另一方面，积极向上级主管部门汇报高校发展情况，争取上级主管部门的政策优惠和资金倾斜，有利于高校自身发展。

(2) 加强银校合作关系，建立信贷诚信关系。一方面，积极利用银行信贷资金，做好周转资金调剂，弥补高校日常发展资金不足。另一方面，与银行签订信贷协议，加强银校战略合作关系，及时归还银行本息，提高资信程度，畅通高校融资渠道。

(3) 利用高校财务协会、学会、网络平台等，加强高校财务业务交流。现代高校是开放性发展的高校，高校之间的信息交流和相互学习是当今高校发展的核心内容。目前，高校之间的交流与学习形式日益多元化，参观考察、财务研讨会议、财务协会学会、高校财务网络群等，逐步缩小了高校之间的距离，高校财务之间通过这些平台，链接东中西部高校，拓宽了交流和学习的视野，传递了当代高校财务管理信息，有利于推动全国高校财务信息化建设，最终实现高校资源共享的目标。

2. 对内和谐财务关系的创建。

(1) 建立健全内部财务管理制度，使财务决策做到有法可依、有章可循。近年来，国家加大了对高校财务的监管力度，收费检查、教学质量调研和教学评估等措施的实施，促使高校财务不得不重视和思考财务管理模式的调整和规范。同时，高校办学规模的扩大、财务管理内容的增加和创新，也使得高校长期以来遗留的财务问题逐步显现。这些新的财务管理环境的变化，高校财务如何应对，制度建设摆在首位。对于高校来说，重新整理和完善财务管理制度，严肃财经纪律，增强财务管理制度意识，逐步实现财务管理的制度化、条款化、程序化，已迫在眉睫。制度建设，一方面，有利于提高财务管理的科学化程度，使得财务决策公开、公正、透明、合理。另一方面，有利于减少财务管理过程中各级财务关系之间的摩擦，理顺各财务主体权益，提高工作效率。内部财务管理制度的建设不仅包括各类财经规章制度、管理办法、暂行规定、责任制度等，也包括一些会计业务处理过程中的操作规程等。

（2）提高财务工作效率，确保财务服务质量。随着电子信息技术的发展，财务管理电算化的运用，网络为财务部门与师生之间搭建了一个较好的信息交流平台。网上查询、网上咨询、信息公告等已经成为财务部门服务师生的重要手段和渠道。财务部门通过财务网页的制作，及时将财务信息公布在网页上让师生便于查询。从高校财务网页的设计来看，一般包括财务部门的机构设置、岗位职责的分工、人员的联系方式，财务信息查询公告等栏目，财务部门将有关的业务经办的工作流程、办事指南、部门经费、相关教师的课题经费、工资个税信息和学生缴费等财务业务经办的工作流程、联系方式、财务信息公告在财务网页上，师生可随时查询，熟悉办事程序，减少盲目性，方便了师生，使服务质量得到了提高。

第二节　提升财务满意度，构建财务满意体系

财务角色扮演一直是理论界与实务界较为关注的话题。这些

年来，高校"双一流"建设和内涵式发展，迫切需要财务进一步为学校教学科研事业发展提供强有力的财务保障。作为高校重要职能部门之一，财务部门对内面对全校师生员工，对外代表学校一级组织，财务形象和工作态度依托于财务的满意度。

这些年来，国家对高校财务监管力度的加大，高校财务管理的日益规范与师生员工利益需求矛盾逐渐突出，财务工作的认可度不断下降，严重影响到财经政策的贯彻落实和财务工作的开展。财务满意，既是财务自身内在要求，也是高校事业发展对财务工作的客观要求。本节以"财务满意度"为题，侧重对高校财务工作的服务满意度进行研究，进一步探讨高校财务管理中的"满意"问题，通过加大财经政策宣传，优化服务环境，提高财务服务效率，夯实财务基础，使广大师生员工切实感受到财务工作的基础性、服务性、效益性，增强对财务工作的满意度，提升财务管理水平。

一、相关文献简述

据相关文献显示，有关高校满意度研究的文章较少，大多针对高校后勤服务部门。比如：高庆等（2009）先后对高校学生公寓、学生食堂服务进行了满意度分析和调研。王向锋、杨玫（2006）研究了高校图书馆用户的满意度，建立了相关满意度指标体系。瞿沙蔓（2010）探讨了高校档案信息服务的满意度问题，进行了测评分析和研究。刘希洋等（2010）分析了高校校医院的满意度。对于高校财务满意度研究文献，主要从财务人员对财务工作的满意度和非财务人员对财务工作的满意度两个方面进行了研究。不同的财务主体角色决定了对财务满意的认识。李志明等采用NSpector（1985）的工作满意度量表研究了高校财务人员工作满意度，并实证财务工作本身、财务人员职称职务晋升、上级及其他利益相关者对高校财务人员的工作满意度影响显著，而事实上，获取的报酬、精神奖励，以及同事关系对高校财务人员对工作的满意度影响不大。卢艳红、张运如（2018）就高校财务报销问题进行了探讨，分析了财务报销工作中满意度存在的难点，并提出了有针对性的解决对策。徐宝华等（2012）以武汉某高校为例，从服务感知、服务质量、服务态度、服务内容、服务环境等方面构建了高校财务工作满意度评价指标体系，并实证检验了高校财务工作的满意度，指出高校学生、在职教师、退休员工对高校财务工作的不同满意程度。钟小陶、刘金锋（2012）分析了高校财务服务特点，提出高校财务服务存在服务负荷、服务效率、服务质量、服务工作量不均衡，提出创新服务意识、改进服务方式、拓展服务项目等提高服务满意度措施。

二、高校财务满意度的基本内容

（一）财务满意度及高校财务满意度概念

相对不同主体而言，满意度具有两个方面。一方面是职业主体对自身工作和生活以及其所处环境因素所感受到的一种状态。如财务主体对财务工作的态度、看法和岗位感受。而另一方面，满意度也指本职业之外的其他主体对职业主体的工作态度、工作成效的认可程度。如各级非财务主体对财务主体工作成效的肯定程度和支持程度。

高校财务满意度，则主要针对高校财务工作中财务主体与非财务主体对财务工作的看法、态度。

（二）财务满意度分类

按不同的划分标准，可对高校财务满意度进行分类。

1. 按主体，分为财务人员对财务工作的满意度和师生员工等对财务服务的满意度。财务人员对财务工作的满意度取决于财务工作给予财务人员带来哪些需求上的满足，比如工资薪酬的提高、岗位能力的提升、职务职称的晋级、职业成就感等。师生员工等对财务服务的满意度则体现在财务报销、科研经费管理、工资薪酬发放、个人所得税的代扣代缴、各类经费的预算分配等。事实上，两者相互影响，相互促进。前者对财务工作的满意度直接影响到财务人员的工作责任性和积极性工作状态，否则出现财务职业惰性现象，财务服务质量下降，从而影响后者对财务服务工作的满意度。而后者的正能量和负能量影响，都会促进财务人员对本职财务工作的改进和提升，实现双方的财务满意度提升。

2. 按财务满意度层次，分为管理决策层对财务工作的满意度和业务活动层对财务工作的满意度。前者包括学校管理层和上级主管部门，他们对高校财务部门所管理经费规范和取得的资金效益、社会效益的满意感。后者主要是各级单位和师生员工对财务部门所开展的各类财务活动成效的满意感。

3. 按内容，分为某类财务业务的财务服务，主要与岗位工作或岗位工作责任人的财务服务满意度相关。如财务报销服务、预算管理、公积金、个税、科研经费管理服务、收费管理等。

（三）财务满意度特点

1. 财务满意度与财务本质密切相关。财务本质就是规范与服务，有效达到财务管理目标，实现财务满意。财务满意度是检验财务工作的重要标尺。财务满意度降低，反映了高校财务工作基础不扎实，对校内外各种财务活动的规范性和有效性尚未达到要求，在对师生员工的财务服务方面存在有待改进的地方。财务满意度提升，意味着财务管理工作有序、有效开展，确保了高校教育事业的健康发展。

2. 财务满意度具有相对性。财务本身是一种服务与监督，讲究制度约束，管理规范，同时体现服务。因此，财务满意度是有限度的，必须在财经制度范围内实现财务满意度。否则超越了制度规范，这种财务满意度必将受到惩处。

3. 财务满意度存在动态性。财务满意度是一种主观感觉，与非财务主体的财务内容动态相关。财务工作做得好，及时为师生员工解决了当前的财务业务难题，那么财务满意度瞬时间增大。但是有时也会一时满足不了师生员工的财务需求，或者存在违反文件规定的财务需求，那么可能对财务工作的满意度会急剧下降，形成矛盾心结，长期持续。

4. 财务满意度非均衡性。财务内容涉及方面面，不同的非财务主体对财务需求不一样，那么在财务工作中感受到的财务满意度也会有所差异。比如办理一些与自身关系不大、时间要求不紧迫、简单化业务等，财务处理如果达不到其财务需求，那么可能不会影响到财务满意度。然而，如果在关乎自身利益性强、业务复杂程度高、时间要求紧的财务业务，在财务处理时出现反复、延时等情况，那么其对财务工作瞬间就会不满意，当然，某些非财务主体在与财务部门不同的岗位、不同的财务人员交往过程中，由于对人和业务的态度不一样，他们所形成的满意度分布也会出现较大差异。

三、高校财务满意度的缺失分析

长期以来，高校财务部门在严格贯彻落实国家和上级主管部门财经政策的同时，努力做好财务服务工作。然而，基于制度的刚性要求与各利益主体财务诉求的有限满足，财务沟通与财务理解存在一定差距，导致财务矛盾时有发生。由此，在每年的年度工作考核中，高校财务部门的满意度始终处于较低水平。究其财务满意度存在的问题及原因，与高校财务自身建设与财务工作紧密相关。主要归纳为财务满意度的显性缺失和隐性缺失。

（一）财务满意度的显性缺失

财务满意度的显性缺失，是指与财务部门自身制度建设、管理手段、业务流程、基础设施等相关的缺陷引发的财务满意度问题。

1. 财务制度建设。制度健全是高校财务活动规范的根本保障。一直以来，国家不断深化高校财务管理体制改革，推进高校预算管理制度、财务制度、会计制度、内部控制制度、和政府会计制度等改革，出台了一系列的财经政策。然而，由于制度修订的滞后性和实施的操作性，高校财务对制度的解读和制定相关的实施办法存在逐步试探和完善阶段，而且也会出现制度执行的差异性，从而给各相关利益者带来制度的系统性影响，由此引发对财务部门的工作不满。比如差旅费、培训费、会议费等财务报销，以及与切身利益密切相关的个人所得税附加项目的抵扣、住房公积金基数调整等。

2. 财务管理手段。长期以来，高校财务系统积极推进财务信息化，利用现代信息技术来改进财务管理手段，提高工作效率。然而，学校智能校园、一卡通校园建设的开发与应用，涉及面广，人事、教务、科研、资产等需要同步开展，才能为高校财务的"业财融合"创造基础性条件，结果前者建设周期太长，相互模块的开发与对接较为复杂，使得高校财务的"互联网＋"财务平台建设受到影响，网上预约报账、微信支付宝的学生收费应用、移动财务审批等较长时间得不到实现，传统的报账方式、支付管理，消极影响到师生员工对财务部门工作效率的满意度。

3. 业务流程。财务内部控制制度建设的要求就是要求内部控制制度化，制度流程化，流程表单化。业务流程有较为完整的程序，与财务要求相结合，实现"业财融合"的有效实施。然而，在实际的财务与业务工作中，财务与业务脱节，业务流程尚未得到有效描述，业务环节的财务审批不完整，执行过程中出现了审批遗漏，反复修改和完善，结果引起师生员工和校内各单位对财务部门的业务实施和财经制度实施的不理解，师生员工维权反映极为强烈，影响了预算经费的执行与考评。

（二）财务满意度的隐性缺失

财务满意的隐性缺失，是指财务部门或财务人员在开展相关财务业务活动时，因财经政策宣传、财务咨询、业务办理、财务服务态度等原因，出现财务人员与非财务人员之间的履职矛盾，形成了他们对财务部门的满意度隐性缺失。

1. 财经政策宣传。制度拟定与宣传是贯彻执行财经政策的基础，也是高校财务工作的重要内容。财务制度的执行关系到校内师生员工的财务利益，师生员工对财务制度的自觉遵守依赖于财务部门宣传工作。然而，财务部门往往忽视对财经制度的认真解读和加强宣传，对制度的具体内容和实施的相关程序和流程未能进行细化，简单通过网页和工作群予以发布，结果造成很多师生对财务制度不理解、不清晰，对制度的实施产生思想上的情绪抵触，从而把制度约束带来的自身利益的损害归结到财务部门，思想上形成对财务部门的满意度隐性缺失。

2. 财务咨询。财务咨询是财务制度解读和执行的延伸，是做好财务服务工作的关键。由于信息不对称的存在和专业性特点，各单位对财经政策或制度的相关规定存在较大疑虑，甚至有矛盾相向的情况。特别是近几年的"三公"经费、差旅费、培训费、会议费、津补贴这些改革制度，直接影响到师生员工的财务利益。他们在经费预算和财务报销时，总会提出诸多问题，要求财务人员给予解答和指导。那么，财务咨询的过程，事实上也是财务沟通和财务办理的一项工作，这有利于开展财经政策宣传工作，做好财务服务指导工作，从而规范和提高财务管理水平。然而，财务部门往往忽视对财务咨询工作的重视，部分直接财务经办人员缺乏对财务业务报销人员的辅导耐心，或者是自身对财经政策或财务制度掌握和理解不够全面、深刻，把握的专业评判标准不统一，结果引起师生的不满，造成隐性的财务满意度缺失。

3. 财经业务办理。财经业务是高校财务履行财务管理职能的主要途径。财务部门通过收支管理、预算分配、会计核算与决算、财务内部控制等职能加强学校资金管理，有效保障各项教育事业发展。就财经业务而言，涉及范围较多，与资金管理紧密相关，关系到校内各单位职能职责开展，同时也与校内师生员工的财务利益相关。比如工资薪金、个人所得税代扣代缴、公积金社保金的缴纳、经费报销等，这些财经业务一旦出现工作失误，延期、延时，发放数据不准确，必然会直接影响到个人的切身利益，也会带来师生员工对财务部门的满意度缺失。

4. 财务服务态度。强化财务服务，提高服务质量，是当前高校财务部门较为提倡的服务理念。良好的服务质量，不仅要有先进的服务手段，宽敞明亮的办公环境，而且更需要有优秀的财务服务态度。事实上，财务管理重在对人的管理，财务满意度也强调人的满意感。财务部门在很多时候更多缺失的是一种财务服务态度，即便是开展财务监督和内部控制工作，也需要有耐心的财务沟通、专业财务知识的普及，在财务服务指导中形成一种相互信任和理解，由此实现师生员工自觉遵照财务制度规定的一种良好财务习惯。然而，部分财务人员在长期的财务业务过程中，也形成了财务工作的惰性，不屑于对良好财务服务态度的培养，认识不到这些财务业务与师生员工自身利益相关的深刻性，随意漠然处之，置之不理，如此一来，难免与教职工、学生之间产生不必要的矛盾，给财务满意度的提升增加了一定的难度。

四、提升高校财务满意度的有效措施

1. 以师生为主体，增强财务满意度意识。总体来说，高校财务工作就是"为着力提高高等教育质量服务，为培养创新型人才服务，为增强学校科技创新能力服务，为构建和谐社会服务"。如何做到既坚持执行国家和学校的各项财经方针政策，又能得到师生员工的认可与满意，这需要从财务人员的服务意识上提升，重视财务服务。因此，高校财务部门应积极以师生为主体，强化财务服务意识，鼓励财务人员树立良好的工作作风，加强诚信教育、职业道德教育和业务培训，端正服务态度，换位思考，忧他人之所忧，急他人之所急，善待每一个师生员工，增强学校财务部门的亲和力，为学校教学科研提供高质量的财务保障服务。

2. 立足财务业务，精确定位财务满意点。以财务业务为主，坚持"业财融合"理论为指导，明确定位各项财经业务中的财务满意度，分析与梳理这些财务满意度特点，及时拟定实现这些财务满意度的配套措施和财务流程，为校内师生员工提供清晰的财务业务办理程序，让"财务信息多跑路，人少跑路"，减少师生员工来回反复的财务手续，提高财务工作效率。

3. 注重财务满意诉求，动态调整财务服务重点。高校财务部门应畅通财务沟通与反馈渠道，随时关注财务服务对象的财务满意诉求，动态调整财务服务重点，及时改进工作机制，不断提高财务服务质量和效率。加大国家和各级有关高校财经制度的宣传和咨询服务工作。利用"互联网+"技术，改善财务服务环境，改进财务服务手段，形成快捷便利的基础办公环境，把为师生员工的财务服务工作做细、做全和做出高质量，形成良好的财务服务氛围。

4. 坚持高校财务满意度"七个要求"。结合高校财务管理和业务情况，总结归纳要赢得师生员工高水平的"财务满意度"的"七个要求"。具体方面见图8-2：

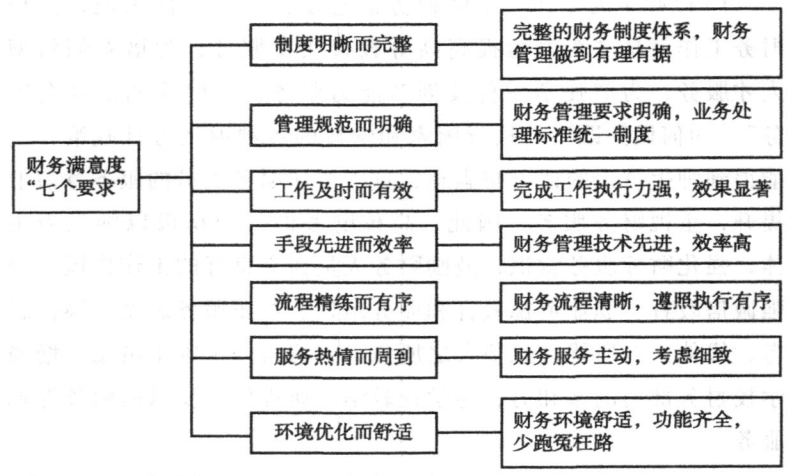

图8-2 财务满意度"七个要求"

5. 构建高校财务满意度评价体系。参照钟小陶等（2012）分析高校财务服务特点，开展清单式财务业务服务问题明细表，对照日常每一项业务的财务问题进行梳理和调整，提出相应的实施方案。同时，针对这些财务业务的财务服务满意点，紧紧围绕财务制度、业务流程、服务质量、服务效率、服务态度、服务手段、服务的应急措施等方面进行指标设计，推行财务满意指标打分制，定期给予财务服务工作情况的评价，在实施中发现问题，在问题中逐渐完善，循序渐进，提高财务服务满意度。

第三节　维护财务形象，展现财务精神风貌

一、财务形象

（一）财务形象定义

谈到财务形象，大多是指企事业财务形象。因此，理论界对财务形象的界定是立足于企事业角度。王斌（1993）较早地探讨企事业财务形象，提出财务形象是企事业财务实态在市场上的投影。他指出，财务形象从概念上讲，包括两层含义，即一是财务形象是通过市场来反映的，或者理解为市场是评价企事业财务状况和财务成果的最佳方式；二是财务形象的好坏，直接决定于企事业财务实态，包括财务状况和财务成果。财务形象的好坏直接取决于企事业财务状况和成果的好坏。陈榕（2008）认为良好的财务形象可通过财务状况、信息披露和财务公关塑造。可以看出，企事业财务形象较多地是侧重于企事业财务实力、财务状况的市场反应。

总体来说，财务形象是某一特定范围内财务利益主体对某个组织财务主体进行理财活动行为和财务结果给予的整体评价和一般认定。这种财务形象是影响财务主体活动和财务关系的关键因素。

由此，高校财务形象是指高校财务利益主体对财务部门的财务活动、财务关系和财务结果的整体评价，高校财务形象对于学校财务部门开展各项财务管理活动有着积极的意义。高校财务形象也是学校及学校之外的各财务利益主体对财务部门的财务能力的认可与评价。

（二）财务形象的构成

根据财务形象的构成要素，财务形象可分为财务主体形象、财务制度形象、财务综合实力形象。

1. 财务主体形象。财务主体形象是财务形象的主要因素，也是代表财务形象的重要主体。财务形象依赖于财务主体的维护，财务主体在财务活动中所形成的主体形象在某种程度上也给其他财务利益主体留下了深刻的财务形象。财务主体形象的组成包括财务人员的形象和财务机构的形象。

2. 财务制度形象。财务制度形象，是财务运行所确立的财务规则和标准等形成的综合印象。它以规章制度、办法、程序等形式存在，用文字、图标、数据等载体表述，用以规范和约束组织财务活动和财务主体行为，以提高财务管理与服务水平为目的，树立规范严谨、专业高效、廉洁自律的财务形象。同时，财务制度执行力和有效力也是反映组织财务形象的重要标志。

3. 财务综合实力形象。财务综合实力形象，依托于各财务利益主体对组织财务的理财活动所获取的各种财务能力的综合评价。比如财务融资能力、财务运营能力、资金调剂能力、财务应对能力、财务服务能力等。

（三）财务形象特征

1. 财务形象是财务精神外在的体现。财务形象代表财务主体的外在表现。财务形象如何，反映了高校财务内在精神，在很大程度上也体现了财务主体人员、财务机构在财务决策、财务业务处理能力、财务作风方面的形象。财务形象是单位形象的组成部分，对外也能反映一个高校的形象面貌。

2. 财务形象是反映财务主体特有的专业气质。财务形象与其他形象不一样，处处反映出财务主体的专业气质特征。财务制度、财务机构、财务思想、财务环境等都是财务形象的内容，也体现出财务形象的专业性。

3. 是影响财务地位的重要因素。财务地位关系财务部门在高校事业发展中的参谋决策作用。简单地说，是一种财权与发言权。财务形象反映财务部门的工作能力，财务形象不好，必然影响高校领导班子对财务部门的重视和信任，也影响师生员工对财务部门的财务能力的认同。财务形象好，财务信任度高，财务核心地位强，对于财务沟通与财务矛盾的缓解也有着重要作用。

4. 财务形象的动态性。财务形象也是一种主观印象，这种主观评价会随着财务形象的维护和塑造而发生改变。这种对财务形象的认可和改变，需要较长时间的适应和转变。财务形象的动态变化与财务形象的内容变化相关，既包括外在的财务形象，比如办公环境、制度设计、硬件升级等，也包括内在的财务形象，如财务理念、财务文化的调整和优化。

5. 财务塑造的长期性。财务形象塑造是长期工程，是逐步完善和美化的系统工程。财务形象往往也会因为财务习惯而长期停滞，逐步蜕化。但是，一旦注入新的内容和活力，财务形象也会在短时间内得到改善。

6. 群体形象与个体形象相并存。财务形象是群体形象，个体形象也能影响群体形象。个体的行为第一时间直接与单位相关联。个体行为的好坏都会对群体形象产生影响，群体形象也会影响个体形象。比如，财务部门有什么规定、做法，财务部门服务意识怎么样，与财务人员个人素养也有关系。因此，财务形象与财务人员个人形象的塑造也是密切相关的。财务人员要时刻自觉维护财务部门的财务整体形象，注重个人对外的形象表现。

二、树立财务形象意义

高校财务形象是学校财务在校内外财务利益主体心目中的反映,是学校形象的重要组成部分。良好的财务形象,是高校开展各项财务活动、建立财务和谐关系、提升财务管理能力的重要保障。

1. 有助于创建和谐的高校财务关系。随着教育经费的多元化,高校作为市场经济主体之一,与各类市场主体之间有着紧密而复杂的财务利益关系。同时,作为行政事业单位,高校在各级政府主管部门的业务监督与指导下开展各项教育财务活动。良好的财务形象,体现出高校财务部门强有力的政策执行力、规范的财务环境、完善的财务体系、有效的财务工作能力,能够高标准、高要求、按时完成上级下达的年度财务管理工作和校内具体财务工作,这有利于得到上级主管部门的认可和校内师生员工的信任。那么,高校财务部门在对上对下的财务活动中应当能够建立起相互信任、协同有效、配合默契的财务关系,减少不必要的财务协调成本,进而减少财务矛盾,提高财务管理水平。

2. 有助于增进财务沟通,推进财务口碑传播。财务利益主体是财务活动的主体,是财经政策的执行者,财务活动的经办人。良好的财务形象,体现了财务的综合实力,在财务工作中要一丝不苟、兢兢业业、雷厉风行、坚持原则、表里如一、一视同仁。在财务服务中要热情周到、专业全面、严谨有效。因此,学校领导对财务部门的财务工作应给予重视,给予全面支持,能够采纳财务部门提出的财务决策建议。校内各部门和师生员工也应当理解和支持财务工作,积极配合财务部门严格执行各项财经制度,有利于财务沟通和协调。财务口碑树立好,财务宣传及时,对于加强财务管理,提升财务服务水平有着积极的意义。

3. 有助于营造有利的融资环境。财务形象是市场主体考察的重要内容，高校财务形象也不例外。近年来，高校与银行之间的银校合作关系日益紧密。虽然高校生均财政拨款保持在12 000元/生·年，各类财政专项经费也在逐年加大对高校的经费投入。但是，对于大多省属高校来说，教育经费短缺仍然是事业发展的瓶颈。因此，依靠对外各利益主体，开展融资活动，更多在于高校形象和财务形象。银行对高校的项目资金和流动资金贷款，更多还是在于看重高校教育事业的可持续性和低风险办学。同时，财务形象的塑造，事实上也给当前实施高校绩效预算拨款机制，增加财务情况考核得分，为学校争取财政预算绩效拨款额度做出了贡献。

三、财务形象内容

寇玉琴（2008）、车遥（2016）根据企事业财务形象的内容，将财务形象内容分解为财务文化建设、财务信用、财务实力、财务管理水平以及财务人员素质等方面。

1. 财务理念是财务形象的内在灵魂。财务理念是嵌入财务形象深处的一种思想核心，财务理念指导着财务形象的发展方向，财务理念为财务形象注入不竭的驱动力。财务形象的外在体现直接反映出财务理念的基本特征。比如财务理念的讲政治、守规矩、讲纪律、严谨，成本与效益，服务与监督，这些都能从财务形象中体现出来。财务形象给人的印象就是这些直接的内容，这是财务部门的显著特征，也是财务形象的基本标志。

2. 财务专业水平是财务形象的基础。职业形象是职业间最大的差别，财务形象的职业差异在于财务专业性。财务专业融入财务形象中，反映出一种财务特有的素质。财务专业水平高低，也能代表财务形象的好坏。财务专业水平在财务形象上的展现，那就是随时能够运用财务专业的知识，为师生员工解答财务专业的问题，指导他们对财务业务的认识和理解，帮助他们增强财务纪律、财务风险的意识，敬畏规矩，严守法纪，在合规合法的前提下实现自身的财务权益。

3. 财务自信是财务形象的有效支撑。财务自信是财务部门、财务人员内在的自我勇气。财务自信源于对专业的擅长。懂财经政策，熟悉财务业务，能把控财务风险。财务形象的内在支撑需要财务专业的自信。而财务自信，源于财务政策熟悉。

4. 财务信用是财务形象的重要保证。财务信用是指财务部门在为师生员工提供各类财务服务时，因讲求信用而获得的可信可靠形象。财务信用是高校内外利益主体认可的基础依据，言而有信、言出必行历来是一个组织能否得到信任的起始标准。对内，财务部门在师生员工、校内单位面前讲财务信用，也代表学校讲信用，有利于取得各方面的信任和认可。对外，财务部门讲信用，代表学校讲信用，更能获取上级主管部门、省内外兄弟院校的信任。

5. 财务实力是财务形象的根本要求。财务实力反映了财务部门的综合管理能力，体现了财务部门在融资理财、防控风险、对外合作方面的能力。财务部门有能力，学校决策有依据，师生员工心里有依托。财务部门的实力，代表着学校的实力，说明学校有充裕的资金，有良好的偿债能力、强大的支付能力和运转能力，财务风险是可控的，财力是有保障的。

6. 财务管理水平是财务形象的重要依托。财务管理是系统而复杂的工作，管理水平形象是财务利益相关者评价学校财务状况的重要依据。影响财务管理水平形象的因素包括：稳定的财务机构、完善的责权设置、符合学校实际的财务管理理念、科学的财务决策模式、切实可行的财务岗位规章制度以及健全的民主财务管理制度等。

7. 财务人员素质是财务形象的靓丽风景线。财务人员是描绘财务形象的重要主体，财务人员素质关系财务形象的水平。高素质的财务团队，对财务工作始终是高标准、高要求，财务风气正，财务纪律严，在师生员工的印象中是严格、正直、热情、高效。财务基础工作扎实，财务制度完善，财务工作效率迅速，财务服务到位，这些都是高素质财务人员才能达到的要求，这也是财务形象最好的表现。

四、塑造财务形象的路径

财务形象的塑造不是一朝一夕能够完成的，也不是一蹴而就、立竿见影的工作。财务形象是一种印象性的认识，是从外到内的形成，然后从内到外的展现。财务形象的塑造路径不是固化的路线，而是依托于长久的、持续的、不断调整和注入的漫长过程。财务形象是财务的人格化，不仅依靠外在的包装、修饰、美化，而且更多在于内在的修炼、凝结和升华。

由此，财务形象的塑造需要结合财务形象的内容，立足于财务实际特点，从财务文化抓起，提炼财务理念，定位财务形象；完善财务制度，优化财务机构，加强财务人员培训，提升财务专业水平；注重财务信用，体现财务敬业爱业、坚持原则、求真务实的工作作风。

第九章 高校财务文化培育——财务惰性、口授相传与场景设计

第一节 克服财务惰性,激发财务工作热情

一、财务惰性定义

"工作惰性",即在日常工作中长期形成的一种工作惯性,表现为在思想上和行动上懒惰、懈怠,工作态度懒散,工作责任感缺乏,无积极动力等特征。它与工作倦怠既有联系又有区别,就个人观点而言,二者联系之处在于对工作所体现出的各种"症状"有相似之处,而区别在于形成的原因有差别。工作倦怠更多的是基于各种与工作相关的压力、精神紧张而形成的对工作的消极,包括工作压力、人际关系压力、经济生活压力、学习压力等,有一股压力时刻对人的工作情绪和精神面貌产生严重的影响,而工作惰性的缘起主要基于一种非压力性因素,是由于各种客观因素的影响,使工作人员主观思想对工作看法产生改变,致使其工作态度和工作行为懒惰、消极。该惰性沉积在部门文化之中,辐射的深度和广度逐步增加,使得根治难度增大。

财务惰性,是指高校财务人员长期处于某种稳定的工作环境,习惯依赖某种工作模式或者程序化工作环节,加之相关工作

环境因素的影响，造成了财务人员在主观思想上缺乏主动创新的动力，行为上则懒于革新，久而久之成为一种惰性。这种"财务惰性"一方面可分为思想惰性和行动惰性。思想惰性指财务人员长期习惯于某种工作模式，从部门工作到岗位工作，无变动因素影响，按部就班，由此财务人员的思维便产生了依赖的惰性，懒于思考更新，懒于改变工作模式。行为惰性指在思想惰性的意识指导下，财务人员在行为上表现出了一种惰性：可以有所为而懒于为，应该为而怠于为，不该为反而强于为。较为突出的是在服务工作中服务意识淡漠，降低服务效率，影响服务质量。另一方面也可分为显性惰性和隐性惰性，在外界因素刺激的情况下，二者可互相转化。

二、财务惰性的特点及表现

高校财务人员的"财务惰性"，是财务人员在工作过程中逐步形成的，该惰性呈现出不同的特点及表现。简单归纳如下：

（一）长期性与间断性并存

对于财务人员来说，财务惰性的存在具有长期性与间断性。有的财务人员由于长期处于一种"沉闷"的工作环境中，从事着同一个工作岗位且该岗位挑战性较低，导致人际关系淡漠，工作情绪低落，长此以往，惯用的程序化的工作模式，使得财务人员形成一种习惯性工作思维，这种习惯性工作思维下的"财务惰性"也会伴随着其年龄和工龄的增长而逐步发展。间断性，则指部分财务人员一段时间内因为工作环境的影响，而使得工作情绪发生波动，对工作也出现了忽冷忽热的态度，财务惰性的存在也时有时无。

（二）一般性与多样化并存

财务惰性的一般性，主要指基于年龄和工龄的增长，长时间形成的对固定工作模式依赖性增强，习惯性思维惯性的形成，加之精力、欲望、热情的消减。对于年龄稍大、工龄较长的高校财务人员来说，这种财务惰性表现得稍微突出。按部就班、经验办事、职业道德、敬业精神维系着他们对多年工作岗位的工作热情。财务惰性的多样性特点，则表现在财务惰性对于不同学历层次、适应能力强弱、职务级别有着不同的差异性。学历层次越高的、适应能力较强的、职务级别高的，财务惰性容易相对突出，影响更严重。其原因在于：对同一岗位来说，他们干得越顺手，适应能力越强；从事同一工种时间越长，他们的财务惰性滋生时间越早。因为熟悉，因为无挑战，因为习惯，所以他们像几十年教同一本教材一样，可以信手拈来，但也易生惰性。

（三）财务惰性的表现形态

1. 对从事的工作中发生的新变动问题懒于思考，漠不关心，缺乏主动解决的动力。

2. 对一些可以预见的问题平时无预防性应对措施，也不立即采取有效方案制止杜绝。出现问题时，就手忙脚乱，怨天尤人，闹烦叫苦，简单处理，治标不治本。

3. 对出现的问题不是及时、积极地解决，而是等待、拖延、推诿。问题突出、压力很大时才着手突击解决。

4. 解决问题不是采取创新的方式去处理，只套用传统经验和手段，也非从根本上解决，而是应付性对待，是借助外部力量非自身亲自学习和学会解决。

5. 缺乏部门意识，个人利益至上。工作中，只沉迷于自己的私事，对本职工作以外的事情置之不理。不愿意参与部门同事对工作创新的探讨,不喜欢接受部门调整安排。

三、财务惰性的影响

(一) 影响个体工作情绪

对于情绪的定义,理论界解释各有不同。简单地说,情绪是指高兴、快乐、痛苦、悲哀等。结合情绪的功能来谈,情绪具有自我防御功能、社会适应功能、动力功能、强化功能、信号传递功能。其中,动力功能指的是人在紧张情绪发生时会表现出一系列生理变化,如血压升高、呼吸频率提高、肾上腺素分泌增加等。这一切都有助于一个人充分调动体力,去应付紧急状况。适度的情绪反应能够激励人的活动,提高人的活动效率,进而推动人们有效地完成工作任务。对于具有"财务惰性"的人来说,他对工作的热情度已经减少,干任何一项工作,他都带着一种消极的工作情绪,他的情绪是没落的、低调的、淡化的,无心是最大的表现。

(二) 影响工作效率

由于上述这种工作情绪,财务人员仅仅依靠一种长期形成的工作习惯,凭着自己的工作直觉,在思想上极其保守,害怕变动,害怕复杂,害怕急促性的工作异动;在工作服务意识上,散漫、懒惰,这样的工作态度何来工作效率?仅存的效率也无非在于《卖油翁》所载的"我亦无他,唯手熟尔"。

(三) 影响工作改革的进程和速度

存在工作惰性的人长期依赖一种工作方式和工作模式,对于人员岗位轮动、岗位工作变动等有着惧怕、厌恶之感,因为调整,则将面临着重新适应、重新学习,重新建立起新的工作环境，形成新的工作环节网、新的挑战、新的矛盾往往会增大个人心理上的巨大压力；因为调整，思想观念需要转变，角色定位需要重新来过，对前手所交接的工作需要熟悉，若加上与自己性格、喜好不顺意的，这时工作厌恶感则反应更为强烈。在思想意识未转变过来，工作情绪抵触时，在制度执行上，执行不彻底，工作消极懈怠，而且也会存在这种情绪的四周扩散，消极传播，影响整个部门的工作氛围。

（四）影响个体生理健康

由于财务惰性，财务人员长期习惯于一种固定的思维方式和行为方式，使得人在生理上也受到了一定的影响，如思维迟钝、机体素质下降、未老先衰、易患心身疾病。思维迟钝，指人的大脑功能用进废退。存在惰性的人，大脑机能得不到充分发挥，使内啡肽及脑内核糖核酸等生物活性物质的水平降低。长期如此，则使大脑功能呈渐进性退化，思维及智力会逐渐迟钝，分析判断能力下降，机体素质下降。人体的免疫功能动则盛、惰则衰。懒惰者活动甚少，四肢懈怠，久而久之会使机体的免疫功能降低，未老先衰。俄罗斯医学博士兹马诺夫斯指出：中年人的健康有赖于神经系统保持一定紧张性，懒惰催人老。惰性可使中年人对外界环境和适应能力降低，易致未老先衰，易患心身疾病。惰性产生的不良心理会影响内分泌功能，而内分泌功能的改变又会反过来增加人的紧张心理，形成恶性循环，对心身疾病的发生发展起着推波助澜的作用。

四、如何克服财务惰性

如何克服财务惰性，不是一个短暂的措施和手段问题。任何一种措施的形成、执行、见效，一种氛围的营造需要一个较长的过程，对于财务惰性的消除，也需要持久努力。

（一）建立健全多元化制度，满足人文管理需要

制度的建立，一方面起到规范作用，保持良好的工作秩序，另一方面也起到一种激励作用。因此，制度的健全和合理，对于部门工作和人员都会产生极大影响。适应多元化主体需要，针对不同年龄、不同心愿，建立多元化制度，提倡人文管理，做到"以人为本"，从制度上去保障和满足财务人员的利益需求，给予他们一个心理上的平衡，防止惰性的产生。多元化制度则可包括科学合理的岗位考核制度、主人翁式的民主制度、周期性的轮岗制度、人性化的福利制度、鼓励进步的培训制度。岗位考核制度指的是考核岗位责任和绩效时，立足于岗位特点，专业与综合相结合，个人自评与同事参评、领导旁评相结合，讲客观成效，避免浮夸自吹，全面考核，使得多劳者、多能者获得客观公正的评价，体现出公开、公平、公正的原则。民主制度，即对于财务部门的每个人，都有权利和义务对部门工作提出意见和建议，"部门兴，个人兴；部门辱，个人辱"，增强一般科员的民主意识，使得每个人的主人翁地位和责任意识得到尊重。轮岗制度，意在培养财务人员的综合业务能力，更新财务管理理念和扩大专业知识范围，轮岗制度虽然会导致一定时期的工作效率不高，但是对于财务人员素质的提高和年轻干部的储备却起到了积极的作用。福利制度，就是要创造良好的福利待遇，这种福利待遇更强调的是氛围上的福利待遇，如人情化的、温馨化的福利：过生日、结婚生子、晋级、节日问候等，对于财务人员心理都是一种抚慰，以情动人，以情感人，以情促人。培训制度，在很大程度上既是一种提升财务人员业务的制度，又是一种人性化制度，特别是对于年轻人员来说，学习业务知识，考职称，攻读学位，是他们工作生活中重

要的组成部分,但是时间、精力、经济压力又是非常现实的,培训制度为他们解决了后顾之忧,更能激发他们对本职工作的热情。

(二)创新组织文化,活跃部门工作气氛

组织文化的塑造,在很大程度上是建立在业务特色上的,财务部门既是业务部门,又是综合部门。其工作职能不仅限于学校日常账务处理、资金核算,而且也会上升到整个学校财务资金筹划与管理方面,对学校发展起到财务决策参谋作用。因此,财务部门的文化应该是活泼的、丰富的、广泛的、不断创新的。在塑造财务部门组织文化时,着重在严肃、单调的基础上,不断更新财务管理观念,增强效益成本意识,注重研究国家、上级部门相关财务管理政策,立足于学校发展,理顺各级财务关系,积极探索财务管理新思维、管理新手段,鼓励新思想、新技术的应用和传播,始终保持部门文化的先进性,做到与时俱进。

(三)适应现代知识经济需要,建立一支学习型、研究型的财务人员队伍,实现三个转变

在现代知识经济时代,知识需求、知识创新、尊重知识、尊重人才,已成为一种潮流。对于高等教育来说,客观上讲,无论是走教育产业化道路还是向非产业化方向发展,高等教育市场已经形成,教育资源的竞争越演越烈,高等学校发展的最终归宿如何定论已经逐步形成一种社会舆论,高校发展的环境变迁将促使高校的管理人员和教职工在思想观念和行为选择上发生巨大变化。如何适应现代高校面临的发展环境,对于高校财会人员来说,必须加强自身队伍建设,积极转变观念,不断学习,开拓创新,提高高校财务管理队伍整体的心理素质、业务素质、创新素

质,逐步实现三个转变:由专门型人才向综合性人才转变,强调人的全面发展;由操作实践型人才向研究创新型人才,提高人的素质层次;财会人员管理由人事管理向人本管理转变。

(四)保持良好的心态,提高自我适应能力

心态对于任何人来说,都是非常重要的。在不同的工作环境中,自我心态的调整,不仅有利于工作效率的提高,而且对于自己身心健康也有着重要意义。财务人员在多变的工作环境中,总会面临着这样或那样的工作,不喜欢、不习惯、不平衡,消极回避或者怒容相对,都是不健康心态的表现。唯有坦然处之,从容面对,自我调节,因地制宜,采取有效策略去对待,才能最终实现心理满足。

第二节 推崇口授相传,传承财务优良传统

一、口授相传的相关概述

(一)口授相传的含义

所谓"口授相传",其本意在于通过话语的形式来教授知识和技能的方式。韩愈在《师说》一文中讲到:"古之学者必有师,师者,所以传道授业解惑也。"其内在意思与口授相传有一致之处,但口授相传解惑的主体、时间与空间更为广泛。"口授相传"有狭义与广义之分,狭义指口头上的传授、交代或嘱咐。而广义上既有传递知识和技能的含义,也有一种宣传之意。口授相传在市场营销方面运用较广,对知识技能的传递更加深入,更加突出了宣传功能和沟通功能。

（二）口授相传的特点

1. 面对面的口授。与现代信息手段最大的不同在于，口授相传是传授与接收主体之间是面对面的信息传递。面对面的口授缩短了交流主体之间的距离，信息传递和信息确认更为准确。面对面的口授可以使交流主体双方之间进一步加深了解，包括性格、兴趣爱好、阅历等信息，感受对方的诚信度，有助于口授行为的深入发展。

2. 动态性。口授相传在时间和空间上是灵活的，具有非限定性特点。传与受主体双方就某些具体问题的传递、传授和接受、掌握方面不分时间、不分场合，时间上没有限制，不需要特定的空间（除依托于一定工具外）。双方交流的内容较为广泛，不仅仅停留在某个实际问题的传授，也会扩展到与传授无关的其他信息的交流。

3. 情感性。虽然传与受双方在很大程度上以利益需求为主，利益目标实现则这种交流结束。如果长期存在一个空间，具有长久的业务往来，那么这种口授相传就会产生情感，这种情感对于双方进一步深入交流是非常有效的。比如同事之间的业务交流，以及与其他有长期稳定往来的财务经办主体之间的业务交流。口授相传的方式相较于电子化和纸质化的传递方式而言更加生动贴切，使受众主体从情感上和智力上都更易接受，信息传递与技术掌握效率更高。

4. 反复性。口授相传的主体存在多元化，所传授的知识或信息在一定期间会发生多次重复性传授，且就同一接收主体也会出现反复口授的行为。这种反复性与口授相传的特点和口授相传的主体不断变化相关。

5. 不稳定性。口授相传一般停留在口头上，缺乏记载体的验证，由此带来口授相传的内容具有很大的不稳定性，表现出所传授的内容不断更新，前后传递信息或者理解角度出现差异。不同的传授主体对同一内容的理解角度不同传授时产生不一致。不同传授主体对不同接收主体也会存在传授内容的充分与短缺的问题，给口授相传的延续也会带来极大的影响。

二、口授相传在高校财务管理中的应用

财务管理是高校资金管理和经费保障的重要职能，由于财务管理的内容与特点，使得高校财务管理在职能分工、岗位设置、管理行为实施方式等方面与高校其他部门行为不一样，涉及的财务主体与财务关系呈现多元化，由此产生了不同利益相关者对财务管理的需求差异，从而导致不同的财务压力和财务矛盾。口授相传在高校财务管理中的应用不仅体现在财务部门内部人员之间的信息传递与交流，也体现为财务部门人员与其他各种利益相关者之间的业务传递与交流。可归纳为以下几个方面：

1. 财务部门内部人员之间的口授相传。

（1）财务政策变化和业务变更的信息传递。财务政策与业务处理变更是适应高校财务管理需要而产生的调整变化。作为高校财经政策执行主体，财务部门按照国家财经政策要求开展各项财务活动，规范财务管理行为，防控财务风险。国家财经政策的变化是国家对高校发展和管控重心转移的具体体现。比如"三公"经费、培训费、差旅费、会议费、科研经费等新财经政策的出台和执行，以及新高等学校财务制度和会计制度的贯彻实施等。财务部门内部人员随着国家财经政策的变化，也要更新财务知识和业务处理要求，因此日常的财务政策学习和业务培训成为口授相传的重要形式。财务主管与财务人员之间的政策宣讲和业务知识传递，通过面对面的会议形式或者业务沟通形式，从而使财务人员及时掌握相关内容并应用到日常经费报销和财务管理中。

（2）岗位日常信息交流。由于岗位设置与业务分工的不同，财务内部人员之间对具体岗位工作的财务知识和业务处理掌握程度不一样，或者相同岗位因人员掌握知识的能力差异导致对财务知识理解程度不同，那么经验丰富、业务知识扎实的财务人员对工作经验缺乏、财务业务技术掌握不够的财务人员之间的业务口授相传，在财务部门被称之为"传、帮、带"现象，有利于共同提高财务业务能力。

（3）岗位轮换后信息传递。虽然同处于财务部门，但是岗位不同，所应对的岗位职责和内容不同，财务轮岗是财务政策规定也是财务部门提升财务人员综合能力的重要手段。因此，岗位轮换与岗位业务知识的传递是财务部门口授相传经常性行为。对于岗位交流与轮换后的业务知识口授，已成为财务部门内部交接的必要程序，在交接过程中，要求被轮换的人员有义务和责任教会轮换的人员，这种口授相传方式时有发生。

2. 财务部门与非财务部门人员之间的口授相传。非财务部门人员包括校内其他部门或学院的老师和学生，以及与学校有资金业务往来的外来人员。由于财务业务专业性较强，非财务人员在办理财务业务时对财务问题的认识和理解有很大差异，财经政策和财经纪律意识较为薄弱，由此产生对财务部门的不满和矛盾。那么，财务部门对该部分利益相关者必然产生经常性的口授相传，比如财经政策的解释、财务业务办理流程、经费报销要求、科研经费、学生学费、学生资助政策等内容。

三、口授相传对高校财务管理的意义

管理的核心在于人。管理手段的改变，只是改变了人所借助的工具，在一定程度上改变了人的行为模式，但人与人之间面对面的交流方式仍然不能够被替代。近距离的信息传递、情感交流、离不开直接的语言沟通。无纸化、无声的电子文字交流，收到的是信息，收不到的是情绪和情感。对于高校财务管理来说，口授相传是无法被智能化信息系统所代替的，很多业务技能传授是需要直接的语言沟通，复杂的事件和人物关系在口授相传过程中转化成通俗易懂的财务语言，从而实现最有效率的财务问题解决方式。

1. 口授相传能够更加直接有效地实现财经政策的传递和业务技能的传承。当前，国家不断加大对高校财务的监管力度，一系列财经政策先后颁布实施。由于各高校财务运行机制的不同，对文件精神的解读必然会产生差异。校内财务人员和其他非财务人员在同一政策认识和具体实施方面会存在分歧，由此也产生了一些矛盾。比如下属单位的"预算编制难、执行难"、科研经费"报销难"问题。这些问题对于财务来说就是要求按照国家相关法律法规执行，严控财务风险，按程序办理相关经费报销使用。财务部门也针对很多财务实际问题进行了宣传资料的印刷与发放，然而，学校各级单位和部门，以及科研教师们对这些政策资料置之不理，也对专业性财务规定理解不透，在实际使用和报销经费时才发现不符合财务规定。而口授相传则不同，财务部门对财务文件统一解读后，通过内部财务领导一个口径的解读，政策把握准确，使每个财务经办人熟练掌握政策要求，在业务处理时按照统一标准去执行财经政策。然后，通过口授相传方式，让所有办理财务业务的人员熟知财经政策精神，口授相传中，口口相授，问题的反馈与分析，政策的宣传与应用，情感与智力上双方接受与认可，切实保证了财经政策和规定符合实际财务问题，有效地解决了财务问题。

2. 口授相传有效克服了信息不对称缺陷和加强了财务主体之间的沟通与交流。信息不对称问题较为明显地体现在信息传递的不完整、不及时，信息接收者对信息的理解不清楚，执行不得力。口授相传则通过在最短的时间和最小的空间里,传授主体之间通过口头上的语言交流,从而深化到情感交流、情绪交流,最后达到智慧的交流融合。比如财务部门内部上下级财务人员之间的交流,财务领导对下属财务人员的指令下达,口授相传直接而准确,下级能更清楚了解领导的意图,从而提高工作效率。同样,财务领导对下级财务人员的奖励、批评也更直接、及时,让他们能够感知到上级领导对他们的关心和鼓励。而且,财务人员所反映出来的建议、不满意情绪也直接让财务领导感受到财务人员在工作中存在的情绪动向,从而调整管理方式,有效地激励财务人员对工作的热情和提升职业满足感。对于非财务部门人员一样,口授相传拉近了财务人员与他们之间的距离,增强了相互的理解,对业务问题的处理更加有效,避免了财务矛盾的升级所带来的不利影响。

3. 口授相传改进了财务工作作风,促进了财务文化的发展。现代网络技术拓宽了人们活动的虚拟空间,开阔了视野,但是也缩小了人与人之间交往的实际空间。社会结构发生变化,人与人之间虽然距离很近,但存在的交流空间却很远。高校财务信息化的发展,改变了传统的财务报销模式,网上预约和网上报账等系列改革的实施,有效地提高了财务报销效率。然而,在某种程度上也使财务活动的主体双方缺少了面对面的业务交流,财务问题的回复也更多为"请看网上说明""请按照要求程序执行""暂不在线,请稍后咨询"等。如此一来,财务职业道德、财务人员服务意识从何说起,财务作风又如何改进,财务矛盾会有效化解吗?财务部门内部之间财务人员的交流变少,"传、帮、带"的链条被切断,财务团队的协作力必然减弱,财务文化生气逐渐淡化。口授相传则始终在传统的财务模式范围内,将财务人员之间、财务人员与其他人员捆在一起,分工与协作、配合与支持完成财务活动,解决财务问题,实现财务共赢。口授相传不是简单地传递了财务业务知识,而是他们也传递了财务部门服务文化、财务宗旨、财务精神,传递了正能量,从而化解财务矛盾,提高财务政策执行力,更加有效地保障学校教育事业的发展。

四、口授相传在高校财务管理中受限因素分析

1. 领导重管理,轻培训。财务管理既是一项工作管理,也是一种艺术管理。财务管理解决的是相关利益者的基本利益问题,也是维护财务主体自身利益的过程。利益需求的多元化使得财务管理较为复杂,涉及矛盾也非常尖锐。虽然,财务管理重在执行国家财经政策,贯彻财经纪律,然而这种贯彻与落实依托于各级相关利益者对财经政策的认可与支持,自觉遵守财经纪律。对于财务部门来说,不仅要处理上级财务文件的转发和相应财务管理办法的下达,而且要对这些财经要求进行解读和解释,注重财经政策宣讲,甚至要掌握必要的财务流程。部分高校财务负责人重管理、轻培训,只是一味强调文件规定,财经纪律要求如何使用经费等,而忽视了对执行者和被执行者的口授相传,忽略了对财经政策宣传和讨论及广泛征求意见,由此限制了口授相传的广泛应用,很多利益相关者对财经知识不了解,甚至产生误解,对财务部门意见很大,很多财务矛盾集中在财务部门。

2. 口授相传范围狭窄,影响其作用的充分发挥。一般认为,口授相传只是停留在财务部门内部人员之间的业务指导与交流,而忽视对非财务部门人员的财务知识普及。当财经政策颁布之后,财务部门在内部及时进行了内容传达,统一了认识,然后财务相关业务办理科室和人员按照最新政策要求予以把关。凡是不符合新的财务规定,则一律拒绝办理。如此一来,往往导致教职工对财务部门极度不满,认为是财务部门滥发要求,设置政策门槛,限制经费报销,从而影响学校教学科研工作的开展。有些财

经政策明显影响到部分教职工福利待遇,所带来的财务矛盾更加恶劣,财务部门一度成为众矢之的。然而,口授相传适用于所有与财务相关的场合,口授相传也泛指财务部门与非财务部门之间的业务指导与意见交流。口授相传不仅仅面对财务内部的人员,更要面向其他的利益相关者。口授相传将最新的财经政策普及到每位利益相关者,使每个人都"懂财",能够积极参与学校理财,支持学校财务工作的开展,建立和谐的财务关系。

3. 口授相传内容不准确,口径不一致。口授相传在于口头上的传递,它强调及时、信息的准确性。但是,由于财务专业性,各财务主体对财务政策和业务处理理解不一样,那么在解读时存在差异,由此口授相传时产生传递的财务内容不明确,口径也不一致的现象。而且,国家对财务管理的关注度也在发生变化,近年来对高校基建经费、"三公"经费、科研经费、培训费、会议费、差旅费、债务资金,以及各种财政专项资金等监管较严格,财经检查力度较大。各高校在执行这些财经政策时,理解口径不一致,直接影响经费的管理和使用,也直接影响学校教学科研的正常运转。口授相传过程中,部分高校严格控制"三公"经费、科研经费等,很多高校教师认为经费报销如此多的限制,打击了对科研项目研究的积极性。而且,口授相传内容、标准不一致,也会导致非财务部门人员对财务部门对政策执行的严谨性、科学性产生质疑,在经费报销和账务处理时引发财务矛盾。

五、推进口授相传,传承优良传统

1. 夯实基础规范,完善制度建设,确保口授相传的准确性、可靠性。随着新高等学校财务制度和会计制度的贯彻实施,新旧账务系统的完善,财务精细化与财务信息公开促使高校财务信息化进入新的发展阶段。高校经费预算管理、核算管理、决算管理融为一体，财务信息质量将逐渐提高。预算编制的科学性、准确性，预算执行的刚性要求，必然要求经费使用的规范，严格符合国家财经政策，准确反映各项经费来龙去脉，会计基础更加规范，各项财经制度的完善，明确规定了经费的使用方向，严格按照预算要求执行经费报销，客观上要求对任何财务主体、财务活动都实行统一的标准与口径。这样一来，为口授相传奠定了坚实的基础。口授相传对任何主体的财经政策解读都是一样的，一视同仁。财务部门人员在内部业务学习和技能掌握时，一律按照统一知识模板进行培训。而非财务人员所依赖的相关财务流程和报销标准，与任何一个财务人员口授相传的内容总体一致。

2. 加强财务人员业务培训，提高口授相传的能力。近年来，财务变革和财务环境的变化，使财务人员职业道德意识逐渐淡薄，职业倦怠现象越来越突出，习惯于常规的财务管理模式，对新的财经知识和业务技能的学习热情淡化，在向同事、非财务人员业务讲解方面感觉力不从心，业务知识不扎实，财经政策解读不清楚，账务处理标准不明确。因此，要注重对财务人员的业务培训，特别是新的财务知识和业务处理的培训。新高校财务制度和会计制度等系列财经制度的颁布实施，形成了一股强有力的学习潮流，促使每个高校财务人员主动去接触新事物，积极参与学习与交流活动中，适应新常态下财务管理模式。高校要通过集中组织科室内部业务交流、处内文件学习、全校财经政策培训，参与全国各级相关高校财务培训活动，拓宽财务视野，培养学习兴趣，提高财务人员综合素质，增强口授相传能力，努力创建高校财务学习研究型团队、财经宣讲团队。

3. 实施财务秘书与财务联络员制度，深入推进口授相传工作。积极推进财务秘书与财务联络员制度，建立财务负责人、科长、财务一般岗位人员三级分层联络制度，财务部门人员与各单位财务负责人、财务经办人及他们的教职员工和学生主动联络。

同时，实行财务秘书制度（财务干事），进一步明确各单位和学院财务经办人的岗位职责。在此基础上，深入推进口授相传工作。财务联络员主动到学院、部门，与师生们相互沟通，面对面交流。同时，加强对财务秘书的业务培训，及时通过口授相传方式将相关政策规章宣传到财务秘书，再让财务秘书口授相传到各单位师生。财务联络员与财务秘书实行"点对点"专人对口联系，财务部门有计划地与学院结对共建，实现财务部门与全校各单位、广大师生之间的对接，从而普及财经知识，增进财务了解，化解财务矛盾，提高财务管理水平。

第三节 推进场景设计，营造良好的财务文化氛围

一、"场景理论"的提出

场景的概念，最初常见于电影，它包括对白、场地、道具、音乐、服装和演员等影片希望传递给观众的信息和感觉。21世纪初，美国芝加哥社会学派代表特里·克拉克（2010）提出了"场景理论"。"场景理论"以消费为导向，以生活娱乐设施为载体，以文化实践为表现形式，把空间看作是汇集各种消费符号的文化价值混合体。场景包括以下四个要素：特定的社区范围、显著的实体建筑、特定的人群、特色活动。这些要素综合在一起形成了场景实实在在内容的表达。场景不仅蕴含了功能，也传递着文化和价值观，形成抽象的符号感和信息传递给不同的人群，并在无形中影响着个体的消费心理和行为。

张铮等（2019）认为场景是指由各种人物活动以及活动背景共同组成的场面，是由自然环境和人类活动相结合的整体。场景主要因素包括以物理空间为代表的背景、以人为主体的社会活

动、以活动和背景相结合的场面，反映出场景不仅具有实体空间的形式，而且还有精神上的意义。吴军（2017）谈到，不同的场景可以聚集不同人群，因为场景中蕴含的文化价值观、生活方式与生活质量发挥着重要作用。杜鹃（2017）借鉴"场景理论"，将其引入互联网消费金融领域，对互联网消费金融在电商、旅游、汽车、校园等进行了场景化设计与应用，提出开发定制化消费金融场景，打造基于场景的生态链等发展趋势。毕强（2018）以情绪调节理论和交互设计场景理论为基础，深入分析了用户情绪、用户场景及交互设计之间的关系，并从情绪构成三要素的角度，提出了基于场景理论的交互设计流程与产品设计思路。张庆龙（2021）讨论了智能财务的应用场景问题，他从学者、从业者、行业协会、学术团体以及系统供应商层面探讨了智能财务应用场景的研究现状，并提出了智能财务机器人、智能财务助理、智能管理会计应用以及智慧企事业大脑四个递增的智能财务应用场景的分析框架内容。

随后，"场景理论"的应用逐步渗透于金融消费、文化旅游、文化产业园区、社区文化、城市规划之中，运用"场"与"景"的有机融合，打造消费、娱乐与文化的经济、生活消费空间。"场景理论"的广泛使用，为特定领域的文化创建、文化思想的传播提供了有力的理论支撑，而专业的"场景"的打造则给予了空间上的载体，营造了实体与虚拟的体验环境，有助于文化理念的传承。由此，形成的各种"场景"的思维也给现代管理提供了更多的发展空间。

二、财务文化与"场景理论"

财务文化离不开良好的财务场景创造。注重财务场景的设计与优化，有助于财务环境的美化，为财务文化的传播与塑造提供更好的场景支撑。

1. "场景理论"为财务文化环境创造提供了理论依据。场，可以认为是一个空间、时间维度。场有引力，吸引了来这个场的人群，这些来来往往的人群与场内其他的符号、景物，以及人群带来的各类信息、情趣融合在一起，形成一个较为稳定的整体。这个"场景"范围内，按照一种有序的财务规则在运行，传递着各类价值观、各类文化元素。财务文化在这个"场景"内，通过各类景物传递着、修正着财务文化。因此，财务文化环境的创造，可以通过更多的财务符号、财务背景、财务活动，影响着"场景"中每一个财务角色，规范或者引导他们以财务价值的财务观念为出发点，自觉地理解和维护财务秩序，和谐各种财务关系。

2. "场景理论"为财务文化融入了"客户本位"服务理念。王玉梅等（2017）在应用场景的设计流程中强调了"用户需求"，指出产品设计要根据用户的相关问题与需求去提出场景的设计方案。"场景理论"较为显著的核心思想就是突出"用户本位"，始终坚持以用户需求为出发点，通过相应的措施和方案满足用户需求。财务文化的目标就是要实现主管部门和财务利益相关者的财务需求，那么财务文化建设场景要考虑师生和主管部门对财务的诉求因素，通过相应的业务场景与财务场景的塑造，使得他们获得财务上的利益满足感、优越感和尊重感。

3. "场景理论"给财务场景的设计与优化提出了客观的要求。"场景理论"强调了"场景"中各类"景物"的重要性，也对这种"场"的内在引力作了分析。对于高校来说，财务场景是财务日常工作环境重要的部分，也是财务文化的栖居地。在实际财务管理中，高校要充分发挥"场"与"景"的作用，增强"场"的磁性力，提升"景"的价值品味，为高校财务管理提供有力的支撑。那么，财务场景的设计更多要以财务文化为背景,运用财务的诸多标识符号来体现财务制度、财务精神,反映出财务的严谨、规范、专业、高效特点,比如财务制度、财务流程上墙,财务办公环境的文化装饰,为师生营造特有的财务文化氛围。同时,财务"场景"的设计中融入财务语言和财务视频等有声元素,增添了财务场景的专业性特色。

4. "场景理论"丰富了财务服务内容与色彩。"场景理论"讲的是情景交融、业财融合,注重财务氛围的营造,为财务提供"场景式"服务体验。场景财务的打造,更多把财务与业务特点相融合,设置更多业务式的财务场景,为业务提供专业的财务服务。场景财务延伸了财务服务功能,将财务工作融入业务的前端,为业务的谋划与开展提供了财务思路,把财务文化理念嵌入业务的始终,丰富了财务服务的内容,增加了财务服务的形式。同时,通过现有的信息技术手段和虚拟平台的构建,可以打造网络财务场景,给予师生更多的财务服务体验形式和手段。在特定的"财务场景"中,通过身临其境的财务体验过程,将财务宣传与财务服务嵌入财务活动的开端,给财务活动的过程管理消除了思想上的准备障碍,有利于财务关系协调。

三、财务文化场景的现状

财务文化场景指的是财务文化产生、发展和创新的环境基础。财务文化场景范围较广,一般分为财务硬件环境和软件环境。财务硬件环境则指财务办公环境人文设计、财务设备的配备、网络技术环境的优化,是开展财务文化建设的物质基础。财务软件环境更多指的是财务文化的观念意识,指导思想和发展观念,是财务文化形成、发展的内在驱动力。然而,多年来,在传统的财务管理理念影响下,高校财务文化场景显得传统、呆板,缺乏场景设计的舒适、优雅和品味,给人以单一、压抑、烦躁、固执、墨守成规的感觉。

  1. 枯燥单一、烦躁压抑的财务办公环境。财务办公环境，是提供财务服务和展现财务形象的重要窗口。多年来，财务部门始终被定位于学校重要保障服务部门，在办公环境方面注重实用、简单，装修与布局单一、乏味，每个科室用房狭窄，摆设陈旧，办公桌椅颜色大多以胡桃木色为主，文件柜占据办公面积1/3，各科室相互间隔，日常办公相对独立，甚至有的岗位之间工位隔离，使得办公空间显得尤为拥挤。宽敞的财务报账大厅则仅仅是为了满足多人排队报销使用。财务报账大厅设有长形的柜台，柜台甚至是半封闭对外，有厚实的玻璃墙。传统的柜台高于财务人员的办公平面，财务人员需要长时间保持仰头的姿势，以能够听到报销老师的业务咨询。柜台内摆满了电脑、打印机，网线、电线凌乱地缠绕在柜台周边。每个财务人员桌上堆满了凭据、账单，折射出凌乱、烦躁的环境。柜台内摆设的办公文件柜较多，装满了各种各样的财务资料。柜台外是长形通道，仅供财务报销人员的排队和通行。办公室墙面上挂满了财务制度框、财务流程图。整体而言，财务办公环境显得枯燥、脏乱、无序、陈旧、严肃、缺乏简洁、大方、活泼、规范、敞亮。长期处于这种财务环境下，潜移默化地影响着财务人员的心理和生理成长，对财务人员的工作情绪也产生了极大的消极影响。

  2. 简陋短缺、配备落后的财务硬件环境。在财务设备配备方面，财务部门显然赶不上教学科研的设备仪器配备。根据政府采购要求，行政办公设备一般按照最低标准配备，仅仅满足日常办公需要，对于高速度运行的软件系统是无法支撑的。而且，行政设备按照人员数比例予以配备，无法顾及财务公共服务需求。特别是财务服务大厅的打印机、复印机、公共查询电脑、扫描仪等电子设备，仍然显得比较匮乏，难以为师生提供更多的便利条件。财务效率的缓慢与长时间的排队等候，由此带来不少的财务抱怨。

财务办公环境的老化与设施简陋，无法满足高校财务服务现代化的需求。在财务管理要求越来越高的情况下，财务服务质量跟不上，财务人员与经费报销老师之间财务沟通减少，刚性的财经制度约束与财务诉求差距越来越大，导致财务矛盾日益尖锐，高校财务满意度急剧下降，给财务管理带来了极大的挑战。

3. 缺乏有内在影响力的财务软件环境。一般而言，财务软件环境更多是对财务文化的培育，包括财务文化体系中的财务理念、财务宗旨、财务精神等。然而，多年来，高校财务陷于繁琐的日常业务办理，疲于应付各种财务检查，财经制度的规定和绩效分配政策的约束，对高校内部财务文化的思考和创建显得心有余而力不足。财务理念、财务宗旨、财务精神，缺乏环境的支持和土壤的培育，缺少精神层面的教育和培养，往往对财务文化建设的驱动力不足，财务人员自身感受不到价值，对财务职业的成就感、幸福感和满足感无从获得。财务报销人员对财务部门的工作风格始终不满意，意见颇多。财务制度的宣传和业务的咨询，缺乏统一的财务理念，制度内容的修订更注重于规则的确立，往往忽视了制度潜移默化的文化影响功能。财务理念等与财务相关的思想、精神、价值观往往被繁杂琐碎的日常业务所掩盖，没有被作为一种无形精神支柱标识出来，没能让财务人员感受到精神的力量。

4. 疏忽财务人文场景的设计与规划。财务角色的定位决定了财务部门在开展各类财务工作中的行为和措施。长期以来，财务部门以管理与监督的角色对校内各单位进行财务规范，通过下发各类财经制度、审批年度经费预算、做好日常经费审签等方式加强对财务业务的管理，由此形成了校内师生对财务部门的财权权威的印象。事实上，学校财务部门仅仅是学校的财务职能部门，财务部门做得更多的是职责与服务。职责就是履行财务业务职责，服务就是发挥财务专业优势，为师生员工提供财务指导和咨询服务。财务人文场景旨在通过设计规划与财务业务开展相关的分类财务场景，为师生员工提供实际的、现实与虚拟空间的场景财务服务，让他们从这些财务人文场景中体验到财务服务风格和业务开展规范化特点。

四、财务文化场景的体验需求

多年来，高校师生员工对财务的认识仍然停留在简单的财务报销和资金支付，惯性的财务思维使得他们把日常的财务规范要求认为是一种财务监督，是对师生员工财务利益实现的人为约束。因此，师生员工对财务文化场景的体验需求往往直接反映了他们内心对财务工作的直接利益诉求，具体体验需求描述如下：

1. 简单清晰的财务手续。财务性质客观要求有理有据，经费申报有事由，资金使用有依据，财务报销有审批，财务活动有记录，由此使得财务工作要有规范性、统一性和标准性。经办人签字、经费负责人审批、凭据粘单、经费报销申报、会计人员账务处理、审核、复核和支付等，一系列的财务程序让经费报销人员感到非常复杂繁琐，他们最直接的诉求是简化程序、明晰要求、提高效率。那么，财务场景的设计要把财务程序简化、流程清晰考虑进去，让上述的财务程序能够在流程系统中去实现，通过智能系统自动化完成，尽量减少师生们来回往返的烦恼，让师生员工"足不出户""网上一键完成"，真正能够从财务流程中去感受智能财务思维人性化，财务流程的顺畅性，体现出财务文化场景在财务程序上设计的优越性、舒适性。

2. 快捷、便利的财务操作流程。过去，传统的财务报销把大多时间消耗在师生员工排队等待、来回往返签字、系统输入、审核、复核和支付等环节，给师生员工带来诸多不便，财务意见和矛盾也层出不穷。尽管必要的财务操作流程有利于加强财务规范管理，减少财务风险。但是对于师生来说，面对陌生的财务业务和复杂的财务手续，在财务操作上也感觉有不少难处。在财务文化场景设计中，可以充分利用现有的"互联网＋"先进技术，重新梳理财务操作流程，适当嵌入财务内控环节，逐步实现网上申报、审签、网上处理，让师生员工在网络上进行自由处理，在预先设置好各种限定指令的情况下，简单输入需要报销的时间、地点、金额、人员、经费核算号及必要事由等特定信息，减少操作人对财务专业知识的理解难度，从而为师生们提供极为快速、最为简洁的操作流程体检。

3. 齐备、快速的财务办公条件。财务服务文化场景的体验，追求的是财务办公条件的现代化、自动化、智能化。财务文化场景的设计，有必要提供齐备的办公设备，诸如电脑、打印机、复印机、扫描机、查询机、自动投递机等，以及财务报销用的胶水、粘单等零星办公材料，让师生员工能在财务服务大厅"一站式"、流水线完成财务业务办理。同时，依托智慧校园平台，实现财务无线网的全覆盖，师生员工随时随地通过手机和电脑，登录财务相关网络平台，将预先准备的报销票据电子版上传到财务综合平台，通过网上提交进入相应的财务业务办理流程，从而完成各类财务问题的咨询和了解，实现财务经费的报销。

五、财务文化场景的塑造

1. 树立"场景财务"思想，重视财务场景规划设计。"场景财务"是财务创新的新思想，把"场景"与"财务"融合在一起，产生了新的财务服务价值。树立"场景财务"思想，就是要把财务业务活动的开展安排在特定的场景之内，用场景设计与布置来营造舒适的财务环境，使枯燥乏味、琐碎繁杂的财务业务办理成为财务技能学习与掌握、增加财务知识、丰富师生财务生活的人生体验。因此,在场景规划与设计时,要立足于师生员工的财务需求,将财务业务分类组合起来,通过场景的财务文化创作元素,形成较为完整的、系统的场景片段,让师生员工从连续的场景片段中轻松愉悦地完成各项财务业务,获得财务自信感、自足感。

2. 美化财务办公环境,打造人文财务场景。办公环境的硬件配备和整个环境的布置对财务人员和师生们都存在不同的影响。财务人员的工作情绪、师生们对财务部门职能需求都需要优越的办公条件来保障。宽敞明亮的报销大厅给人以视觉上的轻松和舒适,通俗、活跃的财务大厅文化装饰传递着财务文化的严谨、规范信息,完整清晰的财务流程让被服务者一目了然,查询与打印设施的配备提供快捷方式,一站式的报销程序和无等候网上预约、无现金报销模式减少师生们长时间等候的耗费,专门的咨询服务台、即刻回复的短信告知平台、随时登录的大厅无线网络等都是能够体现出财务服务质量的重要因素。优越、舒适、快捷、便利,进一步反映出财务服务的人文关怀和换位思考理念,提高教职工对财务服务质量的满意度。

财务办公环境的场景设计也是非常必要的。可以尝试在财务服务大厅布置有财务特色的角落,展示财务符号、财务流程,使得财务服务大厅变得更加有生气和活力。有条件的财务部门拥有自己的会议室,通过精心的设计,能够把会议室装点成为反映财务文化的陈列室,体现出财务部门的发展历史、部门文化,让财务人员有种"家"的归宿感。

3. 提炼财务理念,提升财务价值。财务软件的场景设计需要着重从财务理念的提炼、财务宗旨的概括、财务精神的解读入手。要清晰地提炼符合本部门实际的财务理念,财务理念要反映财务部门的终极目标,要融合财务思想,能够对财务价值有高度的体现。财务宗旨概括要与财务部门的基本工作规则相结合，要反映财务行为的根本出发点，能够指导财务运行。财务精神则更是体现财务内在本质的外在表现，综合体现财务品质、财务形象。当然，财务软件环境的建设不是一朝一夕能够完成的，需要几代财务人的传承与创新发展。

4. 营造财务文化氛围，活泼财务气氛。重视财务文化，那么必须要对财务文化氛围提出发展。财务文化不是自身形成的，需要环境和土壤，也需要阳光和雨露。营造浓厚的财务文化氛围，显得非常重要。财务工作是枯燥单一的，但是财务文化是多彩活泼的。高校要对财务文化的培育，对财务文化的氛围给予烘托。财务文化氛围依赖财务主体的重视，要时刻不忘财务文化，要有财务文化的精神，财务文化氛围事实上就是一种文化环境。走进财务部门，先感受的是财务文化氛围，然后才是财务文化精神。财务文化氛围体现了财务的气质，财务的精神劲。要保持财务文化氛围，才能使财务文化更有生长的环境。财务文化氛围是严谨的、客观的、朴实的、真实的、敬业的，能够让人感到是的一种奉献的力量，踏实向上的力量。

财务文化氛围的突出，需要加大财务宣传。财务部门要充分发挥在学校重要职能部门的影响作用，通过财务管理与服务，深入校内各单位，开展财务咨询和财务检查工作，逐步增强校内师生对财务部门的职责认识，强化对财经法规严肃性和纪律性的敬畏感，自觉遵守相关财经制度。同时，不断加快财务信息化建设，运用现代网络技术，搭建财务共享平台，改进财务手段，提高财务工作效率，更好地为校内师生提供全方位的财务服务。发挥财务部门在学校高层参谋决策中的财务专业分析作用，提供学校事业发展的财务依据，从而提高财务工作在学校教育事业发展中的重要地位。

5. 注重借鉴国外优秀财务文化成果。高校财务文化建设是无止境的持续过程，也是无国界的文化培育。国外的高校可能在政策指导和体制约束上不一样，存在国情的差异，但是国外高校仍然有值得借鉴的有关财务文化的元素。或许，国外这些优秀的财务文化就是国内高校财务文化建设视野之外的空白地方。因此，高校财务文化建设应当注重借鉴国外优秀财务文化成果，加强国际财务文化交流，形成富有前瞻性、多元化的高校财务文化，例如积极吸收国外对财报 XBRL、环境会计、社会责任会计、财务风险防控、管理会计的研究成果，并率先应用于高校财务管理工作，使高校财务文化建设能够始终站在世界财务文化发展的前沿。

第十章 高校财务文化培育——财务团队、"科室自治"与财务活动

第一节 打造财务团队,增强财务文化保障

国内外学者对"团队"的理解有着不同的看法。比如国外的 Alderfer（1977）、Adair（1986）、Hackman（1987）、Jessu-pH. P.（1990）、Robbins（1994）等学者对团队都提出了各自的观点。国内学者则以厦门大学廖泉文教授为代表,对团队的定义和优秀团队特征给予了精炼的总结。他们对团队的总的观点认为,团队首先是由个体成员组成的,团队的共同目标包含了个体成员目标,成员的组成不是偶然的,而是相互依赖和互补的,不仅是在知识和技能上,更多体现在相互之间的共识方面。正因为此,他们之间的相互依存,相互信任,相互支撑的程度非常深,所产生的协作效应才如此显著。

一、团队及财务团队

简单而言,团队就是指存在于一定组织关系,各组织成员因任务、技能互补、具有共同的目的和绩效目标,在长期的协作中行为上相互依存,心理上相互认可,并有相互归属的感受和合作

精神的群体。团队有着良好的群体结构，但在目标结构、协同方式、责任导向、技能模式等方面优于一般的群体。厦门大学邓显勇（2009）对团队定义所包含的特征进行了明确的界定，强调了团队组成个体在技能或专长上的互补效应，团队成员之间存在共同的目标和价值观，他们勇于为共同的目标而做出自我最大的努力。

财务团队是以特定的财务目标为核心，依托于一定财务活动，由相应的财务专业技能相互链接而形成的一种工作组织，高校财务团队就是限定于高校范围内，且基于财务活动的需要而形成的相对稳定的服务于高校事业发展的财务工作组织形式。高校财务团队有广义和狭义之分。广义的财务团队包括主管财务的校级领导，部门经费负责人和学院"一支笔"；财务部门全体财务人员；各二级核算单位财务经办人员。而狭义的财务团队专指财务部门的财务负责人和财务人员。考虑到学校财务部门人员的稳定性和可持续性，笔者在此主要探讨狭义的财务团队，尝试从中探寻高校财务多年来发展中沉淀的财务组织精神和文化，挖掘出建设高素质、高水平财务团队的内在机理。

二、高校财务团队的特征

高校财务团队与企事业财务团队相比而言，团队目标、人员构成、团队任务、团队的维系与发展有着差异性的特征。具体体现在：

1. 服务于高校教育事业发展为目标。始终围绕高校党政工作重点，以其特有的专业特点和岗位职责，服从和服务于学校事业发展所需，积极筹措资金，规范经费管理，发挥资金效益管理、财务决策、财产安全保护的作用。将财务团队的发展融入高校发展之中，并随之逐步扩大和创新。财务团队的规模、职能范围、人员素质要求、专业知识结构等都与学校事业发展需求相关。财务团队建设目标是高校教育事业发展目标的组成部分，与师资团队、科研团队、其他专业性团队共同组成了学校事业发展的机构团队。

2. 以大学文化为链条，发展自我财务文化。大学文化是高校历史发展中沉淀积累并融合了时代气息的一种文化体系，是高校发展的内在动力和灵魂。大学文化以其丰富的文化内容和文化价值为高校财务团队的文化建设营造了浓厚的气氛。在很多高校财务理念和工作宗旨中，处处都体现出了大学文化的诚信、正直、责任、和谐、创新的鲜明特点。如贵州大学"明德至善、博学笃行"，南昌大学"格物致新、厚德泽人"；四川师范大学"服务至上，科学管理，精益求精，和谐财务"等，这些都与所在学校长期历史发展而凝结的大学文化和倡导的校训特色息息相关。财务文化厚重、朴实，渗透到财务团队的各个方面，使得财务团队始终保持着大学文化的特色，也展现出大学财务团队内在的气质。

3. 财务团队的结构以专业知识为基础，以岗位间的相关性为架构，团队的融合度较高。财务团队主要专业知识涵盖财务管理、会计学、金融学、法律学、会计电算化、成本管理、财政学、教育管理学、心理学等多个专业领域，各专业知识间存在着相通性，相辅相成，相互印证，容易融会贯通。当前，财务团队不是孤立的团队，也不是仅仅停留在专业技术领域，财务团队同样面临着复杂的社会关系，与各种利益群体进行博弈，承担着各种突发性矛盾与风险。因此，财务团队的知识结构在发生巨大变化，原有的传统知识理念需要更新和充实。而财务岗位恰似专业知识所依托的构架，既具有本身内在的特殊要求，又相互独立且相互牵制。可以简单描述为预算与决算、会计与出纳、审核与监管、支票与印鉴、数据管理与实际收付等，一环扣一环，责任与风险明确分担。而且，在长期的相互配合下，财务团队之间的知识结构相互融合，相互影响，凝结成一种协作性、稳定性较强的团队知识，这种团队知识伴随着财务团队的成长而不断得到补充，熏陶和教育着新老团队成员的发展，使得财务团队永葆活力和战斗力。

4. 具有共同的"全局意识、责任意识、忧患意识、服务意识"。财务团队担任着重要的工作职能，是学校资金保障和经费运行管理的经营者，是学校高层财务决策的重要参谋，服务于学校整个事业发展。财务团队对学校教育资源的掌握与配置，影响着学校各项事业的均衡发展，也会对社会产生重大影响。因此，财务团队必须树立全局意识，综合考虑学校事业运转，熟悉财务状况，能够运用财务资源和手段，积极化解财务风险，增强忧患危机意识，未雨绸缪，打好经济基础，坚守职业道德，严谨工作作风，勤俭节约，公正廉明，全身心地服务于师生。

三、财务团队与财务文化建设

财务文化建设依赖于财务团队。重视财务文化，着力提升财务文化水平，需要强有力的财务团队来保障。

（一）财务团队是决定财务文化建设方向的主体

虽然，财务文化是形成与发展于财务活动中的，但是财务文化的价值观和发展方向取决于财务团队。财务文化价值观是财务团队价值理念的具体体现，反映了财务团队的思想认识、精神状态、工作风格等。财务团队重视财务文化建设，必然会认真思考单位的财务文化建设，从财务文化的内在核心去提炼和总结，并且较为全面、系统地思考单位财务文化建设规划与设计。财务团队在财务领导的组织和带领下，反复对财务文化体系内容进行推敲，从多角度考虑财务文化的建设方案。只有财务领导和财务团队对财务文化建设的意义认识非常清晰，能够准确判断财务文化建设的重要方向和价值提炼，同时与高校校园文化、历史沉淀相结合，才能提炼出单位的财务文化价值理念和行为规则。

(二) 财务团队是财务文化建设的重要力量

财务文化建设依托于财务组织，财务组织的发展需要财务团队去推动。财务团队是财务文化建设的重要力量。尽管财务文化建设内容较多，但是作为财务团队，可以充分调动内部力量，认真开展财务文化的调研、规划、设计和实施工作。从财务理念的提炼，财务制度和财务流程的完善，到财务环境的优化，财务氛围的创造，都是财务团队组织并参与完成的。同时，财务团队在财务文化的创新和发展中，不断融入新的财务内容，充实和完善财务文化体系。

(三) 财务文化的发展有助于财务团队素质的优化和水平提升

一般来说，财务文化是财务活动中形成的一种文化、习惯。财务文化本质上体现了财务的严谨、正义、勤恳和创新的特点，尽管时代在改变，高校财务面临的财务环境在变化，但是财务文化内在的品质没有改变，仍然保持着朴实的风格。长期以来，财务文化潜在地、无形地约束着财务团队的财务行为，内在要求财务团队必须自觉维护和遵守财务规则，贯彻落实财经政策，严格按照财务流程处理财务业务，否则会受到财务文化的严惩。在财务文化的影响下，财务团队为进一步开展好各项财务工作，必然要求财务团队加强业务学习，强化财务能力培养，拓展财务管理知识，掌握和运用先进的互联网技术，应对现代高校财务管理需求。

四、提高财务团队的能力和水平

好的财务文化,孕育着一支优秀的财务团队。好的财务团队,需要较强的财务能力。衡量一个好的财务团队,核心在于其能力的体现。在纷繁复杂的财务环境中,在严峻的金融环境和市场经济中,在财务危机和重重矛盾的情况下,只有具有较强能力的财务团队才能经得起考验。不同的财务团队有着不同的能力体系,能力体系内容随着团队的发展和团队的核心任务不断充实和提高。

(一) 财务团队能力概述

一般而言,财务团队能力可分为团队综合能力和基本能力。团队综合能力指团队的整体能力,反映一个团队风格的外在表现,主要包括凝聚力、应变力、组织力、执行力、战斗力、创造力和学习能力。其中,凝聚力是能力体系中的核心能力,是团队在长期财务活动和财务文化氛围中积累和凝结而成的能力,稳定性最强,是团队存在和发展的灵魂。应变力是关键,体现财务团队对所处财务环境的反应速度,也是决定财务团队生存和适应能力的关键。组织力、执行力、战斗力、创造力和学习研究能力是保障,其内容在逐步完善和提高,综合反映团队领队的个人魅力和团队成员素质水平,也是对整个团队水平衡量的集中体现。而团队基本能力指团队内部能力结构的反映,是团队综合能力的细化,与团队内部职责分工、人员素质水平差异相关。见图10-1。

(二) 财务团队能力建设的指导思想

1. 以人为本。以人为本是科学发展观的核心,财务团队的

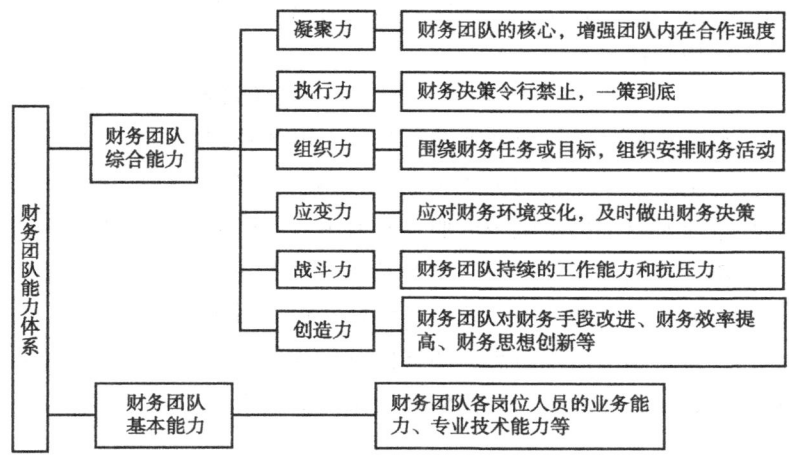

图 10–1 财务团队能力体系

能力载体是其构成成员。一方面，财务团队的发展应该得到成员对团队的认可，从而才能尽最大能力对团队发展做出努力。另一方面，各团队成员的自身素质也是影响团队贡献大小和创新程度的重要因素。构建财务团队的能力体系，必须以人为本，因人而建，抓住各成员的不同特点，发挥各自不同优势，将团队的能力体系建设与成员的个人能力发展规划相结合，保持一致方向，这样才能既利于成员个人的发展，也更有利于整个团队的发展。各成员存在个体差异，应充分考虑其优势与不足，相互弥补、相互支撑，优化团队能力体系，最终达到团队能力最优组合。

2. 和谐为"调"。"和谐"是中国传统文化的核心理念和根本精神。和谐就是要使事物内在结构、事物之间各要素相互协调、有条不紊、井然有序，始终保持一种良好的状态。财务团队能力体系构建依托于财务团队成员的个体能力差异，个体之间能力发展不均衡，因此，要保持团结有力的财务团队，需要协调各成员间的能力关系，从各个方面发展个人能力优势，完善财务团队整体能力结构，减少个体能力差异造成的不均衡和矛盾，提高能力结构总体水平。

3. 可持续发展为"向"。任何一个团队都在发展和不断提升。校区规模越大，财务业务更复杂，财务管理职能多元化程度增强，更需要一支精明强干的财务团队。在不同的财务环境下，高校事业对财务团队赋予的职责有所不同，财务团队的人员构成也在不断得到补充和更替，由此其能力要求和能力建设内容随之改变。财务团队能力的构建，是维持并促使团队发展的基础。因此，坚持科学发展观思想，始终围绕团队发展需要，创造各种有利条件，通过团队培训、团队激励机制的建立、团队活动等方式为团队发展奠定良好基础。

（三）财务团队能力建设的具体措施

1. 建立健全财务团队能力培养制度，形成良性的能力建设机制。制度建立和健全是确保财务团队能力建设，促进财务团队发展的坚强基础。财务团队能力培养制度紧紧围绕财务团队的能力培养方向、培养内容、培养形式和培养奖励等方面进行系统设计，明确能力建设的目的，按照较为规范的程序和管理规则开展团队的能力建设工作。财务团队能力培养制度具体包括财务团队层级培训制度，具体规划财务团队不同层次成员的差异性培训方式、培训内容和培养形式；财务团队能力建设奖励制度，拟定各种有利于团队能力水平提高的物质和精神方面的鼓励政策，比如学习研究能力水平的成果奖励基金；团队工作能力效率的团队集体荣誉奖励；团队成员个人突出表现奖励（创新、竞技、学习和科研、财务技能考评、个人贡献等）；团队能力建设管理规章，明确规定团队在能力建设中的纪律要求、目标考核、绩效评估等。

2. 开展层级式财务能力培训，提升各级财务人员的财务管理能力。增强财务团队学习能力，是提升财务团队能力的基础，也是财务团队发展的不竭动力。针对不同层次的财务群体，组织开展相对应的财务能力培训。对于分管财务的学校领导和学院单位领导，应着重增强他们的财经法制和经济责任意识，懂得教育经济管理。通过财务专家讲座，传授相关的财务管理理论，使之对财务管理体制和运行机制有所了解。部门和单位财务经办人则主要熟悉和掌握业务知识、财务流程等基础性财务知识。由财务部门牵头组织开展财务知识普及活动，使财务知识深入人心。而财务部门的财务人员能力要求则更高，必须具有熟练的财务业务能力，掌握专业的财经知识，树立全局意识、责任意识、创新意识和服务意识，适应各种财务环境下的财务管理工作。因此，他们需要经常性和专题性的财务业务培训，积极开展后续教育，注重知识更新，实行定期总结、述职、考评、轮岗制度，并按照提高素质、优化结构、增强能力的要求着力培养一专多能的复合型人才，建立一支敬业、奉公、守法的专业财会团队。

3. 优化财务人员结构，整体上提升财务管理水平。财务团队核心在于人，团队个体的构成因素影响到团队整体水平。优化财务人员结构主要针对财务人员的年龄结构、性别结构、学历结构、职称结构、专业知识结构以及个人能力结构等。财务团队讲求协作性，不同的人员搭配，其相互之间的协调有所差异。财务管理是一项综合管理，需要不同的专业背景的人员，年龄、性别是体现团队的精神面貌。专业、学历和职称体现了团队品质优势，而个人能力和思想意识是体现团队内部成员之间交往关系。

4. 提升现代财务技术手段的运用能力。财务人员的知识水平和实务能力要与时俱进，适应当代社会环境发展需要。首先，要强化相关财务软件的操作技能，财务人员在具有一定的计算机操作技能基础上，对所使用的财务软件有较为系统的了解，熟练掌握各个子系统的操作程序。其次，具备常用性办公软件的应用能力，能够与财务业务相联系，拓展性地运用到财务分析和财务信息披露工作中,为财务决策服务。最后,普及互联网知识,开阔财务人员视野。通过网络扩展财务人员的思维,提供学习先进管理理念、方法的通道,同时也为财务信息的传递、增进相互理解提供有效途径。因此,在当今高校财务管理中,掌握并提高对现信息技术手段的应用,是财务人员最基本的能力要求,也是未来财务管理发展必然趋势。

5. **强化财务人员职业道德教育,构建讲求诚信的财务精神文化**。财务精神文化是指财务人员共同信仰的、共同遵守的价值体系,它以观念的形态起着潜移默化的作用,是财务文化建设的核心内容。在我国传统伦理思想中,诚信被推崇为一种极高的道德境界,其不仅仅局限为行为指导规范,更沉淀成为一种诚信文化。孔子认为诚信是人立身处世之根本:"君子诚以为贵""人无忠信,不可立于世";孟子则将诚信上升为与天道本性相一致的较高境界:"诚者,天之道也;思诚者,人之道也"。今天的市场经济实质上是一种信用经济,其中财务诚信表达的是财务对社会的基本承诺,是财务工作的命脉和灵魂。加快"讲求诚信"的财务精神文化建设是培育诚信财务环境的必由之路。高校构建讲求诚信的财务精神文化,就是要进一步强化对财务人员的职业道德教育,要结合具体的案例教学,丰富高校财务人员的职业道德知识和经验,使财务人员能够在日常财务工作细节处,自觉遵守财务法规和制度,并且能对社会财务行业起到表率作用。高校还要重视将职业道德作为财务人员绩效考核的重要内容,赋予职业道德方面更高的权重,引入平衡计分卡等量化考评方式来考核高校财务人员的职业道德水平,例如将参加职业道德继续教育列入"战略发展"考核维度中,将财务信息是否真实,高校内部审计评价是否合格等列入"安全与运营维度"考核维度中,如果高校财务人员出现会计诚信缺失、会计信息失真甚至出现财务舞弊等违背财务职业道德的问题,高校应当严格对其进行处罚,甚至免除其任职资格。用模范的例子引导人，用反面的例子警示人，将财务人员讲求诚信的品质内化为自发的道德冲动。重视"人"的资源开发和价值实现，全方位地提高财务人员的素质。可以定期举办"财务论坛"或各种培训，为财务人员开设业务能力、理想信念、文明服务、沟通技巧、个人理财、压力管理等方面的主题讲座，提升业务能力、培养敬业精神、提高综合素质；开展"座右铭"征集活动，倡导积极向上的价值观，弘扬财务文化精神，促使财务人员树立"爱岗敬业、服务师生、团结协作"的道德风尚。通过培训，建设一支具有过硬的专业技术、符合信息化要求的财务人员队伍；通过教育引导，激发财务人员的工作责任感、事业开拓感、命运共同感。最终促进财务事业的发展，创造更高的组织效益。

总之，高校文化体系建设，是一项长期复杂的系统工程。在当前形势下，应当认清高校文化建设面临的严峻挑战，不断完善高校文化建设的运行机制，努力体现时代精神和教育创新，使之成为全社会文化建设的重要载体，并促进社会主义文化大发展大繁荣。

第二节 强化"科室自治"，提升科室财务文化

财务科室是高校财务活动开展的主体。长期以来，财务科室在贯彻落实国家财经法律法规、履行科室财经业务职能、充分发挥各科室专业优势、促进财务各科室之间协作工作等方面发挥着重要作用。思考和探索"科室自治"模式，优化科室职能，提升科室效率，对深化和推进政府会计制度改革、绩效预算改革和财税体制改革有着积极的意义。

一、"科室自治"提出的背景

(一) 政府会计制度改革的深入推进，依赖于高校财务科室的优化

2019年，根据财政部要求，在行政事业单位推行政府会计制度改革，实行政府会计基本准则和相关指南。政府会计制度改革是继内部控制制度改革后的又一次重要改革，是高校2013年、2014年财务制度改革和会计制度改革后的又一次大变化。政府会计制度体系对高等学校会计制度体系进行了一次全面、系统的改变，实行双分录、双基础、双功能。是财务会计与预算会计的融合，给高校财务带来了极大的挑战。整个高校会计基础面临重构，高校财务在贯彻落实过程中，不得不通过财务机构的优化来强化财务科室的职能，由相关财务科室承担起新会计制度改革重任。财务科室的业务定位，需要从原有的会计核算基础开始，重新构架账务系统，设置会计科目和项目经费编号，搭建新的账务处理逻辑平台。原有高校财务机构中的会计核算科、复核科、支付管理科、稽核与信息科等相关科室或相关岗位有必要重新归类，按照政府会计制度新业务流程进行业务归类和科室岗位设置。这些又与科室的岗位和业务密切相关，唯有科室自治，科室独立才能真正把相关的财务业务分离出来，相对独立又相互牵制，才能发挥出科室的作用，稳步推进学校财务部门的整体工作。

(二) 高校内外财务诉求日益增多，促使高校财务科室职能分工更加明细

近年来，高校财务需求越来越高，高校财务职能从监督管理型向参谋服务型转变。高校各级部门财务需求日益增大。财务大

数据信息的收集整理填报，成为各级部门对财务管理的重要手段。学校事业发展需要财务提供财务参谋，拓展财务功能，推行高校"大财务"，财务信息公开，促使财务部门研读国家各级财经政策，开源节流，提供管理建议。因此，使得高校财务加快财务信息化发展，进一步细化财务科室职能，财务业务科室专业化，财务岗位职责更加细化，财务服务更加人性化、系统化专业化。

（三）高校智慧财务的日益发展，科室独立运作能力逐步提高

在积极推进高校政府会计改革情况下，高校财务智能化建设逐步深入，各科室业务工作打破传统的协作模式，通过"互联网+"手段，开展网上业务办理，使得各科室业务自行独立的运行能力得到大幅度提高。在财务智能化发展的今天，高校财务按照业务属性和相互关系。逐步畅通各科室之间的财务流程，实现了财务业务的一体化格局。各科室在自我内部业务办理方面实现了内部业务循环。同时，各科室之间通过共建、共享，实现了科室网上自主办公，科室的运行独立功能简化了审批程序，提高了科室业务办理效益。

二、"科室自治"的内涵

（一）"科室自治"的概念

科室自治，指的是在财务部门统一宏观指导和组织下，优化科室职能，提高科室工作效率，充分调动财务科室主动性和积极性，进一步扩大科室的自我管理权限，各科室在科长组织下，科室内部通过民主集中制，在兼顾财务部门其他科室工作协同的情况下，自行考虑岗位设置、人员岗位安排、工作任务分工等，以

达到科室自主、自立、自创、自治的目标。

(二) "科室自治"的特点

1. 科室内部实行民主集中管理。各科室在处内的统一安排下，对科室职责、岗位职责进行梳理，并结合科室业务设置相应的岗位，合理配备岗位人员，进一步明确岗位职责，做到岗位有人，人人有责。

2. 财务工作科室归口负责。根据学校财务工作的特点和内容，在处内统一的指导下，进一步梳理日常各项财务业务，对财务业务进行常规工作与专项工作分类，并结合科室职责予以业务分配，将各项财务业务科学合理地分配到各科室，由科室对这些业务进行相应的制度规范和流程管理，从而让科室的业务职责和流程更加明确，科室业务能力也得到提高。

3. 科室完成内部人员考核与监督。实行科室自治后，分管副处长对科长在科室业务管理有相关的要求，科长在保证科室业务完成的前提下，对于科室成员有一定的考核与监督权，科长每学期或每年要对科员进行工作评价，对日常科员的工作职责和工作表现有监督权，使得科员能够在职责范围内服从科室工作安排。

三、"科室自治"的意义

1. "科室自治"是高校财务治理的必然要求。各财务科室是财务部门的主要构成主体，承担着各项财务业务的具体完成。科室的工作成效决定了财务部门财务工作的整体水平。财务治理旨在加强财务内部管理，强化财务职能，提升财务管理能力。而科室的建设是财务治理的核心任务，财务治理重在基础财务组织的健全，没有科室工作水平的提高，那么财务治理就是一句空话。因此,"科室自治"是财务治理的必然要求,科室自治为财务治理提供了新的思路,从科室建设入手,强化科室的财务治理职责,提升科室的财务治理能力,有助于推动学校财务治理的发展。

2. "科室自治"是提升财务服务水平的有力保障。一直以来,财务把服务与监督放在财务工作的首要,财务服务着眼于财务业务的服务,财务业务是由各财务科室具体承担。财务服务与科室的业务服务密切相关。财务科室通过对各项财务业务的办理开展财务服务工作,财务服务水平也直接体现在各科室的财务业务办理过程中。各科室虽然承担着不同的财务业务,但是最终服务水平归集到财务经办人对科室业务办理的直观体验和身心感受。财务主体对财务科室的客观评价就是财务服务水平的直接体现。"科室自治"将财务业务分解到各科室,有相对明确的职责分工,各科室的财务服务态度、精神面貌、业务水平直接反映了科室的外在服务水平,各科室之间形成了较为鲜明的对比,从而督促各科室相互之间在财务服务时有比较和竞争,自觉做好财务服务工作,维护各科室财务形象。

3. "科室自治"有利于提升财务人员财务业务能力。财务内部机构管理是以科室管理为主,科室自治赋予了科室更多自主权,科室在科长的带领下,结合科室职责,充分发挥科员积极性,激发科员创造性,主动思考科室岗位设置、岗职职责、业务流程,进一步优化科室职能,加强科员业务学习和培训,积极掌握和了解科室内部各岗位工作,实现科室业务"全员通",从而提升科室财务能力。

四、高校财务科室管理的现状

综合我国高校财务部门业务,一般情况下,主要业务内容包括学校资金筹措、财务预决算工作、资金管理工作、科研经费管理、教职工薪酬发放、各项收支确认与账务处理、对外往来账的清理、内部各单位结算、票据管理、税务管理、会计档案管理等。根据学校财务业务特点和类别，目前我国各高校设置了专门的财务部门，统称为计划财务处、财务处或财务部、财务中心等。财务部门下设相关科室，主要包括有：计划财务与综合管理科、会计核算科、资金结算中心、基建财务科、收费管理与信息技术科、会计稽核科等，当然，有些还包括多校区的财务室、"一卡通"结算中心、资产经营公司财务部、科技园财务部等。对于"985"和"211"高校设有"专项资金管理科""科研经费管理科"等科室，或者是设置了会计核算中心和财务管理中心，集中核算，统筹管理。总的来说，目前各高校在财务科室设置方面主要依托于本校实际财务工作，各高校科室建设仍然存在不足的地方。

1. 科室设置的"财务管理"与"会计核算"功能划分显著。长期以来，高校财务以"财务管理"和"会计核算"为基础划分主要财务业务，由此在科室设置时习惯设置相对独立的财务管理科室与会计核算科室。前者包括计划管理科（预算管理科）、财务综合科、资金管理科、收入管理科，将预算、财务综合协调、票据、资金、税收、收入、公积金等综合财务业务归入财务管理科室。后者则包括会计核算科、稽核复核管理科、支付管理科等，将会计核算、复核、支付等归入会计核算科室。相比较而言，前者财务业务更倾向于宏观和中观管理，业务的协调性和指导性明显，后者则趋于微观管理，业务的专业性更强。"财务管理"和"会计核算"功能的分离，在某种程度上有利于财务工作的开展，但是又隔离了二者之间的紧密联系，会计核算是基础，预算管理是导向，综合协调是衔接，业务的单纯剥离往往会导致各职责之间缺乏链接，使得财务流程脱节不连续，也造成了财务人员对财务业务的掌握不完善、不全面。

2. 科室设置"大而全"与"小而全"。部分高校认为财务业务的归集应该集中到某个中心或科室,使得该中心或科室能够将此类财务业务"一条龙"流水线地完成。比如会计核算中心归集了原有的会计核算、账务处理、经费收支管理、会计报表,以及后勤等二级财务单位的核算等职能。财务管理中心则主要侧重于财务决策管理、财务政策和制度拟定、财务绩效分析,以及原有的预算管理、财务报表分析、财务信息管理等职能,形成"大而全"模式。部分高校偏向于"小而全"模式。规模小的高校,将基建财务和资产物资管理纳入了财务部门,规模大的高校则分设了基建财务管理处和资产设备管理处。部分院校未设置专门的财务办公室、物资采购管理科、基建财务科等,学校将其他科室不能容纳的银行贷款、物资采购、收费等业务全部纳入财务办公室或财务综合科。

3. 科室设置的"传统型职能"与"智能化职能"并存。高校传统型财务职能仍然停留在经费预算、会计核算方面。经费预算分配和日常会计核算贯穿于高校财务每年的始终。"以收定支、收支平衡"的预算原则使得高校经费收支显得尤为谨慎和稳重,高校财务的职能仅仅限定于既有的收入来源,时刻限制着学校额外的支出蔓延,从而约束着学校教育事业开拓性发展,也禁锢了高校财务人员的传统思维。随着信息技术的发展,管理会计理论的深入应用,高校财务的数据分析、财务参谋决策作用开始显现,学校迫切需要借助财务信息化发展手段,改进财务管理手段,打破传统的财务职能,拓展财务信息职能,提升财务管理水平。由此,高校财务科室结构开始变化,财务信息或信息技术科逐步成为财务部门重要科室之一,承担起财务数据分析、财务信息技术发展的重要职责,全新的高校财务管理体系,突出了财务在高校事业发展的重要地位。

五、提高"科室自治"工作效率的有效措施

（一）科室设置的原则

1. 功能优化原则。由于财务科室承担着不同的财经业务，各类财经业务既相对独立，又相互连贯，同时存在相互交叉。为进一步理顺各科室关系，明确科室职责，立足于财务功能优合理分工：纵向分工以责任和考核为基础；横向分工以提升效率和节约成本为基础。对各科室的财务功能角色进行正确定位，并赋予相应科室的财务功能，形成各科室自有的业务优势，提高财务工作效率。

2. 协作共进原则。根据学校财务业务的专业特点，对财务业务进行科学的分类归类，使具有相互联系、相互配合的财务业务归入同一科室，有助于科室内部对业务的协同处理，提高财务工作效率。对相互制约、相互监督的财务业务要分设，通过科室之间的工作牵制进行监督，有效防止财务风险。

3. 管理幅度原则。充分考虑到管理的有效性和管理决策的执行力，严格控制各科室岗位和人数，结合各科室业务要求，各科室原则上不超过5人。

（二）强化科室功能，实现科室"自治提升"目标

为进一步促进各财务科室建设，在处长领导和副处长分管下，各科室科长具体负责科室建设工作，积极推行各科室"自治提升"模式。

1. 科室岗位管理。由各科室科长根据科室承担的财经业务内容和特点，主动、自行考虑科室的岗位设置和人员安排。根据科室内部业务内容，科学安排科室内部岗位，配备相应的财务人员。

2. 科室制度建设。紧紧围绕科室业务内容，认真梳理科室业务清单，针对业务清单拟定科室岗位职责、科室档案职责、科室值班制度、科室消防安全制度等，整理科室业务流程，规范科室内部管理。

3. 科室业务学习。各科室科长在分管副处长的指导下，积极组织和加强科室人员财经政策和业务技能学习，坚持每周科室人员集中一次学习，加快科室人员对岗位工作的了解和掌握，提高科室人员的财经业务技能。同时，财务各科室之间加强学习与交流，对全处各项财务工作全面、系统了解，树立财务大局观，强化科室协作意识，相互配合、相互监督、相互促进，从而提高财务治理能力。

（三）营造科室创先争优气氛，促进科室治理能力提升

各科室根据学校和处内年度工作计划，在年初草拟本年度各科室工作计划，年终工作总结时，各科室科长代表科室进行工作总结，对照年初工作计划考核科室工作任务目标完成情况，并由分管副处长进行工作点评，处长给予总体评价。科室任务的完成，代表着科室全体成员的辛勤付出和努力结果。营造科室荣誉感，对于提升科室成员集体感和归属感有积极的促进作用。

第三节 丰富财务活动内容，增添财务文化活力

一、财务活动

（一）财务活动概述

财务活动有狭义与广义之分。狭义的财务活动指完成财务任

务和工作的一个过程。广义财务活动则包括除财务工作以外的其他与财务相关的活动。单一的财务活动，常规性强，内容单一，有规律可循，易产生厌倦和反感情绪。广义财务活动就是将财务工作与财务其他活动分离出来，从财务活动中寻找财务价值和财务成就感。广义财务活动为财务文化带来新的启发，有利于丰富财务文化内涵，创新财务文化形式，提升财务文化活力。广义财务活动具有包容性和人文性，它把财务人员纳入活动情境中，帮助财务人员找到自身弱点，完善自我身心修养，以饱满的财务热情投入财务活动中。

（二）财务活动形式

财务活动形式多样，依据不同的财务目标，开展各自的财务活动。财务活动的最终目标就是要凝聚财务向心力，增强财务战斗力、合作力、持久力。

1. 财务会议。财务会议是最基本的财务活动。高校财务部门经常性或者定期每周召开财务会议，会议要求全员参加，分管财务副校长或财务负责人在会上一般是传达上级主管文件精神、近期工作安排和部门内部事项。其目的在于宣传财经纪律要求，落实贯彻财务工作任务，催促各院系按照学校要求完成各项财务工作。

2. 春秋游工会活动形式。近年来，高校工会的活动形式越来越多，给教职工提供了很多方面的机会修养和调节。高校春秋游工会活动完全符合国家政策要求，而且各高校队伍建设需要有这方面的工会活动形式。春秋游活动能够通过活动形式和内容进一步增强了财务部门内部活力。同时，春秋游活动减缓了财务人员的身心压力，更好地促使财务部门财务人员相互沟通，相互支持，有效增进了财务人员内部的情感联系。

3. 财务支部活动形式。财务支部活动是高校党员组织生活的重要形式,是在财务部门党员范围内开展的支部活动。财务党员是财务群体中的骨干力量,是财务工作的主心骨。财务党员要发挥党员先进模范作用,其首要问题是要解决财务党员的思想问题和组织问题。财务党员不论在认识上,还是在行动上,都要优于普通群众。财务工作中难点、重点问题,党员干部要主动去发现和研究,主动去承担责任。财务党支部人数较多,思想觉悟要求高,提升财务党支部的凝聚力较为容易。要多开展财务支部活动,紧紧地把财务部门党员干部团结起来,发挥党员的中间力量,切实推进财务文化建设,带动其他财务人员加入到财务文化氛围中,自觉接受财务文化的熏陶。

4. 财务会计专业技能比赛形式。近年来,国家开展了一系列财务管理改革工作,出台了不少财务与会计的法律法规,进一步加强了财务与会计的规范管理。比如行政事业单位的内部控制建设、会计基础工作规范、会计继续教育培训工作、政府会计制度改革、管理会计制度等等,这些制度改革对高校财务管理工作提出了新的挑战。如何加强财务人员对新知识的学习和掌握,切实落实各项规章制度,需要多次培训和反复推敲,与实际业务工作相结合,不断地融合,从而成为一种娴熟的技能。因此,通过开展财务会计专业知识的比赛活动,让每个财务人员加入活动中,能够激发财务人员的内驱力,增强他们的责任意识,既收获了知识和技能,也感受到了群体荣誉的骄傲。

5. 素质拓展。事实上,很多高校也在推行一些体育活动形式,将素质拓展与户外运动相结合。开展财务人员的素质拓展活动,一方面加强了财务人员的体育锻炼,另一方面也促使财务人员参与到群体活动中,增加了不少乐趣,同时磨练了毅力,收获了友谊。素质拓展内容的设计因拓展群体因素,大多以智力与情趣相结合,但又要体现出团队的协作精神。因此,素质拓展的课程选择要与拓展指导员多沟通,通过开发一些适合高校财务人员年龄、性别、兴趣方面的课程，让财务人员感受到日常生活和工作之外的乐趣，放开心扉，抛去烦恼，体会到同事之间的温暖、关照和鼓励。

（三）财务活动必要性

财务活动以自由的形式让每一位财务人员加入进去，扮演着随意的角色，使得财务活动充满活泼的感觉。财务人员长期束缚在单一的规则中，身不由己，整个人的意识都被捆在整套制度办法之中，得不到自由的释放，压抑再压抑，财务人员神经长久绷紧，往往造成神经质思维。不少财务人员常常因为财务工作多，经常加班，随时想到工作任务的完成，总是感到时间不够用，每天背负着沉重任务的心理压力，结果导致身心疲惫，效率低下。相反，经常性的多彩有趣的财务活动增添了自由的乐趣，财务人员精神得到放松，人的面貌也会逐步改善，能够较好地找到对工作的满意感、成就感，事业信心逐渐恢复，促进了高校财务管理工作的发展。

二、财务活动策划

（一）财务活动策划原则

1. 专业特色。财务活动与其他活动的显著不同在于其专业性。有"财"才有"才"，开展财务活动，要体现专业的特点，才能对财务人员参与活动具有吸引力。通过一些与财务管理相关的活动方式、内容，让财务人员参与其中，体会到财务的魅力和价值，提升专业认识和职业自豪感，这样的财务活动才能够起到凝聚人心，增强职业归宿感。

2. 技能提升。财务活动本身的目的就是要提升技能，没有技能考察的目标，财务活动反而缺乏内容，显得空虚无味。在财务活动设计时，要掺入相关的财务技能培训和学习，把日常财务人员欠缺的技能知识融入财务活动中，通过参与活动，学习和掌握一些相关的职业技能，对于财务人员提高工作效率，增强工作能力起到积极的作用。

3. 人文情怀。长期以来，财务工作比较枯燥单一，财务人员对财务工作产生厌倦或者是惰性。因此，财务活动要发挥切实有效的调节作用，自然需要另外一种气氛。人文情怀就是财务活动设计的必然要求。在财务活动中，增添温暖的祝福和鼓励，给予精神上的安慰和关怀，让财务人员感受到一种被感动、被关心、被鼓舞的气氛，褪去疲倦的工作要求，赢得更多的情怀和力量。

4. 活泼与趣味性。财务活动讲究一种融洽的气氛，那么活泼与趣味性是必要的。在互联网时代，生活的多样化和个性化，现在年轻的财务人员在自我享受的过程中，其实在逐渐失去群体的安全感和舒适感。财务活动则是通过趣味项目将财务队伍集中起来，寻找共同的活动目标，在团结协作和趣味共享中找到每个人的角色和价值。

（二）财务活动内容

1. 轮流性外派学习与调研。由于财务人员人数相对较多，财务工作的特殊岗位职责，每年高校应根据财务学习的任务安排，轮流派出一线的财务人员参加各类学习和调研，鼓励财务人员丰富知识，拓宽视野。

2. 红色教育活动。组织财务党员干部参观红色革命根据地，接受红色革命教育，增强党员先锋模范意识，提高党性觉悟水平，时刻保持党员的先进性、革命性。

3. 组织财务技能比赛。设立相关财经法规知识笔试、现场抢答活动,或者进行财经业务的实际操作比赛,以技能专题讲座等方式,挖掘财务人员潜在能力,发挥各自特长,烘托财务文化氛围,既锻炼了财务人员的综合能力,又陶冶了情操,丰富了财务人员业余生活。

4. 组织专题讲座。邀请专家开展相关讲座,包括心理学、管理学、经济学、金融学、文学、哲学等多学科门类的专题讲座,丰富财务人员的知识内容,从中获得更多的思想升华和品味提高。

三、财务活动开展注意事项

(一) 周期性

由于财务工作的特殊性,一年之中各阶段财务工作的重点不一样。比如上半年财务部门预算工作比较集中,各单位忙于预算申报,填写各种项目经费预算表,财务部门要分析和清理上一年度的财务收支情况,对下一年的预算收入和支出进行对比分析。而下半年则是收费工作和决算工作为主,财务部门需要开展相关的业务工作。因此,开展财务活动要注意时间的安排,符合高校财务工作的特点,以避免财务活动影响正常的财务工作。财务活动在计划安排时,尽量避免财务部门业务高峰的时期,在财务工作相对不紧张的时候开展财务活动,一方面缓解财务人员财务压力,调节财务人员心理状态,另一方面也是对财务文化的建设,有助于财务工作的改进和工作效率的提高。

(二) 及时性

某些财务活动本身与季节、环境和目标要求相关,那么这些财务活动就要求及时性,才能起到事半功倍的效果。比如新财经政策的学习，政策出台立即传达学习，及时执行，避免政策信息滞后产生的隐患问题。有些财务活动开展及时，财务人员接收更快，知识消化更有效。如果错过学习时机，可能再组织活动，其活动意义会有所降低。

(三) 创新性

财务活动要调动财务人员的积极性，惯有的财务活动安排往往缺乏吸引力，达不到应有的活动效果。比如日常开展的每周政治学习和组织生活，学习相关文件，传达相关会议精神等，这些都是比较陈旧的活动方式。创新就是要对活动的内容和形式都要有所改进，要有新鲜感，活动更丰富。比如通过自我谈、专家谈，实地考察，对外交流等方式，让财务人员亲自去体验，从心灵上去震撼，这样才能够真正体会到财务工作的创造性带来的财务成就感。

第十一章 研究不足与未来展望

第一节 研究不足

一、财务文化理论基础相对薄弱

一般来说,财务文化属于文化意识方面的内容。在研究过程中,由于相关文献收集有限,财务文化的直接理论引用相对较少,仅能从相关的理论中找寻与财务文化有关联的内容,比如团队理论、需求理论、激励理论、愿景理论、和谐理论等。然而,这些理论也只是从某个方面来论证财务文化,不能涵盖其他,由此会导致认识上的偏差。为丰富财务文化的理论内容,本书在相关章节更多是从财务文化的发展、特征、分类、功能等方面去阐述财务文化的内涵,进而增加对财务文化的认识和理解。

二、对财务文化内涵的理解有待深入

财务文化的内涵理解主要源于企事业文化。大多学者将财务文化分为物质文化、制度文化、精神文化三个层次,但这仍然未能把财务文化阐述完整。文化都有其自身起源的基础,以及发展中的自我修炼,文化的载体和形式都是在不断发生变化的,财务

文化也是如此。本书把高校财务实务融入财务文化中,让财务文化充满了生机,有血有肉,也有神。

三、财务文化体系的内在凝聚性较弱

财务文化是一个有体系的意识形态,书中对财务文化涉及的各点进行了充分的论述,使财务文化体系内容较为充实,而且体系中也呈现出高校财务文化的行业特色。但书中的论述并没有将财务文化的各个点有机融合起来,"面"的效果未能体现出来,内在凝聚力比较薄弱,给人的感觉还是略松散。

四、财务文化的行为财务与心理学融合程度欠缺

财务行为与财务心理相融合是财务文化的显著特征。书中试图从心理学角度去分析更多的财务行为内容,使财务文化的意识渗透力更强。财务政治、财务宗旨、财务情绪、财务沟通、财务自信、财务压力、财务惰性等都是从心理学角度去思考和分析财务行为的,然而限于作者本人对心理学知识的欠缺,仅能从浅层次去描述这些财务行为,其融合度有待提高。

第二节 未来展望

一、财务文化逐步深入人心,影响力显著增强

随着"互联网+"时代对财务事业发展的影响,技术性文化越来越支配着财务管理。"唯技术"思想要求高校财务人员要

多方面学习和掌握先进技术手段和软件系统操作,并能运用管理会计工具对财务数据信息进行分析,提炼财务决策数据。而财务软管理要素则开始成为技术服务的边缘装饰,制度、流程、管理沟通不再是未来财务管理的基础。由此,可能出现另一种机械性、固化类财务管理模式,对财务内部和谐关系、财务团队建设都会产生潜在的危机。因此,财务文化的影响力作用显得越来越重要,财务文化要综合多方面的因素,要真正把握住人在技术面前的主导作用。不是机器控制了人的思维和行为,而是人要把控机器,让机器为人的思想服务,为财务发展提供技术支持。财务文化要把个体财务人员的心理凝聚在一起,围绕着财务团队的协作目标,依靠财务团队的力量,而不是仅凭个人对先进技术的熟练掌握,为未来高校财务的运行和发展提供支持。

二、财务文化的心理需求更加强烈,相互依托关系日益紧密

财务工作不是单一的技术工种,而是集个体利益、技术、诉求为一体的综合管理。财务文化虽然有制度、物质和精神文化三个层次,但是财务文化的心理需求也将更加强烈。财务文化的心理需求不仅仅是针对财务利益主体的,而且也与财务管理者相关。财务工作的协作性特点离不开多岗位、多人员的参与,这种协作的基础就是统一目标、统一行为、统一需求。在"互联网+"环境下,高校财务运用网上审批、网上报销、网上支付等方式进行财务运作,在基于内控要求下,单个财务个体之间的权限制约和相互配合成为未来财务管理模式主流。那么,在技术应用的环境中,人成为主导者。财务文化在提倡制度规范、技术改善、环境优化的同时,更加要求对财务需求的满足。财务文化只有把这些技术操作的人有序地凝聚在一起,把他们的心理需求扭在一条

绳上，才能形成一股财务驱动力，推动高校财务事业的发展。

三、财务文化理论基础日益成熟，文化体系逐步完善

随着文化自信和文化治理的广泛应用，文化理论越来越完善，财务文化所依托的基础也越来越成熟。特别是近年来大学文化的追根溯源，重新塑造，逐步凝练，也会为高校财务文化的焕然一新带来机遇。财务文化也会随着财务基础的夯实、财务内容的丰富、财务发展转型，融合更多的财务行为、财务心理，财务文化体系也将日益完整，其文化功能将不断提升，为未来的高校财务发展提供强有力的文化支持。

参考文献

一、英文部分

[1] Ashbaugh, Skaife, Collins and Kinney, 2007. The discovery and reporting of internal control deficiencies prior to SOX-mandated audits. Journal of Accounting and Economics, 44 (1-2) 166-192.

[2] A. C. W. Chui, A. E. Lloyd, C. C. Y. Kwok, 2002. The determination of capital structure: is national culture a missing piece to the puzzle?. Journal of International Business Studies, 33: 99-127.

[3] Aggarwal, Goodell, 2009. Markets and institutions in financial intermediation. Journal of Banking & Finance, 33 (10): 1770-1780.

[4] Belkaoui, A. R. & Picur, R. D., 1991. Cultural determinismand the perception of accounting concepts. The International Journal of Accounting, 1 (26): 118-130.

[5] Chang, Noorbakhsh, 2009. Does national culture affectinternational corporate cash holdings?. Journal of Multinational Financial Management, 19 (5): 323-342.

[6] Chuck Kwok solomon Tadesse, 2005. National cultureand financial systems. William Davidson Institute Working Paper Number 884.

[7] Doyle, Ge and McVay, 2007. Determinants of weaknessesin internal control over financial reporting. Journal of Accounting and Economics, 44 (1-2): 193-223.

[8] Eisenberg N, Moore B S. , 1997 Emotional regulation and development. Motivation and Emotion, 21: 1-6.

[9] Goleman, D. , 1995. Emotional intelligence. New York: BantamBooks, 34-39.

[10] Guiso, Sapienza & Zingales, 2007. Does culture affect economic out comes? . Journal of Economic Perspectives, 20 (2): 23-48.

[11] Jong-Wook Kwon, 2010. Does China have more than oneculture? . Exploring regional differences of work values in China, Asia Pac J Manag.

[12] Hofstede, G. , 1980. Culture's consequences: international differences in work-related values. Beverly Hills, CA: Sage Publications.

[13] Hofstede, G. , 2001. Culture's consequences: comparing values, behaviors, institutions and organizations across nations. Thousand Oaks CA: Sage Publications.

[14] Hochschild, A. , 1979. Emotion work, feeling rules, and social structure. American Journal of Sociology, 85 (3): 551-575.

[15] Hofstede, G. , Hofstede, G. J. , & Minkov, M, 2010. Culturesand organizations: Software of the mind. New York, NY: Mc-Graw-Hill.

[16] Hope O. K. , 2003. Firm-level disclosures and the relative roles of culture and legal origin. Journal of International Financial Management & Accounting, Vol. 14: 218-248.

[17] Huo, Y. P. & Randall, D. M. , 1991. Exploring subcultural differences in Hofstede's value survey: the case of the Chi-

nese. Asia Pacific Journal of Management, 8 (2): 159 – 173.

[18] Jaggi B. and P. Y. Low. , 2000. Impact of culture, market forces, and legal system on financial disclosures. The International Journal of Accounting, 35: 495 – 519.

[19] Ji L J, Nisbett R E, Su Y, 2001. Culture, change, and prediction. Psychological Science, 12 (6): 450.

[20] Kang T. , L. L. Fen, J. Ng and J. Tay. , 2004. The impact of culture on accounting choices: can cultural conser – vatism explain accounting conservatism? In the Fourth Asia Pacific interdisciplinary research in accounting conference. Singapore.

[21] Liliana Feleagă, Voicu D. Dragomir, Niculae Feleagă. 2010. National accounting culture and empirical evidence on the application of conservatism. Economic Computation and Economic Cybernetics Studies and Research, 44: 43 – 58.

[22] Noreen von Cramon – Taubadel, Ron Pinhasi, 2011. Craniometric data support a mosaic model of demic and cultural Neolithic diffusion to outlying regions of Europe. working paper.

[23] Raj Aggarwal, Colm Kearney, Brian Lucey, 2012. Gravityand culture in foreign portfolio investment. Journal of Banking & Finance, 36 (2): 525 – 538.

[24] Salter S. B. , F. Niswander, 1995. Cultural influence on the development of accounting systems internationally: a test of gray's (1988) theory. Journal of International Business Studies, 26: 379 – 397.

[25] S. Bolton, C. Boyd, 2003. Trolley dolly or skilled emotion manager? Moving on from Hochschild's managed heart, Work, Employment and Society. 17 (2): 289 – 308.

[26] Stulz & Williamson, 2003. culture, openness, and fi-

nance, Journal of Finacial Economics, 70 (3): 313 - 349.

[27] Sudarwan M. and T. J. Fogarty, 1996. Culture and accounting in Indonesia: an empirical examination. The Interna - tional Journal of Accounting, 31: 463 - 481.

[28] Schultz J. J. and T. J. Lopez, 2001. The impact of national influence on accounting estimates: implications for international accounting standard - setters. The Internationa—Journal of Accounting, 36: 271 - 290.

[29] Taskumis, G. T, 2007. The influence of culture on accountants' application of financial reporting rules. Abacus, 43 (1): 27 - 48.

[30] Throsby, C. D, 2001. Economics and culture. Cambridge University press.

[31] Walden T. A, Smith M C., 1997. Emotion regulation. Motivation and emotion. 21: 7 - 22.

[32] Willianson, E, 2000. The new institutional economics: Taking stock, looking ahead. Journal of Economic Literature, 38 (3): 595 - 613.

二、中文部分

[1] 敖小波. 财务管理与中国传统文化内在契合探讨 [J]. 中国外资, 2013 (9): 156.

[2] 毕强. 基于情绪调节和场景理论的交互设计研究 [D]. 西安建筑科技大学, 2018 年 6 月.

[3] 车遥. 企事业财务形象塑造的内容与途径 [J]. 新经济, 2016 (11): 61 - 62.

[4] 寇玉琴. 现代公共关系学 (第 1 版) [M]. 上海: 上海立信会计出版社, 2008: 207 - 209.

[5] 陈冬华,胡晓莉,梁上坤.新夫.宗教传统与公司治理 [J].经济研究,2013 (9):71-84.

[6] 陈榕.论上市公司财务形象的塑造 [J].南京财经大学学报,2008 (4):51-53.

[7] 陈兴述.论财务文化 [J].重庆工商大学学报(社会科学版),2003 (6):34-36.

[8] 陈兴述,冯琳.财务文化建设的目标模式及实现途径 [J].财会月刊(理论),2007 (1):85-86.

[9] 陈语,严狄,林蔚,周伟萍.浅谈高校财务文化体系建设 [J].会计师,2018 (4):10-11.

[10] 崔晓东.企事业财务文化力:促进企事业财务发展的基石 [J].财会学习,2008 (8):69-71.

[11] 常叶青.财务管理发展的文化分析 [J].辽宁工程技术大学学报(社会科学版),2004 (1):45.

[12] 常建军,王林昌.基于管理创新视角下的高校财务文化建设 [J].河北工程大学学报(社会科学版),2012 (3):15-16.

[13] 常叶青.财务管理发展的文化分析 [J].辽宁工程技术大学学报:社会科学版,2004 (1):45.

[14] 戴必明,左元丽,沈洪涛.浅谈高校财务安全问题 [J].财会通讯.综合,2013 (6中):49-50.

[15] 邓显勇.领导者特征与团队类型的匹配研究 [D].厦门大学.2009年5月.

[16] 李刚,段华友.企事业财务压力下的投资行为实证研究——以我国制造业上市公司为例 [J].商业经济研究,2016 (9):161-163.

[17] 傅赛萍.高校财务工作中财务文化建设刍议 [J].佳木斯教育学院学报,2012 (2):132-134.

[18] 干胜道,杜荣飞. 应对突发事件的财务管理系统浅析 [J]. 财会通讯, 2009 (9): 78-79.

[19] 干胜道,刘博. 突发灾害情况下的企事业财务沟通问题初探 [J]. 时代金融, 2008 (11): 111.

[20] 郭代模. 论会计文化与会计精神 [N]. 中国会计报, 2012年7月.

[21] 胡本源. 文化价值观与会计确认和披露决策关系的实证研究 [J]. 新疆财经, 2013 (2): 37-42.

[22] 洪晓玲. 刍议高校财务管理文化 [J]. 财政监督, 2011 (5): 43-44.

[23] 黄显官,王和林. 高校会计文化核心内容探讨 [J]. 财会通讯, 2013 (10): 123-124.

[24] 黄亮. 大学财务文化建设现状与思考 [J]. 财会通讯. 综合, 2014 (4): 66.

[25] 李连华. 论财务学的文化特性 [J]. 财会通讯, 2004 (2): 65-68.

[26] 李莉莎. 论大学生维权的误区及对策研究 [J]. 中国成人教育, 2007 (1): 48-49.

[27] 李东旭,马四海. 构建和谐财务文化,加强单位内部控制——内部控制环境建设 [J]. 商业会计, 2009 (2): 52-53.

[28] 梁勇. 试论高校财务流程管理 [J]. 四川师范大学学报(社会科学版), 2008 (4): 42-45.

[29] 梁勇,干胜道. 论我国高校财务监督问题研究 [J]. 财政监督, 2014 (7): 55-58.

[30] 廖晓莉. 浅谈高校理财理念创新与理财文化建设 [J]. 中国总会计师, 2010 (2): 125.

[31] 刘东,梁勇. 基于财务内控建设的高校廉政风险防范

与管理 [J]. 会计之友, 2012 (3): 116-118.

[32] 刘章胜. 嵌入财务文化的财务理论重塑 [J]. 会计之友, 2010 (5): 24-27.

[33] 罗果, 代军, 周国栋, 王书林. 试论财务文化对财务队伍素质 [J], 天然气技术与经济, 2011 (5): 60-80.

[34] 马焱. 企事业财务文化的伦理价值观构建 [J]. 商业时代, 2006 (25): 110-112.

[35] 王棣华. 改造我们的财务文化 [J]. 财会学习, 2009 (2): 30-31.

[36] 王棣华, 孙朴村. 谈谈和谐财务文化的构建 [J]. 会计之友, 2019 (4 下): 102.

[37] 王林昌, 赵鲁燕. 推进财务文化建设 丰富高校财务管理内涵 [J]. 教育财会研究, 2013 (3): 56-61.

[38] 王玉梅, 胡伟峰, 汤进等. 产品交互设计中场景理论研究 [J]. 包装工程, 2017 (6): 76-80.

[39] 吴国萍, 马施. 上市公司财务压力与信息披露违规实证研究 [J]. 财经理论与实践, 2010 (2).

[40] 吴国萍, 朱君. 压力与机会导因的财务报告舞弊问题研究——基于证监会处罚公告的分析 [J]. 东北师范大学报（哲学社会科学版）, 2009 (4): 67-71.

[41] 游秋琳. 高等院校财务文化建设研究 [J]. 山西财经大学学报, 2016 (S2 期): 105-107.

[42] 杨咏梅. 大学生的权利及其实现 [J]. 教育发展研究, 2005 (9): 67-71.

[43] 帅振威. 论高校会计文化建设 [J]. 财会通讯, 2014 (22): 123-124.

[44] 尚建勇, 蒙潇. 浅谈高校财务文化建设 [J]. 大学教育, 2014 (10): 175-176.

[45] 汤玲. 基于中西方比较的财务文化环境研究：冲突与创生 [J]. 会计之友, 2012 (1)：125-127.

[46] 夏明、杨春甫. 财务文化与财务文化学 [J]. 武汉大学学报（哲学社会科学版），2006 (5)：702-706.

[47] 薛亚琴等. 新形势下高校财务管理创新研究 [J]. 财会通讯：综合, 2011, (5)：72-73.

[48] 翟志华. 高校和谐财务管理构建问题 [J]. 会计之友, 2008 (11)：36-37.

[49] 章胜. 嵌入财务文化的财务理论重塑 [J]. 会计之友, 2010 (5)：25-27.

[50] 周明友. 高校财务文化的目标模式及构建 [J]. 经济研究导刊, 2011 (36)：81-82.

[51] 周亚荣. 论会计文化建设中的高校责任 [J]. 财会月刊, 2014 (2)：110-111.

[52] 曾贤贵, 蒋志强, 陈运遂, 黎万和, 许建文. 大学生维权与依法治校 [J]. 西南民族大学学报, 2003 (10).

[53] 张保振. 企事业文化的"一体三翼" [N]. 人民日报, 2012-03-16007.

[54] 张丽, 杨健康. 儒家哲学想导向的高校会计文化建设研究 [J]. 行政事业资产与财务, 2015 (4)：62-65.

[55] 张铮, 于伯坤. 场景理论下我国文化产业园区的发展路径探析. 出版发行研究, 2019 (8)：33-37.

[56] 张庆龙. 智能财务的应用场景分析 [J]. 财会月刊, 2021 (2)：1-8.

后　记

　　党的十八大以来，习近平总书记多次提到文化自信，也多次论述增强文化自觉和文化自信。党的十九大报告提出"要坚定文化自信，推动社会主义文化繁荣兴盛"。文以化人，文以载道。对于高校来说，财务文化建设是高校内涵发展的必然要求。多年来，我们更多关注企事业单位文化建设，一直都很羡慕企事业单位组织文化活动搞得有声有色。无论是大规模企事业单位，还是小微企事业单位，员工的工作氛围很好，归属感也很强。他们同穿一款工作服，同唱一首励志歌，同做一种运动操。这些年来，大学文化也成为一种时尚，校友会、校友情都在这种大学文化中得到普及和传承。然而，殊不知会计的起源与发展史，一定是与财务文化相伴随。高校财务文化也不例外，它与高校的发展共存，在历史悠久的大学文化底蕴中熏陶和提炼，逐步独树一帜，成为一种拥有专业特色、专业情怀的高校财务文化，力促大学文化不断丰富和发展。

　　文化自信，财务自信。一直以来，有这个夙愿写一本关于财务文化方面的书。从事高校财务工作近20年来，经过财务多岗锻炼，对财务文化的感觉越来越深刻。财务文化与财务心理、财务行为，都是融合在一起的。近五年来，我潜心进行有关高校财务文化方面的研究，接触不少对高校经费管理和财务报销有不同认识的财务利益主体，从他们的财务行为中细细揣摩他们的财务心理，以及对财务文化的感受。同时，这些也触动我对财务未来发展方向的思考。

2017年以来，我开始逐步尝试撰写有关财务文化方面的文章，涉及财务自信、财务宗旨、财务廉政、财务政治、财务压力、财务情绪等方面。同时，在工作之余，我也学习和了解有关会计心理学方面的知识。经过2017—2020年的酝酿和写作，特别是利用新冠疫情期间在家的时间，终于在2020年6月完成了《高校财务文化实务研究与培育思考》初稿。后又几经修改，终于完稿并交付中国财政经济出版社出版。回忆写作过程，咀嚼其中万千滋味。

自2004年参加工作以来，我先后在高校财务部门承担了工资核算、专项管理、个人所得税申报、教育经费统计、教育事业统计、会计核算等工作。同时参与了学校各项重大教育事业改革工作，从中积累了一些高校财务经验。工作之余，我认真思考工作中遇到的各类业务问题，并结合自身理论学习，撰写或合写并发表了高校财务管理工作类文章40余篇，为本书的撰写和完成奠定了基础。

平台搭建与学习交流为我提供了机会和丰富的素材来源。2010年10月至今，有幸参与了四川省教育会计学会秘书处工作。通过学会平台同省内各高校财务部门进行联系和交流学习，也通过学会平台参加了中国教育会计学会的相关会议，与省外各高校财务部门进行沟通与互学。长期以来，作为中国教育会计学会高等师范院校财务研究会常务理事单位代表，我参加了每年全国师范院校的财务研究会议，与师范类的兄弟院校财务部门有了密切交流。而且，我也很庆幸《会计之友》杂志社笑雪总编给予我浏览与学习大量的高校财务同行们撰写的财务工作研究成果的机会，从中得到很大创作启发。2017年5月有幸入选四川省会计高端人才培养项目（行政事业类）首期学员，在厦门国家会计学院经历了三年高层次的学习，接受到会计名家黄世忠、伍中信、刘峰、查道林等教授的亲自面授，并从来自各行各业的事业单位财务同仁那里学到了很多知识，同时也结下了深厚的友谊。

在此，我由衷感谢这十年来关心我、帮助我、支持我的每一个人。

一是要真心感谢我的家人和亲人们。他们一直默默地给予我最大的支持和鼓励，才能让我有更多的时间把自己深藏在书房，安心地思考与创作。

二是要感谢多年来关心和支持我的领导、同事们。感谢四川师范大学校领导，计划财务处各位领导，我的同事和前辈们，谢谢你们在财务业务上给予我的帮助和耐心讲解。

三是感谢我的硕士生导师刘存绪教授、博士生导师、四川大学干胜道教授，四川师范大学彭久麒教授、祁晓玲教授、杜伟教授、张海东副研究员、王川教授、刘东研究员、李兴聪副研究员，谢谢你们对我的帮助。特别要感谢我的博士生导师干胜道教授，是您帮助我实现"成为一个优秀的博士生"的梦想。

四是感谢默默支持我的高校财务同仁们。我从你们撰写的上千篇研究成果中找到思路，找到借鉴的文献和创新的措施。参考和借鉴你们的研究成果，虽然是我书中的一部分内容，但荣誉是属于你们的。一切没有表达到位的，请你们多多包涵。

最后，在此感谢为我精心设计和校改的中国财政经济出版社编辑老师们，是你们的不弃和认真的修改，才使这本专门研究高校财务文化的作品与高校财务同行见面。你们辛苦了！

孤灯长影，星夜相伴。初心未泯，思想常新。我坚信：创作与研究，永远在路上。

云松梁　留笔于狮子山

2021 年 12 月 9 日